中国金融四十人论坛
CHINA FINANCE 40 FORUM

致力于夯实中国金融学术基础，探究金融领域前沿课题，引领金融理念突破与创新，推动中国金融改革与发展。

货币之母与风险之锚

刘尚希　等著

中信出版集团｜北京

图书在版编目（CIP）数据

货币之母与风险之锚 / 刘尚希等著 . -- 北京：中信出版社 , 2025.4. -- ISBN 978-7-5217-7259-3

Ⅰ . F8

中国国家版本馆 CIP 数据核字第 2024CA4271 号

货币之母与风险之锚
著者： 刘尚希 等
出版发行：中信出版集团股份有限公司
（北京市朝阳区东三环北路 27 号嘉铭中心　邮编　100020）
承印者： 北京联兴盛业印刷股份有限公司

开本：787mm×1092mm 1/16　　印张：21.25　　字数：276 千字
版次：2025 年 4 月第 1 版　　　　　　印次：2025 年 4 月第 1 次印刷
书号：ISBN 978-7-5217-7259-3
定价：79.00 元

版权所有·侵权必究
如有印刷、装订问题，本公司负责调换。
服务热线：400-600-8099
投稿邮箱：author@citicpub.com

中国金融四十人论坛书系
CHINA FINANCE 40 FORUM BOOKS

"中国金融四十人论坛书系"专注于宏观经济和金融领域,着力金融政策研究,力图引领金融理念突破与创新,打造高端、权威、兼具学术品质与政策价值的智库书系品牌。

中国金融四十人论坛是一家非营利性金融专业智库平台,专注于经济金融领域的政策研究与交流。论坛正式成员由40位40岁上下的金融精锐组成。论坛致力于以前瞻视野和探索精神,夯实中国金融学术基础,研究金融领域前沿课题,推动中国金融业改革与发展。

自2009年以来,"中国金融四十人论坛书系"及旗下"新金融书系""浦山书系"已出版190余部专著。凭借深入、严谨、前沿的研究成果,该书系已经在金融业内积累了良好口碑,并形成了广泛的影响力。

目 录

绪　　论 / 1

第一篇　财政与货币的关系 / 001

第 一 章　货币、国家信用与征税权 / 003

第 二 章　财政收支与基础货币、货币流通 / 021

第 三 章　赤字、债务与铸币税 / 037

第 四 章　利率与财政的可持续性 / 057

第 五 章　财政与人民币国际化 / 071

第二篇　财政政策与货币政策的关系 / 083

第 六 章　财政政策与货币政策关系变迁 / 085

第 七 章　货币政策独立性与财政政策 / 111

第 八 章　结构性货币政策与财政政策 / 131

第 九 章　金融救援中的财政与货币政策 / 159

第 十 章　普惠金融发展中的财政与货币政策 / 181

第三篇　财政与央行的关系 / 199

第十一章　财政与央行的职能和机构关系 / 201

第十二章　央行的利润来源与上缴财政情况 / 225

第十三章　主要国家外汇储备管理中财政与央行的关系 / 233

第十四章　央行的资产与央行持有国债情况 / 243

第十五章　金融监管中财政与央行的关系 / 255

第十六章　财政与央行的政策协同机制 / 269

第十七章　主要国家国库管理制度与比较 / 287

参考文献 / 307

绪　论

金融是国民经济的血脉，金融的重要性在现代经济中显著提升。经济发展最重要的特征之一就是经济金融化，商品在金融化，社会财富在金融化，定价机制在金融化，经济关系也在金融化，金融与实体经济正不断融合，经济虚拟化程度不断提高。经济金融化将经济各部门的资产负债表关联在一起，形成了复杂的隐性"风险链"，一旦触发，风险就会外溢，快速系统化、宏观化和公共化，形成公共风险。在此背景下，财政与金融的关系不断变化，其底层逻辑也变了，用传统理论已经难以阐释新的现象（刘尚希，2024），亟须重新认识财政与金融的关系。

本书尝试以公共风险的新范式和新认知，探讨财政与货币的关系、财政政策与货币政策的关系，以及财政与中央银行的关系。这个认知框架的"新"体现在：以公共风险最小化为目标超越以宏观均衡为目标，以虚拟理性超越实体理性，以行为分工超越界域划分，以货币状态论超越货币数量论，以财政货币"量子观"超越财政货币"非黑即白"的两分法思维，以财政与货币政策一体化超越财政与货币政策二元协调论，稳估值优先于稳币值，等等。

本书分为三个部分，从理论层面探讨财政与货币的关系，从政策理论与实践层面研究财政政策与货币政策的关系，基于国际实践和国际比较来阐释财政与央行的关系。这三个层面是宏观经济治理中的基本问题，对这三个层面关系的理解和认识，决定了宏观经济治理的效能。

一、财政与货币的关系：财政是现代信用货币的母体

从理论上探讨财政与金融的关系，要从研究财政与货币的关系开始，货币是财政金融中最基本的问题。

（一）国家主权信用是国家主权货币的基础

从本源出发探讨财政与货币的关系，需要从外到内，从表象到基础，层层递进地深入分析。纵观经济学思想史和金融学家对货币起源的研究，货币的本质是信用，这种看法受到越来越多的认可。在金属货币的时代，金银等商品自身的稀缺性和内在价值创造了货币自身的信用。在信用货币时代，国家信用是货币流通的基础，而财政的征税权支撑着国家信用。征税权的可实施性代表着民众对国家公共权力的认可和对施政者的支持，是社会共同契约达成的标志。马克思在《哥达纲领批判》中指出："赋税是政府机器的经济基础，而不是其他任何东西。"在经济货币化的过程中，只有可以用来缴税的货币才具有信用，整个社会才会接受它。顺着这个逻辑链条推理，征税权衍生了国家信用，国家信用又衍生了主权信用货币。因此，可以说，财政是现代信用货币的母体。

（二）财政收支过程即货币流通过程

财政收支本身就是货币流通的重要组成部分，而且可以影响和调节货币流量。财政收支活动和银行信贷活动具有不同的经济性质，但从货币流通层面来观察，会发现它们是相互贯通的，呈现一体化特征。财政收支直接嵌入基础货币投放和回收过程：一方面，税收收入、非税收入、政府性基金收入等财政资金进入国库，相当于等量基础货币从经济中收回；另一方面，财政支出、国库现金管理等财政资金从国库拨付，相当于等量基础货币投向经济。保持经济中的流动性合理充裕，不仅是货币当局的任务，

更需要财政收支活动来协同支撑。财政收入对经济中的流动性具有紧缩效应，而财政支出对经济中的流动性具有扩张效应，其净效应取决于是财政盈余还是财政赤字。若出现财政盈余，则是净紧缩效应；若出现财政赤字，则是净扩张效应。当然，从时间维度来看，若财政盈余扩大，则是紧缩效应的增强；若财政赤字缩小，则是扩张效应的减弱，也可视为时间维度上的收缩。

当经济运行出现"流动性陷阱"时，减税增支，实行赤字政策，能把经济从陷阱中拉出来。财政收支具有调节货币流通的功能，使货币由中性转变为非中性，这是财政政策得以存在的金融基础。单一货币规则理论一度流行，是以财政收支平衡为条件的，且假设经济中的货币收支循环与财政无关。其实质是小政府、小财政观念下的自由市场逻辑，且假设不存在公共风险。公共风险、经济金融危机不仅产生了政府财政救援的需求，也持续扩大了财政规模。财政规模占经济规模的比例越大，财政收支对货币流通的影响就越大，货币的非中性化也就越强。不过这种影响和变化常常被忽略，误认为货币流通仅仅由货币当局所决定，并在货币的中性与非中性上争论不休。这种误导与货币主义的流行是分不开的。

（三）财政赤字、债务的常态化，是财政金融属性外在化的表现

目前，人们对财政赤字、债务的认识尚未跟上政策实践的发展。回溯中国赤字政策实践的历史演变，20世纪80年代前后从追求预算的年度平衡到追求预算的跨年度平衡；20世纪90年代初期欧盟发布《欧洲联盟条约》（又称《马斯特里赫特条约》），赤字、债务常态化，只不过是设定了天花板，基本上放弃了收支平衡的财政规则。从经济金融化和财富虚拟化的趋势来看，不顾现实变化再回到财政收支平衡的状态几乎难以想象。近年来热议的现代货币理论（MMT）提出了更大胆的观点：以通货膨胀、就业为底线来设定财政赤字的天花板。该理论彻底抛弃了财政自身平衡的必

要性，国债在其利率为零时相当于货币，无须归还，也不构成财政负担和国民负担，相反，还能给国民提供金融资产。这时，货币转化为"国民资本"，不只是价值尺度和交换媒介。按照这个逻辑，经济运行中的货币是由货币当局来提供，还是由财政当局来提供，似乎不再是什么问题，关键在于利率的高低，付息成本成为主要约束条件。赤字、债务的常态化，以及规模的不断扩大，反映出通过财政方式来投放货币的需求越来越大。从表面上看，赤字、债务是政府财政的需求导致的；而从深层次看，赤字、债务是经济社会的需求导致的，这种需求源自宏观不确定性和公共风险。公共风险改变了货币状态[①]（不同主体持有的货币的非同质性），也需要财政来强化货币的非中性，通过财政赤字、债务来投放货币也就顺理成章了。

其实，从货币供求关系来看，政府财政赤字、债务的常态化也反映出货币不再是货币当局可以随意控制的外生变量，而是经济社会的内在需求导致的内生变量。即使货币当局可以控制货币的供给，也无法控制流通中的货币状态。货币状态可以改变货币供求关系，例如，从货币数量论来看，货币供大于求，似乎是流动性过剩，而从货币状态来看，却是相反的，货币供小于求，实际是流动性不足。现实中往往出现这种情况：一方面货币存量（如广义货币供应量M2）增长很快；另一方面却是流动性紧张，物价下行。从货币数量论来看这是矛盾的，于是经常有人问"货币到哪里去了"，从而衍生出各种各样的答案，反而令人迷惑不解。而从货币状态来看却是可以解释的。可见，传统的货币数量论遮盖了货币状态的变化，从而偏离了现实。货币状态一旦发生改变，央行的货币供给就会失灵，需要财

---

① 货币状态可以借用物体的三种存在状态来说明。任何物体在一定温度和压力下可以有三种形态——液态、气态和固态。货币的常态就像水，一定条件下则会转向气态或固态，从而在货币存量没有改变的情况下出现流动性过剩或者不足。作为价值尺度，货币是同质性的，但对于不同的货币持有主体来说，则是非同质性的，这是导致货币"相变"的根源。货币状态的变化与公共风险直接相关。

政来供给货币。在公共风险水平上升、大众预期转弱的条件下，央行的货币政策操作空间就会大幅度下降，甚至失效。这就需要财政一方面供给货币，另一方面控制公共风险，为货币政策创造空间。

随着政府赤字财政政策实践的常态化，经济学界对财政可持续的认识也随之调整。在追求财政收支平衡的时代，普遍认为"债务是恶"，强调债务越少越有利于财政可持续，要求财政有能力实现债务的还本付息。到20世纪90年代，随着政府赤字常态化，对政府债务的认知也相应发生变化，渐渐认可政府债务长期存在的合理性，但对政府债务设定限额或比例。比如，欧盟在《马斯特里赫特条约》中规定，政府负债率（债务余额占国内生产总值比率）不得超过60%，并将其作为一条重要的财经纪律，一旦违反将予以处罚。也有学者提出，政府债务具有"临界效应"，莱因哈特和罗格夫经过研究认为，负债率90%为临界点，超过这个比率就会产生负面效应，但实践否定了这个结论。2008年全球金融危机发生后，世界上许多经济体出现了"零利率"甚至负利率，主流经济学开始反思传统宏观经济学框架，经济学家布兰查德撰文指出，一国财政可持续的关键条件在于经济增长率，只要经济增长率高于利率水平（$g > r$），财政可持续就能实现。这时，已经不再关注能否"还本"，更重要的是"付息"。这就意味着在低利率条件下，能够继续提高债务水平，不用担心发生财政危机。现代货币理论在此基础上更进了一步，认为财政可持续主要考虑实际经济资源的限制，其中最直接的限制条件就是通胀。

财政赤字、债务和财政可持续的认知理念是随着经济金融化进程不断深化的，财政赤字、债务的功能早已超出了财政属性，其内在的金融属性日渐凸显。也就是说，政府财政出现赤字和发行债券，不仅是为了满足政府融资需要，更重要的是为满足货币需求提供新的货币供给机制，以及为金融市场提供无风险资产和定价基准。美国克林顿执政时期，曾一度发行无赤字国债，当时美国财政出现了盈余，停止发行国债，结果导致金融市场流动性工具不足，不得不发行无赤字国债以满足金融市场的需求。与货币当局不同，政府财政具有双重性——既具有货币供给的功能，也具有货币需求的属性，这使财政在金融运作中扮演着特殊的角色。这种特殊角色的产生与财政作为经济、社会和政治之间相互连接的枢纽地位直接相关。但目前流行的看法，并未意识到这一点，仍局限在"家计财政"的框架之中。

从前文的阐述中我们得知，财政收支运行具有货币流通的性质，而且可以强化货币的非中性，那么财政赤字、债务自然也与货币流通关联在一起，既可以作为货币供给方发挥作用，也可以作为货币需求方发挥作用，这种双重作用是货币当局所不具有的。

（四）国债与铸币税

在现代经济运行中，财政赤字通过发行国债来弥补，国债有三重功能：一是国债收益率曲线作为金融市场的基础设施，是金融定价的基准；二是作为基础货币投放的载体，在央行公开市场操作中被使用，这也是各国的通行做法；三是作为铸币税转移给财政的载体，把与经济需求相适应的增发货币转移到国库。铸币税是国家垄断货币发行权获得的收入，是财政收入的来源之一。从具体操作来看，央行新增货币发行后，铸币税可以通过两种方式转移给财政：①一种是通过央行利润上缴财政；另一种是央行通过二级市场购买国债，扩大国债持有规模，反映在央行资产负债表中，体现为央行资产。比如，美联储在应对新冠疫情时就采用了这种模式支持财政。

铸币税并不是一个税种，而是约定俗成的概念，是基于国家信用发行主权货币而形成的国家信用收益。从央行资产负债表的角度来看，央行发行的货币属于央行的负债，但在信用货币条件下，这种负债是永远不需要

---

① 财政部门在央行账户直接透支也是铸币税转移的一种方式，但当前世界上大多数国家都禁止了这一行为，故此处并没有将其列入其中。

偿还的，与其说是"债"，倒不如说是一种权利证书，谁拥有了货币，谁就拥有了财富，并有了置换其他商品、资产的权利。正是在这个意义上，国家可以创造资本或资产，只要不出现过度的财富稀释——通胀，国家就可以通过发行货币来获得这种资本并支配使用它，这就是铸币税的来源。若发行国际货币，则还可以获得全球铸币税，如美国发行美债，让全世界使用美元，即获得全球铸币税。从微观来看，每一笔美债都是需要偿还的，但从宏观来看，美债永远也不需要偿还，而且其规模会不断扩大，只要全球还在不断使用美元。铸币税问题被现有的会计核算形式所遮蔽，因此被人们忽略。在市场经济的高级阶段——经济金融化，货币、铸币税成为越来越重要的财政金融问题，也是一国成为世界强国的必备条件。

（五）人民币国际化离不开财政

2024年1月，习近平总书记在省部级主要领导干部推动金融高质量发展专题研讨班开班式上发表重要讲话，强调"金融强国应当基于强大的经济基础，具有领先世界的经济实力、科技实力和综合国力，同时具备一系列关键核心金融要素，即：拥有强大的货币、强大的中央银行、强大的金融机构、强大的国际金融中心、强大的金融监管、强大的金融人才队伍"[①]，这就要求人民币逐渐成为国际货币。从历史上看，世界上的经济大国，其货币无一不是国际货币。讨论人民币国际化，目前从技术细节角度来谈论的很多，很少有学者从宏观整体来讨论。从美国经验来看，财政赤字和经常项目赤字（双赤字）是美元国际化的重要条件，这就产生了特里芬悖论，最终导致美元与黄金脱钩，布雷顿森林体系崩溃，彻底成为国际信用货币，依靠美国的主权信用来支撑。追求财政收支平衡，财政尽量少发债；追求经常

---

① 资料来源：中国政府网，《习近平在省部级主要领导干部推动金融高质量发展专题研讨班开班式上发表重要讲话》，2024年1月16日。

项目顺差以稳增长等传统观念，不利于人民币国际化的推进。在经济金融化的背景下，财政要有金融思维，财政要为人民币国际化创造条件。其中一个重要条件就是，要为全球提供优质的人民币资产，其底层资产就是国债。只有当中国国债成为优质的全球性资产时，人民币国际化才有可能性。

另外，本国货币国际化，意味着可以从全球获取铸币税，货币化程度越高，获取的全球铸币税就越多，金融的国际竞争力也就越强。一国的金融竞争力代表一国在全球配置资源和分配风险的能力，这需要国债这种金融工具来加持。

二、财政政策与货币政策的关系：呈现一体化趋势

现代市场经济的正常运转已经离不开财政与货币政策。无论是偏向"政府干预"，还是偏向"经济自由主义"，在这一点上已经没有分歧，没人否定财政与货币政策存在的必要性。但对于财政政策与货币政策的关系则存在明显的分歧，不同时期的情况不同，两大政策的协调配合也会发生变化，教科书上的"双紧"、"双松"和"一松一紧"等经典组合，在经济金融化的趋势中已经逐渐消失。

（一）经济金融化改变了财政政策与货币政策关系的底层逻辑

对财政政策与货币政策关系的认知，长期以来是建立在对经济与金融关系的认知上的，认为经济是"商品生产商品的迂回过程"，是实体性的，而金融是虚拟性的，是经济的面纱，两者是不同的。在流行的需求管理框架中，实际上也是基于货币短期非中性的假设来讨论的，从长期来看，仍是从实物经济出发的。在凯恩斯的需求理论中，也仅仅通过利率把货币和实物经济短期联系起来，流动性偏好导致利率上升影响投资需求和消费需求。因此，凯恩斯的主张是以财政政策为主导，由政府来扩大有效需求，

发挥政府投放的货币的非中性作用，矫正短期失衡。其实，不同的货币投放方式会影响货币的非中性变化。对经济与金融关系的二元认知，决定了财政政策与货币政策关系的二元性。经济冷热波动是财政政策关注的重点，物价上下波动是货币政策关注的重点。长期流行的货币中性理论认为，通胀是单纯的货币现象，稳定币值就成为货币政策的使命，并由此形成了货币政策、货币当局必须独立的整套看法。这类观点和主张至今仍相当流行。

随着经济金融化，经济运行的底层逻辑已经发生改变，货币中性、非中性都是有条件的，与长期、短期无关。在一定条件下，货币状态变化，货币是非中性的（或货币资产化），这改变了通胀发生的机理，货币的外生性弱化，内生性增强。在经济金融化中，货币当局已经不再像经济与金融分离条件下那样能够自主控制币值的稳定。银根的松与紧，已经不再是通胀的充分必要条件，如长期实行货币的量化宽松（QE）政策，却出现了长期的低通胀，甚至出现通货紧缩；实行严厉的货币紧缩政策，却也出现了通胀居高不下等与传统理论逻辑相悖的现象。这说明发生通胀的机理已经改变，传统理论已经无力解释现实。

经济金融化，也改变了财政的运行机理，赤字、国债不再是单纯的政府融资手段，而是金融市场必不可少的金融工具和私人部门必不可少的无风险资产。财政的金融属性日渐凸显，这意味着财政政策与货币政策的底层逻辑随着经济金融化而改变，两者之间的关系也一同变革。赤字、国债和货币成为一个有机整体，形成了国债收益率、汇率、利率、股价、利润率、就业率等参数相互联动的复杂且不确定的系统，使财政政策与货币政策趋向一体化，其目标也不再分散于增长、就业和物价，而是聚焦于不确定性系统衍生的公共风险管理。

从更高维度来看，经济波动、通胀和失业率上升都是"风险循环累积"的结果，即个体风险公共化和公共风险个体化的循环导致风险向各领域扩散。只要有效防控不确定性复杂系统（当前的经济社会系统是一个不确定性复杂系统）中不断内生的"风险循环累积"，上述目标就均可达成。

（二）财政政策与货币政策是政府出清公共风险最主要的手段

传统观点认为，社会总供需失衡，意味着会出现经济波动、通胀或失业率上升，失衡加剧就会演变为经济金融危机。财政政策与货币政策可通过紧缩或扩张需求来促进社会总供需均衡。显然，财政与货币政策是在"不均衡－均衡"的逻辑范式中发挥作用的，两者的协调配合有利于促进均衡，其认知的底层逻辑仍是二元论。二元论的好处是可以划分边界，各负其责，在实物经济主导的条件下是可行的。而在金融经济主导的条件下，基于二元论的财政与货币政策操作反而会产生"以邻为壑"的现象——财政风险金融化和金融风险财政化，引致更大的公共风险。经济金融化形成了金融经济的主导地位，这使经济系统发生了质变：从相对简单的线性系统（可用投入产出表来描述）转变为高度复杂的非线性系统，尤其是数智革命和金融化的叠加，加快了经济的虚拟化进程。这使金融经济的脆弱性加大，内在的根源是"风险循环累积"机制的产生。

经济金融化使社会财富更多体现为金融资产，实物资产仅仅成为金融资产的一种样态，家庭、个人、企业和政府的资产都在金融化。当各类主体的资产负债表从财务会计属性转向金融属性时，表明经济存量对经济系统的影响越来越大，复杂的资产市场能左右经济运行，危机根源也在于此，如美国2007年的次贷危机；而经济流量的影响相对变小，或者说，经济流量不过是经济存量变化的一个结果。也就是说，估值（存量价值）的稳定变得比币值（流量购买力）的稳定更加重要，因为估值的变化往往决定了币值的变化和经济的走势。基于"收入－支出"循环的流量分析，如增长率、消费率、投资率显示出越来越大的局限性，很难看到"风险循环累积"变化对存量价值波动的影响，这种影响隐藏在冰山之下。这意味着，在金融经济主导的经济系统中，财政政策与货币政策的共同使命是治理风险，遏制"风险循环累积"，出清公共风险，增强经济系统的确定性和稳定性。

公共风险是无界的，难以通过"界域分工"分开来各自操作，唯有打破界域，转向"行为分工"实行一体化操作，财政与货币政策效果才能提升。面对新的使命，财政政策与货币政策的关系不可避免地从二元论走向一元论，需求管理自然转变为公共风险管理中的下一个层次。这种变化，使均衡导向的财政与货币政策转向基于风险导向的财政与货币政策，其直接目标是对冲市场风险的蔓延和公共化，把"出清风险"摆在比"出清市场"更重要的位置上。

（三）在实物经济主导的条件下，财政政策与货币政策的地位是交替变化的

回顾过去的政策实践，财政政策与货币政策的相互关系并没有一成不变的定式，不同阶段的新情况、新问题推动着财政政策与货币政策的地位交替变迁，其配合方式、政策工具、政策力度也随之变化。20世纪30年代的美国经济大危机助力凯恩斯主义一度盛行，财政政策无疑处于主导地位，货币政策处于从属地位。到了20世纪70年代，西方国家普遍面临"滞胀"问题，需求管理遭到质疑与批判，转向供给学派，主张单一规则的货币主义受到欢迎，货币政策居于主导地位。随着20世纪90年代和21世纪初经济全球化浪潮的到来，全球经济进入低通胀、高增长的黄金时期，财政政策的作用日益凸显。2008年全球金融危机之后，欧债危机、金融武器化、新冠疫情等危机事件频发，全球不确定性加剧，表明经济金融化、金融全球化已经达到前所未有的程度，进入金融经济主导的阶段，全球的"风险循环累积"机制也随之形成。财政与货币政策相互融合，产生了新型宏观经济政策——财政与货币政策相互嵌入，不再是机械的组合搭配，并在美国、欧洲、日本率先出现。

（四）需要重新认识央行和货币政策的独立性

传统货币数量论认为，货币超发是通胀的充分必要条件，正是基于防通胀的需要，央行和货币政策的独立性已经成为一种法律制度，强调财政与央行之间要建立隔离带。然而，货币数量论的基础早已发生根本性变化，货币状态"相变"经常出现，货币作为资产（或财富）贮藏的职能发挥着越来越大的作用，货币超发不再是通胀的充分条件。或者说，"货币超发"这个说法本身就已经成为一个充满不确定性的问题，不再有确定性的逻辑和衡量的标准。

从理论来看，在不同经济发展阶段，货币的五大职能[①]并不总是平均地发挥作用，职能主次是在变化的。货币的价值尺度、流通手段和支付手段职能长期占据主导地位，通过对经济现象的观察，发现货币状态更像是"水"（液态）。"流动性"（liquidity）这个概念的广为流传与此相关，英文语境中是一语双关的。而在当前经济金融化的背景下，一方面，社会财富越来越金融化和虚拟化——这是一种趋势，无法逆转；另一方面，出现高度不确定的宏观环境和公共风险。两个方面共同作用，使货币的贮藏手段和资产属性在经济中日渐发挥主导作用。与股票、债券相比，现金是一种低风险资产。资本过剩、投机资本增多，也在于此。从这个角度来看，货币不仅有"数量"多寡，还有"状态"变化。长期以来，学界对于货币只有"数量"概念，没有"状态"概念，这是基于一种确定性的无条件同质化假设。从数量论来说，货币超发了就会通胀，若是从货币状态的角度来理解，即使货币超发，也不一定会出现所谓的通胀，经济对货币的需求是不确定的，货币因素只是通胀的一个必要条件。从实践来看，2008年全球金融危机以来，美国、欧洲、日本等发达经济体以及我国的货币超发已经

[①] 货币的五大职能：价值尺度、流通手段、贮藏手段、支付手段和世界货币。

完全突破了传统理论所认为的最大边界，但恶性通胀并没有发生，甚至还产生了通缩风险。这充分反映了通胀不再仅仅是货币现象，而是风险预期、供给冲击、货币状态"相变"等复杂的不确定性因素导致的。比如新冠疫情发生后美国出现高通胀，其原因不仅仅是美国联邦政府"撒钱"，与美国股市的"财富效应"、供给弹性不足以及试图改变全球化格局导致全球供应链紊乱等，都有关联。

综合来看，当理论基础和现实逻辑都发生根本性变化，因循守旧过度强调央行和货币政策的独立性问题就已经不合时宜，公共风险已经使财政与货币政策走向一体化了。

（五）结构性货币政策是财政与货币政策一体化衍生的结果

2008 年之后，美国、欧洲、日本等发达经济体的各类结构性货币政策日益凸显，在为特定金融行业提供流动性、引导商业银行资产结构优化和支持中小企业和科技创新等方面发挥重要作用。我国结构性问题凸显，产生了对货币政策"精准滴灌"的需求，中国人民银行围绕普惠金融、科技创新、绿色金融和民生等重点领域出台了 17 项结构性货币政策工具，余额已经达到近 7 万亿元。结构性货币政策突破了传统货币政策与财政政策泾渭分明的界限，打破了"货币政策管总量，财政政策管结构"的固有认知，被认为是货币政策财政化（殷剑峰，2020）和准财政政策（Blinder，2017）。实际上，在经济金融化的背景下，财政与货币政策传统"楚河汉界"的界域思维已经过时，两者的关系不再是过去"A"与"B"的二元关系，而是"AB"一体化相互嵌入的关系，结构性货币政策正是财政与货币政策一体化的具体表现。从风险逻辑来看，作为财政政策与货币政策的叠加态，结构性货币政策的出现是为了应对"风险循环累积"而产生的工具，是精准遏制风险外部化、宏观化和公共化这个风险循环过程的重要手段。

（六）金融风险救援中的财政政策与货币政策关系已转向"行为分工"

从国际经验来看，在金融救援中能否有效处理财政政策与货币政策的关系，直接影响了日本20世纪90年代的金融危机和2008年全球金融危机后的经济恢复与发展。从我国包商银行、河南村镇银行等风险处置案例来看，目前我国财政与货币政策的分工协调机制仍不完善，这也是2023年中央金融监管体制改革的重要原因。

在防范化解市场金融风险宏观化、公共化的过程中，由于一直局限于界域分工，财政与货币政策的职责分工长期不明确。而要解决好这个问题，在金融风险救援中，财政与货币政策应转向"行为分工"，根据各自的行为准则和行为动机分工协作，共同应对金融风险的外溢。这样，两者在处置风险的过程中"谁在前，谁在后"和"谁负责什么"就自然清晰了。货币政策主要以稳估值为目的处置流动性风险，扮演"最后贷款人"角色，在应对市场风险外溢时，央行要先出手。财政以防范公共风险为目的，处置偿付风险，充当全社会"最后买单人"角色，当市场风险外溢转化成公共风险时，财政要及时发挥作用。货币政策应关注经济金融稳定，财政政策应更注重金融风险对社会产生的衍生风险，更加整体和宏观，两者在金融风险救援中应是一体的，而非各自为政。

（七）普惠金融中的财政政策与货币政策进一步融合

2023年中央金融工作会议提出，"金融是国民经济的血脉"。在经济金融化逻辑下，普惠金融就是经济的毛细血管，金融血液在经济毛细血管中越流通，经济细胞就越活跃。

普惠金融又称包容性金融，其核心是更有效、更大范围地让社会所有群体享受到金融服务，让发展的机会更加平等。财政政策与货币政策都在助力普惠金融的发展，财政政策的主要工具是专项资金奖补或贴息、税收减免、融资担保及风险补偿等，而货币政策的主要工具是差异化的存款准备金率、支农支小再贷款等。理顺普惠金融中的财政政策与货币政策关系，进一步提高普惠金融的成效，需要回归本源，看透普惠金融背后的社会逻辑。商业金融的本质特性为"嫌贫爱富"，普惠金融则为"助贫共富"，普惠金融不是商业金融，而是社会金融，或是政策性金融。要让普惠金融既不扭曲商业金融规则，又达到普惠包容的社会效果，就需要财政政策与货币政策在行为分工的基础上一体化操作。

三、财政与央行的关系：在不确定性中协同耦合

财政是国家治理的基础，金融是现代经济的核心。在这里，财政的含义不是指财政部门，而是指国家财政关系、财政活动的总和。从名义上，讲的是机构——财政当局和货币当局之间的关系，实质上是两种权力之间的关系：国家的财权与国家的货币发行权。在现实中，这两种权力是平行的，但在理论逻辑中却不在一个层次上。货币发行权源自财权，财政是现代信用货币的母体。

在财政收支和货币流通相互嵌合、国债和货币之间的边界日渐模糊的条件下，财政与央行之间的关系也不再是原有认知的二元论。财政是现代信用货币的母体，财政政策与货币政策趋向一体化，财政与央行的关系是一个有机整体，两者不可分离。各国国情不同，赋予财政当局和货币当局的具体职责也各不相同，但这只是反映实然的关系——现实的关系，而非反映应然的关系——逻辑的关系。在机构职责关系上严重脱离应然的实然关系，是无法构建确定性的，反而会引致新的风险。

（一）财政关系支撑起货币关系

财政权，或具体说征税权，是国家赖以存在的基础，也是国家信用的

基础；央行受托拥有货币发行权，依赖于国家信用。这说明，是国家与民众的财政关系支撑起货币关系，而不是央行与民众的货币关系支撑起财政关系。因此，从理论定位来看，财政与央行的关系并不在一个层次上，财政是货币发行的基础，也是金融的基础。中央财政既可以是货币需求的创造者，也可以是货币的供给者。这是正确处理财政与央行关系的一个基本认识。

基于传统观念来探讨财政与央行的关系，总是局限在经济视角，放在宏观调控中来看，二者处于同一个层面；而从国家治理的角度来看，财政超越了宏观调控和经济治理，是连接经济、社会和政治的枢纽。因此，财政政策往往不是单纯的经济政策，还包含着社会政策。从防范化解公共风险的角度观察，央行的职能主要是遏制金融风险的宏观化、公共化，避免系统性风险和金融危机；而财政的职能主要是遏制跨领域的"风险循环累积"，如控制经济风险、金融风险和社会风险之间的循环扩散，保障政权安全。

从世界主要经济体的情况来看，财政职能涵盖的范围远大于央行，不仅包括财政收支管理、政府债务发行和管理、政府资产管理，还包括金融风险监管、政府投资管理和硬币发行等诸多方面，更重要的是掌管宏观经济政策、社会政策、重大公共风险救援和对外财经政策。这有助于财政职能的统一、财权的统一、预算对公权力的约束和政府活动的法定化与透明化。以美国财政部为例，官方定义的职责包括：管理联邦财政，收集所有根据美国法律规定的税收，生产货币和硬币，管理政府账户和公共债务，监督国家银行和储蓄机构，等等。另外，宏观审慎政策框架的核心——金融稳定监督委员会由美国财政部主导，财政部长担任委员会主席，美联储主席是委员会投票成员之一。央行通常的职能是发行货币、执行货币政策、维持金融稳定、建设支付体系和金融基础设施等，有的也拥有管理外汇储备、代理或经理国库等职能。财政收支管理离不开央行的国库运作，国际上央行的货币发行机制以买卖国债为主，金融风险监管及其防范处置主要由财政主导协调。凡是财政沦为公权力提款机的国家，都是政府不透明、贪腐严重、货币发行不受约束的国家，自然也是不发达的国家。财政的法治化程度与透明度水平，往往与一个国家的文明发展程度呈显著正相关。

（二）财政与央行的业务关联

基于财政与央行关系的基本认识，下文梳理了世界主要经济体的国际经验，聚焦财政与央行的职能、机构关系、央行利润上缴机制、外汇储备管理、央行与政府的资产负债表以及国库管理等方面。

央行的政府出资关系。美联储是非政府公共机构，政府并不持股，股东为联邦储备成员银行。日本银行是法人公司形式，财务省代政府持股55%，其余由私人部门出资。英格兰银行在1946年被国有化，财政部持有全部股份。俄罗斯银行也是由政府全部出资的法人实体。各国央行都享有特殊的法律地位，对市场运行的影响力大于一般的政府机构，但不一定是政府的组成部门。中国人民银行由政府全资设立，是国务院组成部门，是政府的一部分，与上述几个世界主要经济体央行的出资关系均不同。从我国的情况来看，央行对政府的独立性并不存在，仅仅体现在记账形式上，如中国人民银行资产负债表的资产方有"对政府债权"科目。

央行发行货币会产生铸币税，通常以利润形式上缴财政。美联储每年都会上缴利润给美国财政部，进入国库，编进预算，其标准是净收益扣除相关利息支出、股息、运营成本和一定盈余资金准备之后的部分。英格兰银行每年将印钞收益全部上缴英国财政部，具体印钞收益的认定机制根据英格兰银行和英国财政部每5年评估一次的英格兰银行资本框架参数决定。我国尽管也在法律上明确，剔除一定准备金后的净利润要全部上缴中央财政，但在具体实践中仍"一事一议"，尚未形成常态化的利润上缴机制。

从政府和央行的资产负债表之间的嵌入关系，也可以洞察财政与央行的机构关系。一方面，美国、英国等国的外汇储备由财政部管理，记入政府的资产负债表，而德国、巴西和中国的外汇储备由央行管理，记入央行的资产负债表，日本、俄罗斯等国的财政部和央行各管理一部分外汇储备，分别计入政府和央行的资产负债表。财政管理外汇储备是一国治理能力提升的大方向，有助于明晰资产管理和货币管理界限，央行管理外汇储备通常是外汇市场不成熟阶段的权宜之计。

另一方面，作为政府的负债、央行的资产，国债是两张资产负债表相互嵌入的结合点。国债不仅是财政金融协调应对公共风险的重要手段，还是金融市场的核心基础设施，如基于国债交易形成的国债收益率曲线，是资本市场的定价基准。美联储、欧洲央行和日本银行所持有的国债占总资产的比重均在 60% 以上，而中国人民银行持有的国债占比仅为 3.3%[①]。

金融监管中的财政与央行关系。从历史发展的角度看，现代金融监管越来越离不开财政。尤其是在发达经济体对 2008 年全球金融危机进行集体反思之后，各国财政部都加强了对事前、事中金融监管的介入，构建以财政为主导的金融监管协同架构。比如，美国财政部设立金融研究办公室，并作为美国金融稳定监督委员会的常设支持机构，承担一系列协调职能；英国财政部下设金融稳定小组；德国联邦财政部不仅主导金融稳定委员会，还通过投票权控制联邦金融监管局和金融市场稳定局等。

国库管理也是财政与央行关系的一个结合部。美国、英国、德国、日本等国家均实行央行代理国库的制度，并采用"国库单一账户 + 国库现金管理"模式，此外，财政与央行在国库收支运行、国库现金管理、国库监管等方面协同行动。

以上是关于本书的一些基本观点和看法。本书是历经两年多集体创作的成果，我设计整体框架，并提出基本的思路、看法和观点，经过讨论后

---

① 资料来源：中国人民银行，数据截至 2023 年 12 月。

形成统一认识，分头寻找资料、研读文献，按照任务分工撰写初稿。在写作过程中，多次讨论，反复修改充实，最后由我定稿。按照篇目顺序，主创人员分别是赵福昌、赵全厚、李成威，三位均是中国财政科学研究院研究中心主任、研究员，他们在全书的统筹协调、审核把关上做出了积极贡献。按照参与撰写篇目的顺序，参与人员有：中国财政科学研究院财政与国家治理研究中心的孙维副研究员、林颖会计师、王光助理研究员、周尚思实习研究员；研究生院的教务处处长张立承研究员；金融研究中心的封北麟研究员、龙小燕副研究员、陈旭副研究员、黄亦炫副研究员、肖琼琪助理研究员、孙家希助理研究员；全球风险治理研究中心的李欣研究员、朱小玉副研究员、于雯杰副研究员、金殿臣助理研究员。其中，陈旭副研究员在资料及文字上为我提供了不少帮助。感谢各位研究人员的积极参与，没有他们的辛勤付出，本书恐难成形。最后还要感谢中国金融四十人论坛的廉薇女士以及中信出版集团的编辑。

刘尚希
2024 年 4 月 10 日

第一篇

财政与货币的关系

财政与货币的关系是国家治理中的重大理论和现实问题。货币经历了从实物货币到虚拟数字货币、从足值货币到非足值货币、从商品货币到信用货币的历史演变，货币与经济之间的内在关系也在相互选择和相互适应的过程中不断演进。站在国家治理的角度看，财政是货币和金融的基础，这是因为财政拥有征税权，征税权衍生国家信用，国家信用衍生主权信用货币；财政收支是货币发行和回笼的重要隐含机制，财政发行国债，国债作为无风险工具和金融市场的基础资产，国债收益率是金融市场定价的重要基准；财政也是金融风险和社会风险最后的承担者。推进人民币国际化、在国际范围获得铸币税，需要国债等高质量的人民币资产。财政的基础作用在国家治理和金融市场中日益凸显，但以"功能财政"为基础的财政政策仍处于宏观调控的层面，和货币政策定位于同一个层次上，主要解决短期的问题，这样的问题是作为事实和结果而存在的。要想真正发挥财政的基础性作用，须以"风险财政"为立足点，在制度层面实现财政和金融的深度嵌入，遏制"风险循环累积"引致的公共风险。财政和金融既是防范化解公共风险的制度安排，在其制度不完善的情况下，二者也是引发公共风险的重要源头。政府债务危机、货币危机、银行危机、股市危机等在全球反复出现，都与财政金融制度的不适应性直接相关。构建具有动态适应性的财政金融制度，是防范化解公共风险、促进经济社会行稳致远和国家长治久安的前提条件。显然，这需要从财政与货币的关系说起。

第一章

货币、国家信用与征税权

货币发展变迁的过程，是一个从具体到抽象、从足值到虚拟的过程，货币本质及其与国家信用的关系在不断变化，主流经济学界对货币本质和职能的认识也在逐步更新。随着金银商品货币过渡到信用货币时代，"货币是负债"的观念成为主流，即法定货币是央行对货币持有者的负债。然而，随着全球经济金融化、数字化等进程加速，经济的底层逻辑发生变化，现代货币理论、货币是资本或国家股权（Bolton and Huang，2018）、货币增量的叠加态（陆磊和刘学，2021）等针对货币的新看法持续涌现，亟待重新认识货币的本质和职能。

一、货币本质认识的演变

不同时期，人们对货币本质和职能的认识经历了相当大的变化。随着现代经济虚拟化和货币的符号化的现实发展，货币的信用本质逐渐得到更多认可，从经济学凯恩斯革命到现代货币理论的异军突起，很大程度上都依赖于货币信用论的基础逻辑。从货币的演变过程来看，非足值货币取代足值货币的过程，体现的是在强大的国家信用的支撑下，现代货币形式逐渐摆脱实物形态的约束，发展到主权信用货币阶段，财政成为货币的价值基础。

（一）货币的起源、本质和职能

经济思想史有两种研究货币的思路：一种是货币商品论（货币金

属论），另一种是货币信用论（货币名目论）。与此相对应，对货币本质的理解也有两种观点：前者认为货币是一般等价物，后者认为货币的本质是债权债务关系。对于这种分类方式，国内外学者达成了广泛的共识。

货币商品论认为货币起源于物物交换的不便，如亚里士多德在《政治学》中所言，一切财物"都可以兼作易货之用"，以有余换不足的交易需要催生了物物交换和"钱币"媒介。从这个视角来看，货币的本质是从商品世界中分离出来的固定充当一般等价物的特殊商品。流通手段是货币最重要的职能，用于完成商品的交换和流通，并由此衍生出贮藏手段的职能。

货币信用论认为，货币从出现开始就是信用货币，是符号、欠条，用于记账，如孟德斯鸠在《论法的精神》中所言："货币是一切商品的价值的代表，它仅仅是一种标记。"货币信用论者认为，货币的本质是一种债权债务关系，具有制度化的社会关系背景，是以债务创造推动货币创造的过程。货币的基本职能是记账单位和支付手段，用于记录债务的数量和清算债权债务关系。凯恩斯在《货币论》中表示："货币本身是交割后可清付债务契约和价目契约的东西，而且也是存储一般购买力的形式。它的性质是从它与计算货币的关系中得来的，因为债务和价目首先必须用计算货币表示。"

大量考古发现证明，货币最原始的职能是记账单位，而非交易媒介。[1] 有学者从人类学叙事出发，认为是否具有实际价值并非货币的

---

[1] 最早的考古证据可以追溯到公元前 3100 年前后美索不达米亚的乌鲁克城，人们在泥板上记录了大量关于宫殿与庙宇的借贷和交易行为。后世类似的证据还有英国政府自中世纪开始发行的财政部符木，以及发生在太平洋雅浦岛上的"费币"的故事。实际上，经济学的两位巨擘——凯恩斯和弗里德曼分别在《货币论》和《货币的祸害》中研究了雅浦岛的费币，并认为"记账货币"才是货币的本质属性。这等于说，货币起源于借贷行为，记账单位才是货币的本质属性，今天的数字货币和银行账户、清算体系与乌鲁克城的并无本质区别。

必要条件，货币的物理属性在持续变化，但本质都是发行者的借据，这也是现代货币理论对于货币起源和本质的认识。现代货币理论认为，现代政府通过创造一种记账货币使社会债务标准化，然后用这种记账货币进行征税。政府只是通过税收创造并维持了私人部门对货币的需求，从而确保债务、资产、商品价格都可以用本国记账货币为单位进行计价（雷，2017）。

（二）货币的演变及其与信用的关系

货币的物理形态经历了从足值到非足值的变化。非足值货币取代足值货币的过程，体现的是在强大信用的支撑下，现代货币形式逐渐摆脱物的约束。

足值货币时期，货币作为充当一般等价物的特殊商品，建立了联通商品世界的可靠信用关系。虽然信息技术的发展可以在较大程度上缓解信息不对称的状况，但消除不了市场经济中存在的巨大不确定性；到处充斥着市场的不确定性，需要持续不断地对交易对手的信用状况进行判断，任何技术都无法消除市场主体的这一需求。如果没有货币，市场将在巨大的不确定性面前止步不前（李义奇，2010）。在货币出现的早期（原始实物货币），地缘和血缘关系纽带、共同的宗教信仰可能有助于货币取得部落内的信任。但在市场扩大后，根植于地缘和血缘关系的信任，已不足以支撑货币在较大范围内流通。进入金属货币、足值铸币阶段，货币的本质是提供保证（抵押或担保），明确了失信成本，物的保证主要体现在货币商品上，货币商品自身的价值为货币的购买力提供了物的保证（布罗代尔，1992）。

非足值货币面值大于其自身价值，是完全借助信用基础而流通起来的货币。随着萌芽于金匠业、商号、钱庄的银行金融业的崛起，各种商业组织票据开始承担一定的货币功能，这使"货币信用论"显得更为合理。由此，人们从发现某些商品货币的信用属性，逐渐发展到强调货币的信用属性，乃至于认为货币的本质就是信用（谢志刚，2021）。货币国定论是货币信用论中的一种，认为货币是国家的产物，国家确立记账货币，决定了所有用来标价的记账单位，并且无须受具体材质限制而指定对应记账单位的货币，界定了"国家货币"体系（李黎力和贾根良，2012）。货币国定论影响了凯恩斯的货币理论，他将货币的符号性置于货币层次的最顶层，债务凭证和银行货币这样的"信用货币"在凯恩斯的框架之中还是与"商品货币"平行的划分。后凯恩斯主义者将"信用"提升为货币的本质，与货币国定论形成现代货币理论。

（三）货币非中性与货币供给外生性

货币是中性还是非中性，是指货币供应量的变动能否影响实际产出、收入和就业量。古典学派和新古典学派的经济学家认为，货币是中性的，货币供应量的变化只影响一般价格水平，不影响实际产出水平。而凯恩斯则指出，古典学派所谓充分就业的均衡只是一个特例，通常情况下总是小于充分就业的均衡，造成这一现象的根本原因在于有效需求不足，因此，在凯恩斯及其追随者看来，货币短期是非中性的，国家应制定适当的财政政策与货币政策，以克服经济危机和萧条。除了上述货币中性论和非中性论两种截然对立的观点之外，还有一些经济学家认为，货币在短期是非中性的，而在长期则是中性的，坚持这一观点的主要是以弗里德曼为代表的货币学派和新凯恩斯主义。虽然对于货币中性与否，至今各个学派的经济学家还没有形成统一的意见和看法，但从历史与现实的发展来看，货币非中性更贴近现实。陆磊和刘学（2021）指出，不应该以货币是中性还是非中性的二分法来看待这一问题，他们借鉴量子力学的概念，提出货币实际上是短期非中性和长期中性的叠加态。

对于货币供给是否外生可控以及如何控制的问题，无论是主流财政理论还是主流货币理论，都忽视了政府财政部门的实际调控作用。其中，主流财政理论基本上不涉及货币流通领域，主流货币理论要么认为货币内生，要么将央行视为理所当然的、唯一的货币调控主体，其中以弗里德曼为代表的主流货币学派认为，货币发行是政府财政部门无法控制的外生因素，政府财政部门能通过征税行为从货币发行中受益，但无法参与货币发行过程（Friedman，1963，2009；Friedman and Schwartz，1963）。自20世纪70年代布雷顿森林体系崩溃以来，黄金不再是法定货币，基础货币发行的主要方式从购买黄金逐步转变为购买国债、央行贷款、购买外汇以及购买资产支持债券等。因此，传统货币理论对于当前财政政策与货币政策关系的问题都缺乏应有的解释力和预测力。

货币外生理论的秉持者普遍坚信，央行行使货币发行权并主导货币调控的有效性，认为一国央行通过货币政策操作，可以实现货币投放（增加供给）或货币回笼（减少供给），进而调控货币流通，实现稳定利率、促进供求平衡和充分就业的宏观货币政策目标（李俊生等，2020）。但是，近年来，多个国家的政策实践结果与上述判断有所出入。例如，有学者研究证实，美联储等央行实施的货币政策常常收效甚微，在危机防范、刺激经济以及保障就业等方面表现糟糕，相反，不少国家的政府财政部门采取的积极财政政策取得良好效果，实现了稳定利率等货币政策目标（Blanchard，2019；Feldstein，2009；Jahangir et al.，2006）。针对这一矛盾现象，现代货币理论学者反思货币发行的本质属性以及政府财政部门在货币调控领域的角色定位问题，认为货币发行的本质是一种财政行为，并将政府财政部门作为货币调控主体纳入分析框架，这种理论因其对政府货币发行和调控具有一定的解释力而逐渐受到社会各界的关注（Mcleay et al., 2014；Werner, 2014；Wray, 2004, 2015）。

现代货币理论支持者继承了货币信用论的分析方法和货币国定论的分析视角，认为所有现代国家的政府并非先有税收再有财政开支，而是首先通过支出来供应私人部门用于缴税和债务清算的货币，然后通过征税来回收释放的货币，以实现资源在私人部门和公共部门之间的转移。一个具有完全货币主权的国家，总是在以创造货币的方式进行支出，政府财政部门是国家货币的主要发行者。财政赤字并不意味着政府会陷入财政危机，赤字相当于增加货币供给，财政赤字不应受到主权货币税收收入的约束。现代货币理论主张"功能性"财政政策：财政开支不必量入为出，而应以促进就业和民生为原则（雷，2017）。这挑战了传统的经济学观念——财政开支必须量入为出，过度负债意味着把税收负担转嫁给后代，财政赤字货币化必然引发通胀，等等。

二、货币的资产属性

除了一般等价物和债权债务关系的反映，货币还具有资产属性。货币通常被当成主权国家（经济体）的负债，发行货币即货币当局对货币持有人的负债，但是只要有征税权支撑着国家信用，货币这种债务永远都不需要归还。随着经济不断金融化、数字化，货币的资产属性越来越成为主导，这是重新认识现代社会货币本质的关键点。

（一）货币的价值贮藏职能反映资产属性

20世纪30年代开始，主流经济学家对货币本质的认识隐含着从作为交易媒介的商品或者工具的设定逐渐向作为价值贮藏的资产转变。

古典经济学家阿瑟·庇古提出的"货币财富效应"指出了货币的资产属性，即实际货币余额（M/P）是家庭财富的一部分，随着物价水平P的下降，实际货币余额（M/P）增加，消费者感到富有，并且更多地进行支出（消费）。

凯恩斯通过流动性偏好的分析提出了货币的资产观点。人们对货币的需求源于三种动机：一是交易动机，即个人或企业的购买交易而引起的货币需求，交易货币量与收入成比例；二是谨慎动机，即个人或者企业为预防意外的支出而引起的货币需求，谨慎动机的货币需求量与收入也成比例；三是投机动机，即个人或企业为准备未来的投资机会而引起的货币需求。其中，后两种动机均源于货币的价值贮藏职能。

弗里德曼建立的货币需求理论是经济主体关于选择最优资产组合的理论，认为货币是财富的一种表现形式，是资产中的一种，人们通过选择最优资产组合来决定自己对货币的需求量（谢志刚，2021）。这里货币的职能不仅包括流通手段，而且包括贮藏手段，后者是更基本的特性。如弗里德曼所言："货币的作用就是充当购买力的暂栖所。由于人们视货币为一种资产或财富的一部分，才促成了这一看法。"因此，资产属性是货币内生属性。

作为可与任何商品进行交换的一种权利，货币与资产没有差别。随着货币化、市场化，尤其是转向金融化，货币的功能在发生变化，或者说货币的功能结构在发生变化。货币持有者对货币的态度或认识，其实也在发生变化，已经不只是停留在流通手段的层面（刘尚希，2021）。从微观来看，货币是以金融资产形态存在的，因为无论是现金还是存款，都能产生（潜在）收益；从宏观来看，作为国家资产，货币可以置换石油、钢铁、粮食等任何国家需要的商品。

（二）货币状态论

货币是一种资产，既有"数量"多寡，也有"状态"变化。长期以来，学术界对于货币偏重于"数量"概念，却忽视了"状态"概念，这是一种基于确定性、无条件的同质化假设。从数量的角度来看，货币超发，会导致商品普遍涨价，但如果从货币状态的角度来理解，货币超发不一定会出现所谓的通胀现象。在金融经济中，货币存量至少有三种状态，而货币状态与公共风险有关，货币状态随着公共风险变化而变化。用水来做一个生动的比喻，货币在不同的公共风险条件下会呈现类似于液态、气态和固态的属性。在一般状态下，货币就像液态水一样，流动性很强；在经济过热、公共风险水平很低的情况下，货币则像水蒸气，货币运动会加快，即使没有增发货币，也会出现所谓的通胀；在经济过冷、公共风险水平上升的情况下，就像气温下降，乃至于接近零摄氏度，货币就像水变成冰一样，许多流动性会被冻结甚至消失，需要增发货币才能维持经济的正常运行。过去较长时间，我们都习惯于假定宏观环境是相对确定的，或者认为公共风险水平是一定的。在这种假设前提下，我们观察货币运动，只需要考虑货币数量，而不太关注货币状态。但如今的宏观条件发生明显变化，我们不仅要考虑货币数量，更要考虑货币状态。如果把货币状态这个因素考虑进来，那么货币数量论只是一种特殊情形，也就不难理解在货币放水的情况下并未出现商品价格随之普遍上涨的缘由了。因此，货币增发会导致通胀的推导就失去了普遍意义。基于公共风险的货币状态论可以成为理解现代金融经济逻辑的新理论范式。

（三）资产属性是一国货币成为国际货币的主要因素

一国主权货币成为国际货币至少具备两个基本属性：一是国际化流通的价值尺度；二是货币应当具备国际性的金融资产属性，这种属性是货币成为国际货币的主要因素。货币的属性大致可以分为两类：一是单纯的货币属性，主要表现形式就是计算价格；二是资产属性，具有与实物资产、债券等资产相同的性质而衍生出来的属性，比如当前的美元、欧元等主权货币。在国际经济贸易和金融领域，货币的国际化职能可以归纳为价值尺度、交易媒介和贮藏手段三大职能，其中价值尺度和交易媒介可以理解为货币的基础属性，而贮藏手段折射的是货币的资产属性。在货币履行其职能的过程中，资产属性是否成为事实上的主导属性，取决于交易动机。若动机是储备或避险，则货币无疑是由资产属性主导的。在经济活动中，参与国际经济金融活动的主体，包括国家、跨国公司以及各种类型的金融机构，均将美元视为一种资产进行配置，以获取避险保值等资产所具备的功能。事实上，国际上已将美元与黄金、石油等资产视为等同（祝元荣和李文峰，2019）。在当前人民币国际化进程中，推行本币计价比推行本币结算更为重要。人民币国际化不能简单地理解为在贸易和金融交易中尽可能多地使用人民币，而忽视资产与货币的币种结构问题。尤其是在美元贬值和美国国债不再安全的情况下，国际金融市场用人民币资产置换美元资产的意愿强烈（余永定，2011）。人民币汇率预期变化将引致人民币资产的相对预期收益和风险发生变化，进而引致国外投资者对其所持有的、包含人民币在内的资产组合的币种结构进行调整（沙文兵和刘红忠，2014）。

专栏：货币的股权性质

国家资本结构揭示了货币的股权性质。国家资本结构是一个国家的总资产和总负债之间的对应关系。具体来说，一国发行的主权货币和以本币发行的主权债是国家资本结构中的股票，以外币发行的主权债是债务，通胀成本源于多发货币（股票）后在国民之间的财富转移（股权稀释）。国家发行的货币与公司发行的股票在许多方面非常类似。公司发行的股票将偿还负债之后的收益在股东之间按股权比例分配。与此类似，一国产生的收益在偿还外债之后，在国民之间进行分配。因此，一国发行的货币和以本币发行的国债，实际上都是国家的股权（Bolton and Huang，2018）。

资产和负债由不同部分组成，形成了错综复杂的资产内部结构和负债内部结构，且其内部结构也是不断变动的。因此，编制国家资产负债表是分析国家资本结构的有效途径。无论是国家资产负债表还是货币当局资产负债表，都把通货和其他基础货币列入负债项。但是，从国家/经济体（央行/货币当局）的视角来看，发行货币和发行国债都不需要偿还，而且发行货币还能为国家获取铸币税、通胀税等。显然，货币是国家信用的股权化，设立并列入货币股权项目，既可以不改变资产负债表的性质，还能够优化国家（货币当局）的资产负债表结构（罗成和顾永昆，2020）。

应用公司金融理论来分析国家资本结构，可以为货币经济学、财政理论和国际金融学提供一个新的统一的微观理论基础。米勒和莫迪利安尼认为，在一个不完美的资本市场里，由于存在这样或那样的市场摩擦，公司的投资收益与融资手段（负债或股权或两者的任意组合）有关，过度负债将抬升风险而增加公司成本，因此存在收益最大化的最优资本结构（Miller，1988；Miller and Modigliani，1961）。此外，由于信息不对称，公司内部股东比外部投资者更了解公司，当公司的股票被市场高估时，公司倾向于多发行股票。因此，最优资本结构是寻求负债和股权达到一个最佳比例的均衡状态，并使收益最大化（Myers and Majluf，1984）。同理，国家层面也存在最优资本结构。在现实世界里，国家的市场摩擦因素更多，通常存在或多或少的国家资本结构陷阱（资产负债表错配），通常表现为货币、期限、资本结构三个方面的错配，主要包括过度举借外债（货币或资本结构错配）、大量发行国债（期限或资本结构错配）、滥发货币（货币或期限错配）等（罗成和顾永昆，2020）。

在国家层面，货币（股票）发行得越多，破产风险就越小；货币（股票）越被国际资本市场高估，就越应该发行更多的货币（股票），以加大投资、消费或换取外汇储备。欧元区国家在1999年初使用欧元，相当于重置资产负债表，实行股转债，将大量的股权（本币主权债）变成等额债权（欧元主权债）。发展中国家和发达国家都可以有较大的外汇储备，如发达国家瑞士的外汇储备超过其GDP（国内生产总值）规模。这一理论也为判断央行货币超发提供了新的视角。一国发行多少货币，与该国的GDP增速有关，也与投资收益率有关，还与通胀预期有关。GDP增速越高，对国家发行货币的需求就越大。但只有投资收益率为正，国家发行的货币才能够得到正收益，才可能继续发行货币。而且，当实现的正收益在国民间分配时，只要不涉及从原始股东到新股东之间过大的财富转移，便不会提升通胀预期，才适宜继续发行货币。因此，宏观股权融资边界是由微观基础决定的，发行多少货币既要看项目的净现值，也要看通胀成本（Bolton and Huang，2018）。

三、征税权衍生国家信用和主权信用货币

（一）征税权与国家信用

西方经济学研究征税权从个人的自利假定出发，而且将征税权直接建立在资本主义市场经济基础之上，不能回答自然经济条件下征税权存在的必要性问题。马克思主义关于征税权的理论，是从人类历史发展的实际出发得出的结论，它提出了征税权的产生与发展的历史性问题。[①] 马克思主义认为，阶级与国家是在生产力尚不发达的自然经济时代从原始公社的解体过程中出现的，这就从经济与政治两个方面回答了公共权力的产生过程，解释了征税权的起源。[②] 征税权并不是一开始就从个人的自利博弈方面进行解释的，相反，正因为生产力水平的低下，原始社会才采取了一种共产主义的制度，个人如果要从自利的角度进行免费搭车，不仅会面临生存的威胁，整个氏族也不可能长久存在。马克思说，赋税是国家在经济上的存在，是国家机器的经济基础。国家本身没有资金来源，就需要无偿的资金，必须赋予国家征税权。从政治与经济的关系来看，一切政治都是围绕经济利益展开的，征税权的设立是为国家运行提供资金支持，国家的其他一切职能只有在此基础上才能实现。

征税权既是一种政治权力（人民的认可），也是一种经济权力（类似于债权）；既是对个体的一种强制，也是社会共同体的契约。作为政治权力，征税权可以强制地无偿转移经济资源，"征税的权力涉及强迫

---

① 资料来源：《马克思恩格斯选集》，人民出版社，2012年。
② 资料来源：同上。

个人和私人机构交费的权力，这种收费只能通过向政府转移经济资源来进行，或涉及对这些资源的财政索取权——这种收费伴随有严格的征税权意义上的有效实施"（布伦南和布坎南，2012）。国家权力属于人民、来自人民，在这个意义上，得不到普遍认可的权力，只是暴力。人民对于征税权的认可是公共权力存在的标志，征税权一旦消失，其他权力也都可能被推翻。如果一个国家的征税权不能得到人民的认可，那么这个国家就没有国家信用，因此征税权产生国家信用。

（二）主权信用货币的本质是国家信用，价值基础来源于财政

主权信用货币是非足值货币的一种特殊形式，是主权国家发行的不可兑现的货币。主权信用货币具备三个鲜明要素：一是国家法律规定发行主体的唯一性，不是政府自身，就是政府授权的主体；二是货币发行的价值基础，是主权国家整体既有的和潜在的经济实力，而不是或不仅仅是某种金属商品的价值；三是货币的形式有主权国家明确规定的货币单位等标记。

现代货币理论从货币的需求来源分析其存在的基础。国家的立法强制并不足以让人们接受没有内在价值的货币。人们之所以需要货币，是因为国家规定了货币的用途，几乎所有的交易行为和债务清偿行为都需要使用货币，其中一些行为是强制性的，如纳税。在所有这些需求中，税收是最重要的机制，即税收驱动货币——政府只有先将钱花出去，人们才有钱纳税。

征税权产生了国家信用，国家就可以开"空头支票"，即依托国家信用发行信用货币。唯一可以开"空头支票"的就是国家，而个人和公司都不行，这是因为国家信用在主权货币条件下是无风险的，而个人和公司的信用都存在风险。国家信用衍生出主权信用货币，并垄

断了信用货币的发行权。国家信用衍生出信用货币，因此现代预算可以以支定收。央行代理国库，没有税收也可以花钱。财政支出的过程就是货币发行和基础货币投放的过程，而征税的过程就是货币收回的过程，因为货币回到了央行，实际上收回的是基础货币。从央行国库出来的财政支出，实际上是在发行基础货币，它还会产生货币乘数，产生派生存款。从这一点来讲，其实财政收支和货币运行紧密联系在一起（刘尚希，2022）。由于主权信用货币的本质是国家信用，一国的货币应锚定在自身 GDP 的含税量上，锚定在自己的国债信用上，只有如此才能拥有属于自己的铸币税。有了独立的货币锚，有了自己的国债收益率曲线，才有真正自主的货币政策，国内一切金融资产的定价才有基准（黄奇帆，2022）。

四、财政是（主权信用）货币和金融的价值基础

（一）征税权产生国家信用，奠定了财政的基础地位

在主权信用货币出现之前，货币本身具有价值，正如马克思所言是充当一般等价物的商品，信用的作用并不凸显。随着经济社会的发展，货币的国家信用化和经济的金融化程度不断提升，如前所述，征税权是国家存在的基础，是财政最基本的表现形式，也由此产生了国家信用。而主权信用货币背后的支撑正是国家信用，国家信用又是由财政，即征税权衍生而来的。因此，就国家信用而言，财政是主权信用货币和金融的价值基础。

（二）财政可以为金融市场提供无风险资产和资本市场定价基准

在经济金融化不断深化的今天，就财政政策与货币政策的关系而言，财政的基础性作用不断凸显。国债为金融市场提供基准和基础设施，国债是典型的信用违约风险最低的金融工具，被称为"金边债券"，为资本市场提供定价基准，国债收益率曲线就是资本市场的基础设施。随着经济交易的货币化程度、社会财富金融化程度的提高，风险社会对无风险国家信用衍生品的需求越来越大。

（三）国债成为货币政策的基础工具

国债源于弥补财政赤字，但随着财政与货币政策作用的深化，国债超越弥补财政收支差额的初始含义，如美国克林顿执政时期的"无赤字国债"。如今国债已经成为货币政策操作的重要工具，财政的货币政策工具的基础作用日益凸显，进一步显现了财政对金融的基础性作用。

（四）财政是金融风险和社会风险的最终承担者

随着经济社会分工的深化，不同领域面临着不同的风险，且各有自身的风险化解机制。然而，财政是国家治理的基础和重要支柱，当各个领域的风险不能自行有效化解时，财政就成为风险的"最后兜底人"，否则，风险的宏观化、公共化会影响整个国家的稳定，乃至兴衰。金融风险也不例外，即使是极为重视且倡导经济自由主义的美国，在"次债危机"时期也由财政购买了大量"风险"资产，甚至"有毒"资产，这就是例证。因此，从风险兜底的角度而言，财政也是金融风险和社会风险最后的承担者，财政救助是稳定金融市场信心、恢复金融市场秩序的重要政策工具。

综上，财政征税权衍生国家信用，进而成为信用货币的价值基础，财政可以为金融市场提供无风险资产和资本市场定价基准，国债成为货币政策的基础工具，财政是金融风险和社会风险的最终承担者，以及下文将阐述的财政的收支就是货币的回收和投放过程，等等，都在强化和证明财政是货币和金融的基础。

财政收支与基础货币、货币流通

传统主流财政理论和主流货币理论，往往都将央行视为一国货币流通的唯一调控主体，进而忽视了政府财政收支对货币流通的实际调控作用。当前这一认知正在改变，学界和政策当局越来越认为政府财政部门以国库集中收付制度为基础，通过财政收支活动和国库现金管理活动对市场货币流通体系形成了强大的影响力。以兰德尔·雷为代表的现代货币理论支持者甚至认为，货币发行的本质是一种财政行为，并将政府财政部门作为货币调控主体纳入分析框架。财政事实上是一个隐藏的货币发行渠道，也是货币发行的一种隐含机制，货币供给是径流，财政是地下水，两者是相互关联的。财政存款、国库现金管理、国库集中收付、央行买卖国债等都影响着基础货币、货币乘数、货币流通速度等，造成这些影响的机制和渠道也是多方面的，包括铸币税机制、财富效应机制、银行信贷渠道、市场供求渠道等。

一、财政收支与基础货币

（一）财政收支已经嵌入基础货币的发行和回收过程

从信用货币创造的技术讲，法币由政府直接通过财政支付投入流通和通过银行体系投入流通本质是一样的（吴晓灵，2021）。传统货币理论认为，基础货币是央行实现货币调控的主要渠道（Mishkin，2007；黄达，2007），央行通过降低存款准备金率、再贷款利率或通过公开市场买入债券释放基础货币。随着我国财政收支规模已经达到年度 GDP 的 40% 以上，政府通过财政收支活动和国库现金管理活动同样能够影响基础货币。在货币关系上，无论央行是作为政府部门的一分子，还是作为独立于政府的金融部门，从政府资产负债表和央行资产负债表的区别与联系来看，一个部门资产的增加或减少，除本部门的负债同时增加或减少外（或者另一项资产减少或增加），还反映了另一个或几个部门资产和负债的相应增加或减少（见图 2-1 和图 2-2）。

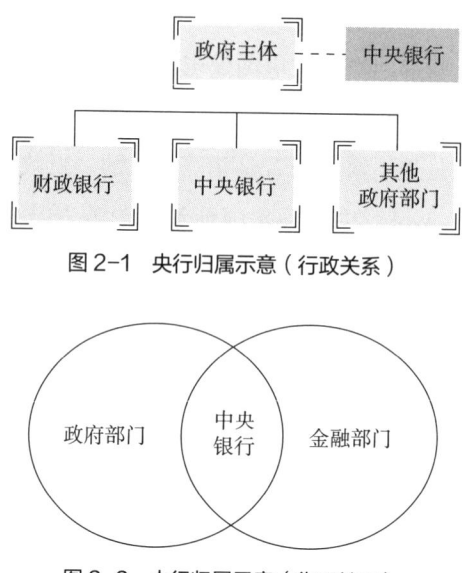

图 2-1 央行归属示意（行政关系）

图 2-2 央行归属示意（货币关系）

一方面，在国库集中收付制度下，政府在财政收支活动中利用其在商业银行开设的零余额账户、财政专户和特设账户等过渡账户实现资金中转，实现了国库财政存款和一般性存款之间的资金流动。其中，在财政资金收缴环节，一部分在市场流通的货币资金通过财政过渡账户缴入国库，形成国库财政存款；在预算支出的资金拨付环节，一部分国库财政存款流出国库，通过财政过渡账户支付到收款者的一般性存款账户，进而形成一般性存款，而新增的一般性存款又会被商业银行投入信贷派生过程中，最终产生数倍的货币增量。

另一方面，由于财政收入和财政支出"收付不直接对等"，资金沉淀表现为国库财政存款数额的不断增长，形成"蓄水池"。为提高资金利用效率，财政部门对闲置的财政资金采取"库款转存"手段，在确保满足最低预算支付需求的库款额度后，定期将闲置库款转为商业银行一般性存款。央行按照财政部门的指令，将相应额度财政存款转移到财政开设的商业银行一般性存款账户。这部分存款与央行增加基础货币投放类似，会形成商业银行存款，再根据存款准备金率形成银行相应的可贷资金，通过货币乘数产生派生效应。因此，财政收支、库款变动和转存政策将导致基础货币发生变化。

国际经验告诉我们，没有哪一个国家的央行是完全不支持政府筹资活动的。从国际央行制度的演变历史来看，最初央行的主要任务是向政府融资，后来转为专门管理货币（易纲，2020）。然而，哪怕独立如美国的联邦储备银行，也依然直接或间接支持政府筹款活动，特别是当央行比较倚重公开市场操作（即在公开市场上买卖政府债券，从而增减基础货币供应量）来实施其货币政策时，它根本不可能避免用自己的资金来间接支持财政筹资。当然，这种支持只能是"间接"的。从央行资产负债表来观察，"对政府债权""政府存款"是反映央行与财政部门之间资金业务联系的主要科目。央行的"自有资金"（即资本金）以及资产方的"对其他存款性公司债权""对其他金融性公司债权""对非金融部门债权"等，也或多或少反映了央行与政府部门之间的联系。在央行资产负债表的资产端有"对政府债权"，如国债，而负债端有"财政存款"，二者的变动都将影响基础货币。

（二）财政支出过程是投放基础货币的过程

在财政支出时，财政部门在央行账户上的财政存款减少，而私人部门在央行账户上的准备金增加。当政府资金余额减少时，相当于资金从央行流向商业银行，在性质上，就是投放基础货币（潘国俊，2004）。焦福龙（2012）认为，财政支出对货币供给的影响是一个内生性过程，无论是财政赤字还是预算内财政支出，都有创造货币的倾向，在中国存在着财政支出创造货币供给的机制。何增平等（2022）提出，财政活动的准备金效应指的是政府的财政活动对私人部门[①]持有的准备金数量的影响，认为财政支出的结果是，私人部门持有的主权货币增加了。在央行资产负债表上，这体现为财政部账户中准备金减少，私人部门账户中准备金相应增加。李俊生等（2020）分析了国库集中支付制度改革前后，财政收支从分散到集中的变化，认为在央行资产负债表中，财政支出对货币的直接影响体现为央行负债端的财政存款减少，转化为商业银行的准备金或库存现金；央行负债端准备金增加，央行负债端财政存款减少。在商业银行的资产负债表中，商业银行资产端对应准备金增加，银行负债端对应企业存款或居民存款增加。靳卫萍（2003）认为，大量增发国债以扩大财政支出，如果债券能够作为银行的准备金，银行可以把债券当作流动性极高的资产而充当准备金，从而增加贷款或货币供给。公债作为一种抵押品，总是要联系到货币供给，而且其本身在使储蓄转化为投资的同时，又可能创造出更多的货币，如1993—1995年出现的国债回购，极大地影响了货币供应量。宋潇（2020）认为，一定情况下，政府用创造货币的方式进行支出，财政支出先于收入，主权国家在主权货币制度下不会

---

① 为了简化说明，这里的私人部门包括商业银行和厂商，从而省略了它们之间的操作。

破产，发行债券与货币政策操作类似。现代货币理论认为，主权国家支出就是货币的发行，其具体操作是：当主权国家支出时，央行贷记商业银行在央行的准备金账户，同时商业银行贷记资金接收者在商业银行的存款账户。现代货币理论还认为，这不是一种政策建议，而是对现代经济中货币运行方式的真实描述，人类的经济活动的资金运行轨迹长久以来就是这样的。

财政投放基础货币的过程和影响程度存在差异性。何增平等（2022）的研究提出，假如财政部从私人部门购买了价值1万元的电脑，财政部、央行和私人部门的资产负债表会发生如表2-1所示的变动。鉴于一个资产负债表必须平衡，有L1≡A1+A2-L2-L3，当财政部开支1万元时（L2下降），银行持有的准备金上升1万元（L1上升），同时非银行经济单位的银行账户上升，比如财政部向私人部门支付时，收到财政部支票的商业银行会贷记厂商的存款并同时贷记准备金。从商业银行的角度来看，公众的银行存款是商业银行对公众的负债，对应的资产表现为商业银行持有的可贷资金与准备金。在李俊生等（2020）的设定中，政府购买私人服务产生1万元支出。令实际准备金率为r，则在财政支出环节结束后，商业银行的银行存款（负债）会增加1万元，同时资产端准备金会增加1万元，剩余的是可贷资金（$1-r$）。部分学者，如樊苗江和柳欣（2005）、靳卫萍（2003）、胡永刚和张运峰（2005），基于实证对财政支出与货币供给进行了简单的回归分析，但对具体过程和机理没有进行深入研究。

表2-1 简化的央行资产负债表变动

资产	负债和净财富
A1：国债 A2：其他资产	L1：商业银行和其他国内私人部门持有的负债（+10 000元） L2：财政部持有的负债（-10 000元） L3：其他私人部门持有的负债和净财富

注：L1接近于基础货币（必须加上国内私人部门持有的财政部发行的通货），并且L2是央行储备券的未偿数量和财政部持有的央行储备账户。

(三）财政收入的形成，主要是征税过程，也是回笼基础货币的过程

在财政部征税和发行国债时，私人部门持有的准备金会减少。潘国俊（2004）认为，只要政府的收入存放在央行而不是商业银行，政府的征税行为就将导致流通中创造的货币供应量缩小。李俊生等（2020）提出，在财政资金收缴环节，一部分在市场流通的货币资金通过财政过渡账户缴入国库形成国库财政存款。央行也是"银行的银行"，商业银行在央行负债方也有准备金存款账户。央行为政府的支出和税收提供资金和清算支持，政府收税导致货币从经济体进入国库，使商业银行在央行账户的准备金减少，带来央行资产负债表中财政存款和基础货币科目的此消彼长。缴税形成国库中的新增财政存款，银行可动用的准备金、库存现金减少，相当于从金融系统回收流动性。体现在央行资产负债表上，财政存款科目增加，储备货币（基础货币）科目下其他存款性公司存款，即准备金存款科目减少。现代货币理论强调税收驱动货币，因为税收和支出不是简单的收钱和花钱，而是代表货币的回收与发行。当纳税人缴税时，纳税人银行账户的存款减少，商业银行在央行准备金账户上的准备金减少，这样资金就回流到了财政部在央行的准备金账户，也叫作回流国库，货币由此从经济体内消失。潘国俊（2004）还分析了不同环节征税的货币供应量影响，如果政府在商业银行进行货币创造前征收一定比例的税收，政府收入存放在央行，将使商业银行的存款减少，这种影响是直接的；如果政府在货币创造过程中的第二、第三交易环节征税，虽然影响的路径有差异，但同样会使货币供应量减少。

政府通过发行政府债券筹集资金，是回收准备金的过程。一方面，政府通过发行政府债券筹集资金，可以由央行认购，可以由国内

认购，也可以由外国认购。其中，政府债券由央行认购（或由商业银行或其他政府机构认购，再由央行认购），相当于通过增发货币来筹措资金。也就是说，贷款市场提供了不以民间储蓄为基础的信用，所有这些都是政府最先使用的。另一方面，政府债券资金划拨使用之前，会因为财政存款增加而形成基础货币回笼。储备货币（又称准备金）和国债同为主权债务，相当于一种提供不同的流动性和利率的货币工具。在政府的开支过程中，储备货币可以转化为国债，国债是央行通过公开市场操作钉住目标利率并实现宏观调控目标的政策工具（杨瑞龙，2022）。由于政府债权和政府存款分别构成央行基础货币的供给和需求要素，它们的存在及变化必然对基础货币调控产生影响。在债券资金划拨使用之前，会因为财政存款增加而形成基础货币回笼。部分情况下，财政发行债券的目的是回收银行系统中的准备金，从而保证目标利率的实现。因此，从功能上看，债券发行是财政与货币政策协调的一部分，而不仅仅是财政向央行借款。

总而言之，在现代市场经济条件下，政府资金与货币供应量之间的关系日益密切。财政收支对货币供应量的影响不容忽视（谢永康，1990）。一直以来，政府资金运动与货币供应量之间是否相关，以及政府存款是否应该计入货币供应量，成为国外货币金融理论界争论的焦点，特别是货币学派和奥地利学派的观点分歧较大。从我国实际出发，结合政府存款余额不断上升的趋势和国库现金管理体制改革的逐步深入，对政府资金与货币供应量之间的关系进行深入研究意义重大。在现代市场经济条件下，政府财政部门主要通过财政收支活动和依法掌控的国库财政存款影响和调控市场上的货币供给与货币流通（李俊生，2020）。

专栏：中国的基础货币投放

中国的基础货币投放主要经历了三个阶段。

第一阶段：2015年以前，外汇占款是基础货币的主要投放方式。2000年加入世界贸易组织之后，我国贸易顺差快速扩大，外汇占款保持10多年的高速增长，成为基础货币投放的重要方式。由于当时我国实行的是强制结售汇制度，因此外汇占款是一种被动投放，为对冲流动性过剩带来经济过热与通胀等问题，央行一方面通过发行央票、开展正回购等公开市场操作回笼基础货币；另一方面通过连续上调法定存款准备金率来冻结流动性、降低货币乘数。2003年以前，正回购是央行回笼基础货币的主要方式，但回笼程度受央行所持有的国债规模的限制且成本较高，为弥补其不足，2003年央行票据应运而生，在此后10年间，央行票据与法定准备金率等其他工具相配合，有效对冲了外汇大量流入带来的过剩流动性。

第二阶段：2015—2017年，公开市场操作重要性提高，各种创新性工具推出，投放方式从被动转为主动。2014年以后，外汇占款系统性减少，公开市场操作、再贷款和再贴现以及其他创新性工具成为央行主动吞吐基础货币的手段。此外，在这一阶段央行的调控思路也开始从数量型向价格型转变，积极构建利率走廊管理，各种"粉"[①]应

[①] 常备借贷便利（SLF）被称为"酸辣粉"，是全球大多数中央银行都设立的货币政策工具。在各个商业银行缺钱的时候，可以一对一地将自己的商业票据、有价证券、信贷资产（债券）等暂时抵押给央行，央行通过这些抵押贷款就可以借商业银行之手向市场注入货币。中期借贷便利（MLF）被称为"麻辣粉"，同常备借贷便利类似，也是抵押贷款，不过贷款期限要长一些，期限3个月且可展期，属于定向投放，要求各行投放"三农"和小微贷款，它的目的就是刺激商业银行向特定的行业和产业发放贷款。定向中期借贷便利（TMLF）被称为"特麻辣粉"，是央行为了支持小微企业和民营企业而创设的货币政策工具。定向中期借贷便利的操作更看重金融机构增加小微企业、民营企业贷款的能力。

运而生。例如，为满足金融机构较长期限的大额流动性需求，2013年常备借贷便利（SLF）推出，常备借贷便利利率带有惩罚性，发挥着利率走廊上限作用；2014年为弥补银行体系中长期资金缺口，中期借贷便利（MLF）设立，中期借贷便利利率被认为是央行中期政策利率，随着2019年贷款市场报价利率（LPR）改革挂钩中期借贷便利，该工具的影响力与政策地位进一步增强；同年为支持开发性金融棚改项目，央行还推出了抵押补充贷款（PSL）。除上述工具之外，短期流动性调节工具（SLO）、临时流动性便利（TLF）、定向中期借贷便利（TMLF）等都针对不同类型的资金需求提供流动性支持。截至2020年底，央行对其他存款性公司的债权规模已经达到13.3万亿元，较2015年底增长了近4倍，基础货币投放方式的转变意味着央行对资金面的掌控力和主动权大大提高。

第三阶段：2018年以来，央行通过多次降准释放超额准备金。2018年以来，我国先后经历了中美贸易摩擦和新冠疫情冲击，为了对冲宏观经济下行压力，中国人民银行2018—2020年共降准12次，累计降低了5.2个百分点。其中，2018年4次降准释放资金3.65万亿元，2019年5次降准释放资金2.7万亿元，2020年3次降准释放资金1.75万亿元，合计释放超过8万亿元。与前两种方式相比，降准具有普惠性，投放的是长期、零成本资金，也有助于货币乘数扩大。因此，可以看到2018年以来，尽管M2仍保持8%以上的增速，但央行报表中的"其他存款性公司存款"（即存款准备金）项变化并不大，降准改变的是法定准备金和超额准备金的结构。当然，外汇占款除了对应基础货币之外，还在结汇时形成一般存款，有助于补充存贷比等指标。

专栏：美国基础货币投放

美联储对基础货币的投放有以下三种渠道：购入美国政府债券、再贴现贷款和黄金及特别提款权操作。其中，主要方式是购买美国政府债券，接近88%的基础美元都是通过购买美国政府债券发行的。

以政府债券为主导的基础货币投放结构，可以从三个方面来分析。一是美国财政部是铸币税的真正享有人。在这种结构下，美国财政部以政府债券作为抵押向美联储融资用于财政支出，美联储以这些政府债券作为基础投放货币，只要作为基础货币的美元在现实中流通，美国财政部就可以永远占用同等数额的债券融资额度，享有货币发行的铸币税。二是美联储在美国政府债券市场上处于决定性影响地位。2016年，美国联邦政府债券总余额达到20万亿美元，占美国当年GDP的约110%。美联储作为美国境内公开流通政府债券市场上最大的单一持有人，占所有公开流通政府债券的比重达到了14%。这表明美联储有足够的能力影响市场。三是美国货币发行与财政赤字的关系。美联储从设立起就有着相对的独立性，通过美联储货币发行直接弥补财政赤字的方式仅仅在特殊条件下使用，而美国的基础货币投放主要是以购买美国政府债券为主的方式，这成为美国财政赤字的间接融资渠道。

二、财政收支与货币流通

财政收支与货币流通紧密联系，财政收支对货币总量、货币流量、货币结构的影响，在渠道、方式、强度、节奏、效力乃至时滞等方面，都存在差别。

（一）财政收支产生货币乘数和派生存款

在市场经济中，财政和金融两大部门运筹和调控的对象都是全社会的货币流通（李扬，2021）。主流财政理论基本上不涉及货币流通领域，而主流货币理论则将央行视为理所当然的、唯一的货币调控主体，这导致主流财政理论与主流货币理论在财政政策与货币政策的关系问题上缺乏应有的解释力和预测力。现代政府财政部门以国库集中收付制度为基础，通过财政收支活动和国库现金管理活动对市场货币流通体系形成了强大的影响力。从央行国库出来的财政支出，实际上是在发行基础货币，它还会产生货币乘数，产生派生存款（刘尚希，2022）。

从流量的角度来看，财政收支（税款的入库和拨款、行政支出等）都是通过银行进行的，这涉及货币流通的流量层面。作为流量，则构成流通中货币的一部分，其影响亦不可忽略（李扬，2021）。在国库集中收付制度的背景下，财政收支活动中的资金缴纳与支付环节将产生国库财政存款与市场上流通货币之间相应的资金流动。其中，在财政资金收缴环节，一部分在市场流通的货币资金通过财政过渡账户缴入国库形成国库财政存款；在预算支出的资金拨付环节，一部分国库财政存款流出国库，通过财政过渡账户支付到收款者的一般性存款账户，进而形成一般性存款，而新增的一般性存款又会被商业银行投入信贷派生过程中，最终产生数倍的货币增量。此外，财政支出的货币乘数与一般货币乘数存在差异。政府财政收支活动是政府财政部门依据《中华人民共和国预算法》和各级立法机构（在我国是全国人民代表大会和各级地方人民代表大会）审议通过的政府预算文件，以税收、债务等手段筹集财政收入的活动和安排与落实各项预算支出的活动，这些活动必须严格依法实施。虽然这些活动在客观上会对市场上货币流通量的变化产生影响，但这些影响在很大程度上是被动的，而不是由政府财政部门基于调控货币流通的目的而主动实施的。因此，财政的货币乘数不同于传统宏观经济理论中的政府支出乘数，后者指产出角度下政府支出与国民收入变动之间的数量关系，而财政的货币乘数则针对货币角度下财政活动产生的财政资金流量对货币流通量的影响；同时，财政的货币乘数也不同于一般货币乘数，一般理论中的货币乘数是指央行主体视角下货币总供给与央行投放的基础货币之间的数量关系，而财政的货币乘数则主要是指客观上由政府财政收支活动形成的对货币流通量的数量关系，财政视角下的货币乘数与央行视角下的货币乘数的形成机理不尽相同。

（二）财政收支影响货币结构和状态

从存量和结构角度来看，财政收支对货币结构和状态的影响，会随着国库集中收付、国库现金管理等管理活动的变化而变化。如前所述，政府财政部门在其依法组织财政收入、安排财政支出活动的过程中，在客观上造成了财政资金在国库集中收付体系与市场货币流通体系之间的流动，进而使政府财政部门在客观上具备了调控货币流通的功能。李俊生（2020）通过数据测算和实证检验结果发现，2000—2018年市场货币流通体系中有44.31%的M2是受政府财政部门影响甚至调控的，并且该比例仍处于增长趋势。财政无论是收入、支出，还是赤字，都具有直接参与宏观经济运行，并据此对宏观经济进行调控的功能。财政政策对国民经济的调控，本质上是直接的，而且既涉及宏观，又涉及微观（在运行机制上，"结构"被归为微观）。这些资金的规模巨大,每年相当于 GDP 的 30%~40%,其在金融部门与实体部门、各类金融机构之间流动和增减,对货币、财政政策和整个宏观政策的效果,以及各经手机构的收入和利润结构,显然都有极大的影响,甚至影响货币需求和货币供给的变动。

财政收支的构成从存款货币和贷款货币等方面对货币结构和状态产生影响。焦福龙(2013)认为,财政支出从存款货币和贷款货币两个方面对货币供给产生影响,中央政府是货币创造过程的起点,地方政府放大了中央政府财政支出效果,尤其当财政支出中的政府投资数额庞大时,仅靠财政收入无法支持庞大的投资规模,在这种情况下政府就需要融资。如果政府选择向银行等金融机构贷款,会以贷款货币的形式增加货币供应量。这一过程同政府支出创造存款货币的过程类似,政府投资增加提高了银行贷款数额,构成货币供应量的首次增加。之后在货币乘数的作用下,政府贷款以派生货币的形式增加货币供应量,构成货币供应量的二次增加。而且,由于我国政府拥有大量优良资产(包括税收、土地、矿产等资源),融资能力较强,政府投资所产生的信贷规模较大,对货币供给的影响也大。刘朝阳等(2021)采用部门资产负债表法对我国土地财政的货币效应命题开展理论分析的研究结果表明,土地财政的直接货币效应表现为地方政府土地财政收支对货币供给的"扰动"效应,实现了货币转移功能;另外,土地财政的资本化效应起到为信用货币增信的作用;最后,土地财政的间接货币效应表现为货币创造功能,增加了中国信用货币供应量。

第三章

赤字、债务与铸币税

通过梳理经济学理论界和政策决策部门对赤字、债务、赤字货币化对铸币税的转移等重要议题背后理念探讨的演变过程，可以洞察不同经济阶段和环境下财政与货币关系的变化。学界和政策当局对赤字和债务的认识正在发生重要的转变，从20世纪80年代之前盛行的追求平衡预算和"零负债"，到20世纪90年代以来《马斯特里赫特条约》规定的3%和60%的赤字和债务红线，再到近年来新凯恩斯主义学派提出的债务可持续条件（$r \leqslant g$），以及现代货币理论指出的"赤字迷思"。政策理念的转变与经济全球化、金融化、数字化和长期低利率、低通胀等大背景密切相关。从当前各国的政策实践来看，赤字和高债务已经成为常态。

由此衍生出的财政货币问题是，如何弥补财政赤字？是否可以通过赤字货币化的方式，即央行通过增加货币供应量购买政府债券来为财政融资？将对铸币税收入规模产生怎样的影响？在现代信用货币体系下，铸币税收入表现为基础货币的增加额。由于央行从公开市场购买国债和其他票据是调节基础货币供应量的重要手段之一，因此国债既是弥补赤字的工具，也可以成为铸币税转移的手段。财政赤字通常由政府发行国债来弥补，如果国债发行伴随着央行增加国债持有扩表，那么就形成了赤字货币化过程，也是铸币税转移财政的过程。在当前信用货币时代，货币发行的基础是国家信用，对此由货币发行产生的铸币税则是财政收入重要的来源之一。铸币税转移给财政，既可以通过直接利润上缴，也可以通过赤字货币化（央行透支、央行一级市场购买国债和二级市场购买国债等）方式实现。20世纪90年代以来，为了防止通胀风险，各国都禁止央行透支和从一级市场购买国债的赤字货币化方式。近年来,尤其是全球金融危机和新冠疫情发生后,美国、日本等发达经济体的政策当局都在积极运用新型赤字货币化方式转移铸币税,以及央行在二级市场购买国债扩表支撑财政支出。

本章首先梳理学界和政策部门对赤字和债务的理念转变过程,其次阐释铸币税是重要的财政收入来源,最后探讨铸币税、赤字货币化和国债之间的动态关系。

一、赤字理念的演变:从平衡预算到现代货币理论

回顾历史上世界各国经济发展进程,财政预算与货币金融的理论随着国民经济运行形态的演变而不断革新。目前世界上主要经济体的金融化、虚拟化、数字化与多元化程度不断加深,财政预算理念逐渐从预算平衡转变为赤字财政理念,扩大财政赤字逐渐成为政府刺激经济、弥补有效需求不足、进行宏观经济调控的重要手段。

传统上,古典主义和新古典主义经济学认为,政府应尽量不干预市场经济活动,财政政策与货币政策的作用也被认为十分有限。政府的财政行为,应以节俭为考虑的原则,每一年度的财政收支结果应该是平衡的,而且支出要节俭,其用途要严加控制。此外,政府的赤字支出将使公共部门在资源配置中相对扩张,私人部门的资源配置相对减少,因此政府的赤字支出必然带来通胀。

然而,1929—1933年的全球性经济萧条成就了凯恩斯主义,财政预算理念逐渐由平衡预算转为功能财政。在此之前,以马歇尔等人为代表的传统古典经济学理论一直在西方经济学界占据主导地位。古典

主义认为，经济体系可以依靠市场自发的力量实现供求平衡和充分就业的均衡状态。1929年资本主义世界经济大萧条爆发后，面对市场的持续低迷、企业投资的不断萎缩以及失业率的上升，英国经济学家凯恩斯在1936年出版了《就业、利息和货币通论》，质疑传统的财政政策思想，明确提出政府应该直接干预经济，采用扩张的财政政策，即不能以平衡预算为目标来对待预算盈余和赤字，而应根据宏观经济调控需要来安排财政赤字或盈余。凯恩斯的政策思想在是否应该有财政赤字这个问题上实现了突破，但对于财政赤字是否应常态化、财政赤字的规模应该有多大等问题，凯恩斯并没有给予说明。财政赤字的理论基础是凯恩斯有效需求不足学说。因此，凯恩斯主张的刺激需求，可以在两个方向发力：增加支出和削减税收。无论是增加支出还是削减税收，赤字均难以避免，赤字弥补通常有财政透支、财政向二级市场发国债和间接向央行发国债（央行二级市场购债）。向央行透支会增加货币发行，容易诱发通胀而得不到民众的支持（王利民和左大培，1999）。

20世纪40年代后期，财政预算理念进一步发展成为周期性预算平衡。周期性预算平衡是指，在经济处于衰退阶段、实际生产总值低于充分就业的产值（潜在产值）时，政府应该扩大财政支出，采用赤字财政的方法刺激经济，随着经济复苏，财政收入得到提高；当实际产值达到甚至超过充分就业状态下的潜在生产总值时，政府支出减少，财政收支出现盈余。由此，政府可以借助充分就业状态下的财政盈余弥补经济衰退条件下的财政赤字，实现财政预算的周期性平衡。即财政预算不需要每年都实现收支平衡，只需要在一个经济周期内实现平衡就可以，其目的在于"熨平"经济周期，实现持续的充分就业。

周期性预算平衡的赤字观是政府实施补偿性财政政策的必然结

果。所谓补偿性财政政策，又称为"相机抉择的财政政策"或"周期性平衡的财政政策"。也就是说，当经济步入衰退阶段时，政府采取扩张性的财政政策，通过降低税收、增加政府支出等措施刺激总需求，促进经济复苏；当经济步入繁荣阶段时，政府采取紧缩性的财政政策，通过增加税收、减少政府支出等方式防止经济过热，抑制通胀。

20世纪60年代，财政预算理念由周期性的预算平衡进一步发展成为充分就业预算。充分就业预算最早来源于1947年美国经济发展委员会提出的概念——充分就业预算盈余。所谓充分就业预算盈余，就是指按照既定税收制度，在实现充分就业的条件下财政收入与财政支出的差额。1962年，以沃尔特·赫勒和詹姆斯·托宾为代表的肯尼迪总统经济顾问委员会首次在国情咨文中引入该概念，并对该概念进行了更为详细的阐述，1964年的年度报告开始运用充分就业预算盈余的思想对美国政府的预算计划进行分析（Okun and Teeters，1970）。随着应用的不断深入，充分就业预算盈余逐渐成为经济研究者和美国财政当局估量财政政策的态势、测度财政政策的效力以及制定财政政策的依据之一（李扬，1987）。简单地说，充分就业预算是指，只要国民生产总值低于充分就业（失业率为4%）产值，政府就应该采取扩张性的赤字财政政策刺激经济，在充分就业的条件下达到预算平衡即可。

这一转变标志着财政由传统预算平衡型财政向功能财政的彻底转变，意味着财政预算不再着眼于年度均衡或者周期性均衡，财政政策脱离了传统"预算平衡"的约束框架，充分发挥其宏观调控功能以实现充分就业和经济稳定增长，财政赤字可以常态化。与此财政预算理念相对应的，是政府采取增长性的财政政策。所谓增长性的财政政策，就是政策的制定以实现充分就业和经济稳定增长为目标，政府应该采取更为弹性的财政政策，减缓经济波动，实现充分就业，使经济能够在潜在趋势上运行。其与补偿性财政政策的区别在于，补偿性财政政策是反危机式的，在经济回升时期财政政策会适度收缩；而增长性的财政政策是增长导向的，即使在经济复苏阶段，只要实际产出水平低于潜在产出水平，也要实施扩张性的财政政策刺激经济。

20世纪80年代，强调财政预算平衡逐渐取代充分就业预算成为发达经济体政府追求的目标，并最终发展成为上限管理准则。所谓财政预算准则，就是设定一个财政赤字上限或公共债务警戒线，只要没有达到上限或触及警戒线，那么财政赤字的规模就是可以承受的。其中，1991年12月，在荷兰举行的欧洲共同体首脑会议上签订的《马斯特里赫特条约》中规定的标准最具代表性：各国的财政赤字须控制在该国GDP的3%以下，公共债务占GDP比重保持在60%以下。该标准后来成为世界主要经济体认定债务可持续增长的重要参考标准之一。

然而，从严格意义上讲，《马斯特里赫特条约》有关赤字率和债务率的标准，在当时仅为欧洲共同体成员加入欧洲经济货币联盟的入围标准，而非国际通行的唯一"债务警戒线"标准，各国关于财政赤字、债务的定义范围和计算方式以及风险警戒线也存在相应差异。例如，国际货币基金组织提出将政府债务率（债务余额/综合财力）的90%~150%这一范围规定为风险控制参考区间，穆迪等国际评级机构将利息支出相对于财政收入和GDP的比重作为衡量主权债务风险的重要指标之一。2008年全球金融危机和2020年新冠疫情发生后，世界主要经济体的央行纷纷出台了力度空前的货币宽松政策和财政扩张政策进行逆周期调节，以刺激消费和投资复苏，进一步转变了人们对于赤字以及债务的传统认知，即赤字和债务的最优规模不再囿于预算收支平衡的制度约束，而应进一步转向实现经济平衡的功能性目标，即在不引发通胀的情况下达到经济最优产出并实现充分就业等。

2008年全球金融危机以来,特别是新冠疫情发生后,为应对突如其来的经济下行压力,世界各国采取显著的财政扩张政策,导致赤字与债务规模大幅上升,其中公共债务占GDP比重的世界平均水平截至2022年达到92%,相比于20世纪70年代中期增加两倍;美国、日本、英国等发达经济体政府债务比重分别达到144%、254%、104%,早已突破《马斯特里赫特条约》规定的60%的警戒线。学界和政策界重新审视了有关债务和赤字风险的传统观点,并指出在低利率、高债务的宏观环境下应当放弃债务占GDP比重指标。新凯恩斯主义经济学者奥利维尔·布兰查德(2019)认为,3%的财政赤字率和60%的政府杠杆率已不符合现行宏观经济运行趋势,应该用财政标准取代财政固定规则,财政政策空间不应有硬约束,只要债务的利率(r)低于名义经济增长率(g),债务就是可持续的。贾森·福尔曼和劳伦斯·萨默斯(2020)指出,在全球低利率、高债务的宏观经济背景下,由于以七国集团(G7)为代表的多数发达经济体债务占GDP比重均超过100%,因此用传统的债务占GDP比重来衡量国家财政可持续状况不再具有强现实参考意义,并提出了另外三种替代衡量指标——存量-存量视角下的债务占GDP现值比率、流量-流量视角下的实际利息支付占GDP比率以及衡量财政缺口。与新凯恩斯主义理论相比,20世纪90年代,以兰德尔·雷、沃伦·莫斯勒等为代表的经济学家推出现代货币理论,该理论作为后凯恩斯主义经济学的发展延续,建立在凯恩斯主义、国家货币理论、内生货币理论等基础上,重点在于讨论财政政策与央行的货币政策如何协调运作。从出发点来看,现代货币理论采纳了国家货币理论的观点,认为货币起源于债权债务关系,其诞生与承担记账的职能有关。财政支出就是货币发行的过程,赤字即货币发行过程,只是货币发行过程比较隐蔽

(Wray，2012)。现代货币理论同样强调功能财政的作用，不再关注预算的平衡性问题，以及赤字是否需要弥补的问题（张晓晶和刘磊，2019）。此外，随着赤字常态化，赤字所涉及的范畴逐渐从预算赤字的财政范畴延伸至货币金融属性，成为提供金融资产工具的渠道和途径（刘尚希，2022）。

二、铸币税是重要的财政收入来源

（一）铸币税的概念界定

铸币税，也称"铸币利差"，指具有货币发行垄断权力的组织或国家政府将货币发行面值减去发行成本后，从发行货币中所获取的收益。在金属货币制度时期，铸币税为铸造货币的实际成本与货币表面价值之差归铸币者所有的收入。到信用货币阶段，国家凭借其主权信用垄断货币发行权，由央行作为货币发行当局进行货币的发行、管理和流通。货币制造数量不再受贵金属限制，且信用货币发行的成本极低，铸币收益可以近似地认为是纸币的票面值。信用货币作为金属货币体制下非足值货币的进一步发展，本身已脱离了金属货币，成为纯粹依托于国家信用运作的货币价值符号，因此信用货币是一种权证性货币。信用货币的发行成本与其币值相比微不足道，在信贷货币体系下，铸币税的范围有了进一步的扩大，在数量上表现为央行在一定时期内增加创造的货币量。随着货币涵盖范围的演变和发展，现代信用货币体系下的铸币税也有着狭义定义和广义定义之分。

专栏：边币与铸币收入

1941年1月6日皖南事变后，国民党政府停发八路军军饷，对陕甘宁边区实行经济封锁。陕甘宁边区政府于1941年1月28日通过了《发行边币、禁止法币在边区内流通》的决议，同年2月授权边区银行发行陕甘宁边区银行币（简称边币）。自此，边币成为边区唯一的法定货币。作为重要的财政收入，边币发行收入为共产党革命发展度过艰难的时刻起到了至关重要的作用。时任陕甘宁边区银行行长朱理治明确指出，从1941年初到1942年底，边区银行一共发行了超1.1亿边币，这对于我们度过困难时期，无疑起到了相当大的作用，而且对于这一时期的经济建设，也有很大的推动作用。

1. 狭义定义

狭义铸币税为传统意义上的货币发行铸币收益，一般指央行在基础货币创造过程中有关资产负债的利息差减去货币发行的费用的收益累计额，主要受到央行投放基础货币增量变化的影响。罗伯特·巴洛（1982）、丹尼尔·格罗（1989）和菲利普·杰斐逊（1998）提出铸币税的三种衡量标准：净收入、机会成本和货币成本。其中，净收入是指货币当局从其投资组合中赚取的收入加上服务费减去运营费用。从机会成本的角度衡量，铸币税是指私人部门因货币持有产生机会成本——由于私人部门放弃持有可以带来利息的金融资产转而持有不能生息的货币而带来的利息方面的损失。从货币成本的角度衡量，铸币税是指高能货币的年度变化。罗格夫（1996）认为铸币税是一种价差：一国货币作为信用货币，其本身除了制作材料等费用，并无其他实际价值，而一国政府却能通过货币发行换取具有实际价值的商品，实物资产与货币制作费用的价差便是铸币税。相比之下，曼弗雷德·诺伊曼（1992）的观点是，基础货币剔除价格水平的影响为实际铸币税收入。总的来说，财政税收和铸币税都是税收，只不过前者是显性税收且征收主体为国家财政部门，后者是隐性税收且征收主体为国家货币发行当局。然而，两种税收都是对居民财富征收程度不同的税收，政府从中获得收益。张健华和张怀清（2009）从央行铸币税的角度，利用1986—2008年中国人民银行有关流通中现金以及商业银行持有的现金之和数据，分别从货币铸币税和机会成本铸币税的角度测算了经济转型期中国人民银行的铸币收益规模，将铸币税定义为在不可兑换货币制度下，央行从垄断发行基础货币中获得的利润。

尽管目前测算央行铸币税的方式存在差异，但从理论上讲，剔除物价变化水平、利率波动等因素的影响，狭义范畴的央行铸币收益与基础货币供应量密切相关。其中，基础货币为创造存款货币作用的商业银行在央行的存款准备金与流通于银行体系之外的现金之和。存款准备金包括商业银行持有的库存现金、在央行的法定存款准备金。流通中的货币等于央行资产负债表中的货币发行。货币当局资产负债表构成如表3-1所示。

表3-1 货币当局资产负债表构成

资产	负债
• A_a 国外资产（包括黄金、外汇及特别提款权）	• M 储备货币（包括货币发行和其他存款性公司存款）
• A_b 对政府债权	• L_a 准货币（包括定期存款和储蓄存款）
• A_c 对企业、团体及个人的债权（包括对企业、团体及个人的贷款和投资）	• L_b 政府存款
	• L_c 国外负债
• A_d 其他资产	• L_d 资本项目和其他负债
合计	合计

根据资产恒等于负债的会计关系，因此有：

$$A_a + A_b + A_c + A_d = M + L_a + L_b + L_c + L_d$$

通过移项可以得出基础货币供应量的决定方程式：

$$M = (A_a - L_c) + (A_b - L_b) + (A_c - L_a) - (L_d - A_d)$$

进一步整理得出基础货币供给增减量的方程式：

$$\Delta M = (\Delta A_a - \Delta L_c) + (\Delta A_b - \Delta L_b) + (\Delta A_c - \Delta L_a) - (\Delta L_d - \Delta A_d)$$

一个部门的资产供给等于另一个部门的负债。M代表基础货币。央行资产负债表构成进一步说明了决定货币供应量增减变化的各种因素，其间接对国家铸币税收入产生影响：第一，当国际收支顺差或黄金外汇储备净增时，$(\Delta A_a - \Delta L_c) > 0$，货币供给增加；第二，当财政收支增减净额为正数时，$(\Delta A_b - \Delta L_b) > 0$，货币供给增加；第三，当银行对企业、团体和个人的贷款与投资增减净额为正数时，$(\Delta A_c - \Delta L_a) > 0$，货币供给增加；第四，$(\Delta L_d - \Delta A_d)$表示银行内部平衡能力，其增减与货币供应量呈反向变动。

剔除价格因素的影响，得到央行铸币税计算公式为：

$$S = \frac{\Delta M}{P}$$

或：

$$S = \frac{\Delta M}{M} \times \frac{M}{P} = g_m \times \frac{M}{P}$$

其中，S表示实际铸币税收入，ΔM表示基础货币的增量，$g_m = \frac{\Delta M}{M}$是基础货币增长率，P为价格水平，$\frac{M}{P}$为实际基础货币存量。

2. 广义定义

广义来讲，铸币税泛指政府从广义货币创造与发行中获得的收益。既包括狭义定义中央行通过基础货币创造过程产生的资产负债利息差减费用所得的上缴财政的利润，也涵盖了央行和商业银行在货币创造过程中通过购买国债向中央财政提供的资金，以及国家为弥补财政赤字而增加的货币发行等。铸币税包括货币铸币税、央行收益以及所支付的利息，也包括总铸币税的分配及使用。总铸币税的使用包含以下两个方面。一方面，是生产硬币和纸币的成本，国内和国外债务的净偿付，支付国外债务汇率变动的账面损失，支付政府净债务和扣除政府债务利息的利润（财政铸币税）。另一方面，是对铸币税进行研究，王利民和左大培（1999）从财政铸币税的角度，将铸币税定义为从央行获得政府债务的利息，以及扣除政府债务利息后上缴的央行利润。周革平（2003）、张怀清（2010）以及汪洋、许乐和邱愉（2023）从财政赤字货币化的角度，分别探讨了货币供应量增加但未出现通胀，以及货币供应量增加超过经济增长对货币的需求导致通胀的情况下铸币税收入的问题，并指出政府通过赤字货币化手段获取铸币收益规模受制于宏观经济条件的影响。

（二）铸币税与货币体制的关系

1. 铸币税与货币发行的关系

根据狭义定义，铸币税源自基础货币的发行。凡是基础货币发行增加的都会有铸币税。传统的货币理论表示，带来铸币税发行的有经济发行和超经济发行（财政发行）。其中，经济发行是央行根据国民经济发展的情况以及商品流通的需要，基于满足经济增长需求而发行的。在货币周转状态不变的情况下，经济发行不会带来通胀。货币的超经济发行（财政发行）是国家为弥补财政赤字向央行透支而引起的货币发行，由于财政性货币发行是出于弥补赤字的目的，而非生产流通发展的客观需要，所以其同样会有铸币税，但是在货币状态（周转率）不变的情况下，会伴有通胀。

2. 国际货币体系下的国家货币体制与铸币税的关系

如果一国货币成为国际储备货币，则可以超出国界在全球范围内征收铸币税，以"双赤字"模式促进货币的流出和回流。在国际范围内，历史上存在不同类别的主权国家信用货币制度（见表3-2），包括一般央行制度（其铸币税收入涉及政府债权、国内金融机构债权以及外汇储备），货币局制度或联系汇率制度（本币与某一关键货币维持固定汇率，铸币税收入主要来源于外汇储备的利息收入），"美元化"条件下的铸币税（一些通胀率非常高的国家，为规避本币通胀风险而转持其他通胀率较低的货币，本国储备货币发行量相对减少），等等。

第一，一般央行制度下的铸币税。在一般的央行制度下，资产不会仅仅是政府债券一项，通常还包括外汇储备以及对内金融机构的债权。在央行资产多样化的情况下，本国政府获得的铸币税收入包括：央行储备货币余额变动量＋（外汇利息收入－外汇变动量）＋（央行对金融机构的债权利息收入－央行对企业、团体和个人的贷款和投资增减净额）。

第二，货币局制度下的铸币税。货币局制度是一种严格按照货币规则运作的货币制度。该规则要求基础货币的增加必须有完全的外汇储备做支持，且本币与某一关键货币维持固定的汇率，货币局制度被视为固定汇率制度的一种，其目的是通过维持本币与锚定货币的固定汇率，以降低本国或本地区的通胀率。在货币局制度下，政府视角下的铸币税收入来源于外汇储备的利息收入。目前实施的国家包括阿根廷、保加利亚、爱沙尼亚等。

第三，"美元化"条件下的铸币税。"美元化"有非正式（非官方）和正式（官方）之分。非正式"美元化"是指在受通胀严重影响的国家中（如一些拉美国家和制度转型国家），本国居民为规避持有本币的通胀损失，转而持有美元进行本国货币替代。正式"美元化"就是一国货币当局放弃现钞的垄断发行权，采用世界上关键货币（主要是美元）作为本国的法偿货币，目前实施"美元化"货币制度的国家包括利比里亚、巴拿马和厄瓜多尔等发展中经济体。由于该货币制度下本国储备货币发行量为零，铸币收益进行让渡，意味着采取正式"美元化"政策的政府铸币税收入为零。

表3-2 不同货币制度下的铸币税构成

不同的货币制度	政府视角下的铸币税
央行不仅持有本币政府债券，还持有外汇储备和金融机构债权，且储备货币不付息	央行储备货币余额变动量＋（外汇利息收入－外汇变动量）＋（央行对金融机构的债权利息收入－央行对企业、团体和个人的贷款和投资增减净额）
货币局制度	外汇储备的利息收入
"美元化"条件下的铸币税	—

三、铸币税、赤字货币化与国债之间的关系

传统理论下，铸币税源自货币的经济发行和超经济发行（财政发行），其中经济发行是与经济增长需求相适应的，不会带来通胀；超经济发行，即财政发行，是超过经济需求的货币发行，如果不考虑货币状态，按照货币数量论，必然会导致通胀。现代货币理论认为，铸币税就是财政支出的过程，支大于收就是赤字，也就是铸币税。财政赤字货币化意指以增发国债为核心的积极财政政策导致经济体系中基础货币供应量的增加。按照传统理论，经济发行不会引发通胀，财政发行就会引发通胀。因此，考虑到货币供应量增加与通胀因素之间的权衡关系，政府铸币税最优收益规模与通胀率之间同样呈现非线性增长的U形关系，即通胀率与铸币税收入之间存在曲线最优值的状态。通过增加货币供给，在不会引起通胀的前提下，仍会提高铸币税收入，然而，超过经济需求的货币供应量超发将引起通胀，使铸币税的实际收入减少。

（一）货币的经济发行

当增发基础货币是基于经济增长的经济发行时，货币增发是为了满足经济增长需求，是有产出对应的，如果货币的周转状态（流通速度）不变，不会带来通胀，也不是赤字货币化，但是这个过程有铸币税。

（二）货币超经济发行

当货币发行超过经济增长需求时，基础货币的发行并没有与产出

对应，同样假定货币状态不变、货币流通速度不变，则会带来通胀，赤字以这种方式弥补就是赤字货币化，这个过程也有铸币税，但是铸币税的实际购买能力会受通胀的影响。从现实情况来看，货币的经济发行和超经济发行的边界日渐模糊，传统理论失效，很难事先判断。

（三）赤字债务化与赤字货币化

由赤字债务化过渡到赤字货币化，是间接的赤字货币化。财政部向公众出售国债，即债务货币化；随后央行在公开市场上购入国债，就是转变为赤字货币化。赤字债务化向货币化转变的过程是这样进行的：当政府通过出售国债为财政赤字融资时，在利率市场化的条件下，就可能推动利率上升，如果央行要维持利率的稳定，就会通过公开市场操作买进国债，也就是将赤字债务化转变为赤字货币化，导致基础货币的增加，因此举债弥补财政赤字的净效应将是货币供应量增加。如果财政赤字持续不断，国债供应量会不断增加，推动利率上升的压力持续增强，央行就会不断购买国债，货币供应量也会不断增加，最终将有可能导致通胀。这种情况与央行主动的货币超经济发行过程不同，但是结果类似，最终还是通过赤字货币化融资获得了铸币税。

现代货币理论对货币的经济发行和货币超经济发行同样适用，若将央行和财政视为一体，赤字债务化与赤字货币化则无分别，仅仅是形式上的不同。

（四）货币状态变化情况下赤字货币化与通胀的关系

通过货币创造为财政赤字融资会直接增加基础货币量，进而按照货币乘数的作用扩大货币供应量，因此通过货币创造为财政赤字融资，从而对总需求具有较强的扩张作用，有极大的可能导致通胀。但是否真的导致通胀，还需要进行具体分析。

前文分析的都是假定货币状态不变的情况，当货币状态同时变化时，会使赤字货币化与通胀的关系更加复杂。赤字货币化不一定带来通胀。货币供应量超过经济的货币需求可导致通胀。而货币供应量的变化不仅取决于基础货币的变动，还取决于通过商业银行发生的货币乘数的变动，这与货币状态相关。货币供应量等于基础货币乘以货币乘数，即 $M=Bm$，其中 M 为货币供应量，B 为基础货币，m 为货币乘数。政府通过货币创造弥补财政赤字只能影响基础货币，对整个货币供应量的影响还要看货币乘数的变动情况。如果政府通过货币创造弥补财政赤字增加了基础货币，但同时出于种种原因，货币乘数在降低，而且货币乘数降低的幅度等于或超过基础货币增加的幅度，那么货币供应量不仅不会增加，反而可能减少。如果这种情况发生，政府为弥补财政赤字而增加基础货币就不会导致通胀。此外，尽管货币供应量增加，但货币需求也在增加，而且货币需求增加的幅度等于或超过货币供应量增加的幅度，那么也不会导致通胀。随着经济的增长，货币需求必然相应增加。如果政府通过货币创造增加的货币供应量没有超过经济增长所要求的货币需求的增量，那么也不会导致通胀。在货币为中性的条件下，只有货币发行超过经济增长需求时（考虑了基础货币的乘数作用），才会导致通胀。

（五）国债可以成为铸币税转移的政策工具

国债是政府以信用为基础，通过借款或发行有价债券，向国内外筹集财政资金所形成的债权债务关系。国债的发行主体是国家，它具有最高的信用度，被认为是最安全的投资工具。国债作为一种特殊的债务范畴，其发行依据和担保物不是财产与收益，而是国家信用。

凯恩斯在《就业、利息和货币通论》中论述，公债是弥补财政赤字、解决有效需求不足的一项重要手段。在传统的财政理论下，赤字可以通过向央行直接举债（一级市场购债）或向二级市场举债弥补。政府债务弥补赤字的方式与铸币税的形成密切相关，与财政可持续发展密切相关。从财政可持续的角度，有以 i（利率）和 g（增长率）的关系作为判断条件的，也有以还本付息作为判断条件的，还有以利息作为判断条件的。总之，无论什么标准，政府赤字都有一个约束条件。

按照现代货币理论，财政支出是货币发行的过程，赤字也是货币发行的过程。现代货币理论指出，在国家主权货币体系下，政府是其货币的垄断供应者，理论上不会债务违约和破产，平衡预算实质上只是一种会计约束。这种自我施加的财政约束与现实经济并无实际关联，它只是一种便于操作的制度安排。现代货币理论认为，现代国家货币本质上是一种政府负债。政府支出创造货币发行，并通过税收使货币回笼。政府的赤字支出保证了非政府部门对货币的需求（储蓄）。政府的债务（包括货币、银行准备金和国库债券）是非政府部门的金融资产。政府的财政赤字等于非政府部门的财政盈余，私营金融财富净额等于公共债务，因此产生可以被储蓄的收入。基于主权国家自身的信用，一个主权政府在本国的货币政策下不可能有破产这样的论断，所以储蓄是最安全的方式，储蓄到期时不可能出现无法偿付的情况。因此，赤字支出是经济的一种常态。从财政角度说，政府没有举债的必要。政府举债更多出于金融目的。

现代货币理论强调功能财政的要求，弱化预算平衡的约束，但是并不意味着赤字可以不受约束，它不强调经济中的资金约束，而强调经济中可用资源的约束。现代货币理论通过存量-流量一致方法分析，推导出"国内私人部门、政府部门之间的赤字与盈余之和为零"的恒等关系（Wray，2012）。对于一个不断增长又想要避免经济紧缩的经济体来说，持续性的政府财政赤字是完全必要的；最佳的国内政策目标不应当徒劳地追求平衡预算、控制政府赤字和债务上限，而应当追求充分就业和物价稳定（李黎力，2019）。

第四章

利率与财政的可持续性

利率是重要的宏观经济变量（易纲，2021），财政赤字是宏观经济调控应用最普遍的一个经济变量（刘国艳等，2012），经济增长率、利率等重要宏观经济变量下的发债限度、财政风险等是财政可持续性政策实践与研究的重点。经济学理论关于财政可持续性的衡量与一国的政治制度、经济运行态势、财政状况、潜在财政能力等有关，并无一定之规。受历史条件和经济发展阶段影响，财政可持续性或财政空间的度量在不同条件下并不相同，但利率是不可或缺的条件，也是政府做出债务决策的重要参考。在不同历史条件下，如何评价国债政策可持续性及其财政风险程度，也就是说通过哪些指标来评估国债政策是否具有可持续性以及由于国债扩张带来的财政风险程度，仍然是一个较难解决的问题。无论是重视还本付息的债务可持续性理论，还是关注债务的利息支出负担的可持续性理论，利率因素都是重要的影响变量。

一、利率与财政可持续性衡量标准的理论

财政可持续性的概念最早由布伊特（1985）提出，指国家财政的一种存续状态或能力，是衡量财政风险的重要指标之一。财政可持续性以研究政府的偿债能力可持续性为起点，随着社会经济环境的变化发展，相关理论和研究视角不断丰富。经济学理论关于财政可持续性的衡量与一国的政治制度、经济运行态势、财政状况、潜在财政能力

等有关，并无一定之规。受历史条件和经济发展阶段的影响，财政可持续性或财政空间的度量在不同条件下并不相同，但利率是不可或缺的条件，也是政府做出债务决策的重要参考。在不同历史条件下，如何评价国债政策可持续性及其财政风险程度，也就是说通过哪些指标来评估国债政策是否具有可持续性以及由于国债扩张带来的财政风险程度，仍然是一个较难解决的问题。

（一）基于债务还本付息的财政可持续性衡量理论

将财政可持续性或财政空间定义为国家可以动用或筹集资金的多寡。财政举债越多，债务的还本付息负担就越重，超过一定限度，就会给财政可持续性带来挑战。如果基本赤字的实际值低于可持续值，财政政策就是可持续的；否则，财政政策就是不可持续的，需要调整。

一是债务比，利用关于公共部门偿债能力的会计方法，测算可持续赤字水平。例如，《马斯特里赫特条约》规定债务负担率不得高于60%、赤字率不得高于3%，将这些指标作为财政可持续性的趋同性检验标准。哈佛大学的卡门·莱因哈特和肯尼思·罗格夫在一篇著名的论文中主张，当公共债务与GDP之比超过90%时，经济增长就会急剧放缓。在国际传统财政理论与实践中，财政赤字率和债务率安全标准的设定，反映了欧美在当时的历史条件和经济发展阶段下的财政规律。马拴友（2001）认为，给定经济增长目标和真实利率，如果基本赤字使政府的债务负担率固定不变或不再持续上升，它就被定义为是可持续的，指出与稳态国债负担率相一致的可持续赤字，取决于经济增长、内外债利率、基础货币、国内外通胀等变量。在财政可持续性评估中，基于债务比，重点关注债务种类、债务管理方法和偿还期限等问题,以充分理解一个国家的债务风险。

二是长期财政收支平衡,基于跨期预算约束模型。按照新古典的偿债能力法,检验公共债务的非蓬齐博弈条件,或检验政府是否满足现值借款约束条件。如果政府的财政行为满足该条件,财政政策就是可持续的;反之,是不可持续的。从周期预算平衡的角度看,财政可持续性要求未来财政预算盈余的现值必须大于未来财政赤字的现值,而且其差额必须至少等于国债初始存量与国债最终债务存量现值的差额(Hamilton and Flavin,1986;Trehan and Walsh,1991;Smith and Zin,1991;Bohn,2005)。余永定(2000)认为,如果政府能够长期保持财政收支平衡,则政府财政是可持续的,换言之就是没有财政危机或财政风险。邓晓兰等(2013)也指出,财政可持续性是一个时期性的概念,不能仅根据一两年的财政状况做出判断,而应根据历史、现在和未来较长时间段内的财政状况进行综合衡量。

以上财政可持续性理论主要基于发达国家实践提出的财政可持续性评判标准,逻辑清晰,虽然有一定的局限性,但仍影响着实践,比如目前在中国仍占支配地位的所谓"3%的财政赤字率红线"。自2015年以来,中国每年的财政赤字率都超过3%,但现在人们仍在坚持"3%的财政赤字率红线"的教条(贾根良,2022)。然而,从会计账户的角度去分析财政政策的可持续性,很难得出一个放之四海而皆准的结论。在国际传统财政理论与实践中,财政赤字率和债务率安全标准的设定,反映的是欧美在当时市场利率高达7%~8%的前提下财政可持续的警戒线,但并非金科玉律(刘尚希,2021)。20世纪90年代中期以后,亚洲和拉美的一些新兴市场国家债务负担率明显上升,被欧盟国家所公认的债务警戒线在新兴市场国家"失灵",虽然新兴市场国家债务负担率加权平均值为50%,比《马斯特里赫特条约》标准低10个百分点,但这些国家已经出现了严重的债务问题。其背后是一些非传统因素，如利率和汇率的变动，以及或有负债变成现实等导致财政债务负担剧增。

（二）基于举债本金可以借新还旧，财政可持续性就取决于利息和经济增长

利率水平是评估财政可持续性的另一个关键指标。利率对财政的影响很大，衡量财政可持续性或财政空间的大小，取决于债务利息支付的可持续性，美国著名的宏观经济学家布兰查德使用的就是这个概念（贾根良，2022）。基于举债本金可以借新还旧，财政可持续性就取决于利息。利息等于本金乘以利率，与本金的规模和利率的水平成正比。就债务本身而言，举债规模越小或利率越低，债务利息负担就越小，越有利于财政可持续，同时，利率低就意味着同样的利息负担可以举更多的债；借款成本上升可能表明市场对国家的信用风险看法有所改变，从而加剧债务负担。王晓霞（2007）认为，财政可持续性表面上研究的是政府的债务清偿能力，实质上研究的是政府收支的宏观经济影响。固然财政债务负担可以加重，但是如果利息可负担，且因此带来有效投资等，带来经济增长超过财政负担加重的程度，也就是 $g > r$，从经济整体而言是可持续的，进而反映到财政上也是可持续的。低利率甚至零利率、负利率带来财务可持续性规则的变革，加尔布雷思证明，如果利率足够低，即使是持续的高赤字，也是可持续的，因为负债率最终会停止增长（贾根良，2022）。主流经济学家认为，政府杠杆率能够在长期内趋于稳定的必要条件是融资利率要小于GDP增长率。政府杠杆率即政府基本赤字与GDP之比为常数，从稳态来看，政府杠杆率会收敛于 $c \times (1+g)/(g-r)$，经济增速 g 越高，政府杠杆率越低，降低融资利率 r，也会降低政府稳态杠杆率（池光

胜，2019）。如果利率水平高于经济增长率，即使赤字为零，也会出现债务增加导致利息增加、利息增加导致债务持续增加的恶性循环，从而使国债负担率快速上升（刘立峰，2001）。但也有研究表明，至少在新兴市场，r 低于 g 不足以避免债务危机。总体上 r 略低于 g 是较为合理的，从经验数据看，我国大部分时间真实利率都是低于实际经济增速的，这一实践可以称为留有余地的最优策略；但 r 也不能持续明显低于 g，若利率长期过低，会扭曲金融资源配置，带来过度投资、产能过剩、通胀、资产价格泡沫、资金空转等问题，超低利率政策难以长期持续（易纲，2021）。财政可持续性与利率及经济可持续性紧密相连。利率直接影响举债成本，如果在市场利率水平较高的时期大量发债，势必增加未来时期的付息负担，形成还债高峰，并可能使赤字持续增加，国债利率上升会导致财政融资成本增加，从而削弱国债政策的可持续性（刘立峰，2001）。

（三）基于通胀率、可用资源等更广泛的范围衡量财政可持续性

更广泛的理解是，财政可持续是指政府未来所拥有的公共资源足以履行其未来应承担的支出责任和义务，以保证经济、社会的稳定与发展。这就意味着财政可持续问题并不局限于财政债务的可持续。多玛（1944）认为存在一个最优债务负担率，但也提出政府能控制自身的支出，拥有征税权和通胀的主动权，因此从理论上来说，这三大法宝可以保证财政在任何时候都是有偿债能力的。现代货币理论认为，衡量财政可持续性或财政空间，也就是财政赤字的大小，主要由市场决定，它取决于非政府部门净储蓄的愿望。政府开支的自由裁量权在通常情况下大约只占财政开支的30%，然而，即使是这种自由裁量权，一般也要适应非政府部门净金融资产增长的需求。非政府部门支

出越强劲，赤字就会越低，在某些情况下甚至会变成盈余。政府有责任将其税收或支出设定在适当的水平，以确保通过政府总支出维持充分就业。通常以经济中的可用资源为限，做到既不发生通胀，也不发生通缩，这就是勒纳在1943年提出的功能财政原理（雷，2017）。现代货币理论设定政府的融资利率是无风险利率，财政可持续性或财政空间的概念用资源约束替代了资金约束，用通胀约束替代了人为的收入约束。主权货币国家财政预算的核心是资源可得性的预算，并将通胀风险作为决策的重要指标。在做预算时，主要关注财政支出结构，避免总需求过度、资源短缺和产能不足造成通胀（贾根良，2022）。现代货币理论从更广的范围理解财政可持续性，侧重于从目的正义反推工具理性，也为一定背景下政府扩大财政赤字或提高债务上限的决策提供了理论解释与支持。有一些国家，虽然债务负担率或赤字率已经远高于60%或3%的警戒标准，高赤字与低利率并行，但其经济在较长时间范围内仍然是可持续的，如日本、美国等。2020年受新冠疫情的冲击，政府需要为扩大财政赤字或提高债务上限寻找理论支持，现代货币理论因此声名大噪。但近两年大通胀时代回归，财政可持续性及其决策又面临很多新的讨论。

二、财政可持续性与财政赤字水平的利率效应

利率是重要的政策变量，利率高低也是政府信用状况、财政可持续性状况的反映。财政赤字水平的利率效应是宏观经济效应理论的重要内容，受利率管制政策、非传统货币政策、社会变迁、财富分配和科学技术等因素影响。

（一）利率控制与财政可持续状况

传统货币理论与现代货币理论对"信用货币制度下法币几乎是永远不需偿还的债务"这一观点的认识是一致的（吴晓灵，2021）。利率高低也是政府信用状况的反映，包含了资本市场对政府债务风险程度的评价，如果政府信用状况好，投资者所要求的风险溢价水平就低，国债的市场利率相应就低，国债价格趋于上升；反之，则国债的市场利率就高，国债价格趋于下跌（刘立峰，2001）。现在几乎所有国家都把利率作为宏观经济调控的重要工具之一。正是基于政府信用，利率通常由国家的央行控制，在美国由联邦储备委员会管理。作为主权货币的垄断供给者，央行总是可以按照固定的利率向市场提供货币，从而钉住利率（何增平和贾根良，2022；吴晓灵，2021）。主权货币是央行的债务，凯恩斯在《就业、利息和货币通论》的第17章中专门强调了货币的"自身利息率"和与之相联系的货币经济的制度因素，认为利率并不来自节俭或资本的生产力，而完全是一个货币现象。凯恩斯的货币利息率概念与古典学派和马克思经济学中的利润率概念是相近的，皆由社会关系所决定且独立于技术关系（樊苗江和柳欣，2005）。现代货币理论认为利率是一个政策变量，为了避免负债率过高，各国政府可以降低支付的利率，使其低于经济增长率，最终实现可持续性。这意味着市场行为并不会决定利率走向，平均短期利率和长期利率都是由央行决定的（雷，2017）。主流经济学家所着眼的财政可持续性条件（$r<g$）本身并不是问题，因为主权货币政府始终可以通过控制和影响利率 r 来保持这一条件，而永远不需要接受市场利率。

在利率传导机制体系下，政策利率是对国内的指导利率，国债利率是市场重要的基准利率，是影响财政可持续性的重要方面，相互之间具有深刻的联系。政策利率的调整将带动市场基准利率调整，国债利率也会随之调整，直接影响财政的债务成本。在利率目标制下，如果私人部门对货币的需求上升（对国债的需求下降），那么市场利率就会上升；为了维持利率目标，央行就会买入国债（逆回购国债），释放流动性，从而满足私人部门对货币的需求。如果私人部门对货币的需求下降（对国债的需求上升），那么市场利率就会下降；为了维持利率目标，央行就会卖出国债（回购国债），从而满足私人部门对国债的需求（何增平和贾根良，2022）。

（二）财政赤字水平的利率效应

关于财政赤字水平对利率水平的影响，在经济理论界一直争论不休。财政赤字与宏观经济变量（包括利率）之间的关系是财政赤字宏观经济效应理论体系的主体内容，大量的实证文献也检验了财政赤字的影响。有关宏观经济变量之间关系的实证研究（Saleh，2003；埃文斯，1989；McMillin，1986）显示，存在从利率到财政赤字的格兰杰因果关系（许雄奇，2010）。

一是传统主流理论认为，财政赤字增加导致利率水平上升。主流经济学认为，政府债务规模上升导致其与私人部门争夺资金，从而迫使利率上升。霍尔舍（Hoelscher，1987）发现，政府支出与长期利率存在显著的正向关系。埃文斯（1984）提到的债务货币化观点认为，财政部增加债务发行的想法，增加了相对于供应的信贷需求，因此，利率上升。莫迪利安尼和斯特林（Modigliani and Sterling，1990）、克尔门迪（Kormendi，1983）等发现了大量证据，证实财政赤字增加会提高实际利率或名义利率（赵尚梅，2001；Engen，2004）。坦齐和卢茨（Tanzi and Lutz，1991）也认为，较大的财政赤字导致了利率水平的上升（Brook，2003；DaiQiang，2004）。许雄奇等（2008）认为，1978—2005年中国财政赤字的增加导致名义利率水平提高，不能完全忽略和否认财政赤字增加对名义利率水平的影响。国债利率上升有可能是国债规模超过资本市场容量产生的结果，由于资金的稀缺性，国债的过度发行会引起市场利率上升，从而导致国债成本上升，如果在利率持续上升之后，仍然不能满足政府的融资需要，就可能导致国债货币化融资，从而使基础货币增加并扩大货币供应量，增加通胀压力。通胀水平上升，又会迫使国债利率上调，进一步增加举债成本，形成恶性循环的局面。国债利率持续上升可能是国债政策出现问题的重要表现，也是财政风险相应增加的表现（刘立峰，2001）。

二是部分理论认为，财政赤字增加对利率水平无影响。柏罗索（1987）、维埃拉（2004）等的实证分析支持巴罗的"财政赤字中性"理论。郭庆旺（2002）认为，利率管制使利率水平对财政赤字反应灵敏度很小，公债对银行利率没有推动作用。曾令华（2000）认为，实际利率上升与它对非政府投资的某些抑制作用不能说明政府支出扩张有"挤出效应"，只是说明利率政策与财政政策的不协调，杨君昌（2002）也认为，积极财政政策实施对利率几乎没有产生实质性影响，基本上不存在挤出效应，刘溶沧和马拴友（2001）利用中国1984—1999年的数据进行回归分析，结论是中国的财政赤字、国债规模没有产生挤出效应，不仅财政赤字没有使利率上升，而且目前不存在财政赤字抬高利率的因果关系。但其研究方法仅为简单的OLS（普通最小二乘法）回归，尚需更严格的计量分析来提供实证支持（许雄奇，2010）。

三是关于低利率、零利率、负利率的讨论。斯瓦米（Swamy，1990）发现，大额财政赤字与短期利率存在负向关系。张靖佳等（2016）认为，利率与非传统货币政策（包括增加持有政府债券）之间的相互影响加速了零利率约束的来临，分析了关于2001—2006年日本银行启用的广义量化宽松政策和2007—2008年全球金融危机后，以美联储和欧洲央行为代表的发达国家非传统货币政策的"利率约束之谜"的争论，提出不是只有在零利率约束出现后才能够运用增加政府债券等非传统货币政策，一旦经济中出现危机的征兆，央行可以同时运用利率政策和非传统货币政策对经济进行调节，两种政策之间具有天然的关系，可以使央行货币政策更快、更有效地发挥作用。债券收益率的高低取决于央行利率政策，而不是取决于政府财政赤字的大小。自全球金融危机以来，虽然债务占GDP的比重大幅上升，但美国的联邦基础利率和10年期国债利率却是稳步下降的。政府债务规模扩张并没有引起利率的上行，也无法阻止政府债务和赤字规模的攀升。霍默和西勒的《利率史》总结称，700年以来利率下行是大势所趋，历史上的利率下行反映的是商品货币制度下人类社会从野蛮到文明、从战争到和平的演进，近百年来的利率下行则表现的是信用货币制度和全球化背景下人口、财富分配和科学技术等因素的合力。

总而言之，债务对经济增长率、利率、汇率等重要宏观经济变量有影响，而后者又反过来影响发债的限度。迄今为止，财政可持续性研究对内生性考虑不够，主要分歧包括到底是利率水平影响财政赤字水平，还是财政赤字水平影响利率水平；是财政赤字增加导致利率上升，还是财政赤字水平对利率水平无影响。通过梳理相关理论和实践经验，尤其是政府财政部门与货币发行关系的客观事实与经验，我们认为，有关研究与实践经验（历史）证明了利率与财政可持续性的密切互动性，但二者之间不是简单的比例或数量关系。财政可持续性的根本是国家信用，不仅要统筹考虑钉住利率的相关货币信贷政策，还要将其与宏观经济需求结合起来看待。

专栏：中国首次负利率发行以欧元计价的主权债券

2020年，美国、欧洲、日本等主要经济体为了应对新冠疫情，都采取了低利率甚至零利率货币政策，负利率债券在欧美大行其道，全球负利率债券高达17万亿美元。整体经济陷入深度衰退，低利率、低通胀、低速增长似乎成为一种常态，未来收益率可能还会下降。

2020年11月18日，中国顺利发行40亿欧元主权债券。其中，5年期7.5亿欧元，发行收益率为-0.152%；10年期20亿欧元，发行收益率为0.318%；15年期12.5亿欧元，发行收益率为0.664%。此次发债是2019年重启欧元主权债券发行后连续第二年发行，取得了中国境外主权债券发行最低收益率。其中5年期采用溢价发行，票息为0%，首次实现了负利率发行。

此次发行采用"三地上市、两地托管"的模式。在伦敦证券交易所、卢森堡证券交易所和香港证券交易所上市。同时，为支持香港国际金融中心建设，首次在香港债务工具中央结算系统托管清算此次欧元主权债券5年期品种。从簿记情况来看，国际投资者认购踊跃，订单规模达到发行量的4.5倍。投资者群体丰富，涵盖了央行、主权基金、超主权类及养老金、资管和银行等，欧洲投资者最终投资比例高达72%，体现出国际资本市场投资者对中国经济稳中向好的信心。

此次我国中央财政部门成功发行以欧元计价的主权债券，意味着境外投资者认可中国政府主权信用。穆迪和惠誉对中国主权债券的评级是A+和A1，这其实是偏低的，但中国能够在国际市场上低成本借钱，重要的是境外投资者认可中国政府主权信用，相信中国不会违约，同时看好中国金融开放和人民币国际化的前景，也是参与中国金融市场的一个重要手段。

境外机构投资者认可中国发行的欧元主权债券，一是出于安全考量，从投资者角度看，分散了投资风险。二是因为预期未来中国经济平稳向好、人民币升值。中国经济基本面平稳向好，且近两年中国加大金融开放政策力度，国际资本不断流入中国，中国国际收支基本平衡。三是从利率水平来看，此次发行欧元主权债券利率水平比德国、法国、意大利国债收益率要高，对投资者也有吸引力。例如，中国10年期国债比美国同期国债利率要高2.4个百分点，比德国同期国债高3.8个百分点。四是作为一种强势货币，人民币国际化会加速，有利于全球金融体系稳定，助推人民币国际化和中国资本项下对外开放，也有助于中国进一步融入全球经济和金融体系，有助于提升中国经济的国际地位。境外投资者的资产组合中增加人民币资产权重，有利于它们分享中国经济发展红利、参与中国金融市场投资。

第五章

财政与人民币国际化

财政为人民币国际化创造条件需要宏观思维。财政平衡、赤字不大、国债不多、贸易顺差高，从宏观思维看这些情况可能不一定有利于人民币国际化。

一、财政赤字、经常项目赤字与人民币国际化

现代货币理论认为，财政赤字是以政府支出的形式创造出非政府部门的储蓄。按照现代货币理论的理解，开放经济环境中一国经常项目赤字应被视为其他国家以对该国的债权形式而累积起来的净储蓄。如果财政赤字导致总需求增加，在一定程度上也提升了对国外产出的需求（进口规模扩大），进而促使经常账户形成赤字（当然，还有一种更激进的情况，政府甚至可以通过直接购买外国产出的方式来增加经常项目赤字）。从这一角度看，财政赤字与经常项目赤字之间存在密切联系。

传统理论中的"特里芬难题"（特里芬教授在其著作《黄金与美元危机》中提出的观点）描述了这样的情形：美元作为国际结算与储备货币，必然导致世界各地的大量需求，从而使美国国际收支形成长期逆差的状态。而美元作为国际货币核心的前提，必须保持币值稳定，这又要求美国必须保持顺差的状态。根据"特里芬难题"的描述，当本币成为国际储备货币时，必定会增加他国对本国货币的外部需求，用于国际结算。为满足这一需求，储备货币的发行国可以通过

资本账户贷出或经常账户逆差来供应货币。

不同于美元，如果要实现人民币国际化，鉴于当前资本账户依然没有进一步松动的空间，则需要经常项目赤字来供应人民币，与此同时，对人民币汇率的控制形式也将变得更有弹性。然而，目前中国的经常项目是顺差状态，要想实现上述这一过程可能需要一定的周期。但需要注意的是，经常项目赤字是人民币国际化的必要条件，而非充分条件。因此，结合现代货币理论的视角来看，如果扩大财政赤字可以促使经常项目赤字，那么在资本账户尚未完全放开的前提下，以此来推动人民币国际化是否在实践中可行，值得关注。

二、人民币债券与人民币国际化

（一）财政赤字与债券资产

基于财政的逻辑，财政赤字产生了政府债务，是赤字性债务。不同于赤字性债务，基于金融的逻辑，在资本市场上债务与赤字之间也存在一定的关系（央行在一、二级市场购买国债，国有商业银行购买国债），是赤字货币化，也就是货币财政化。现代货币理论认为，财政赤字是政府部门为非政府部门带来了储蓄，这些储蓄便是非政府部门对政府部门的债权。财政赤字形成净负债，政府在市场上出售利息更高的国债供公众选择，私人部门将拥有政府债券形式的净金融资产。同本国居民一样，在开放经济中，外国居民也可以累积本国政府以本国货币计价的负债（国债），这就形成了部分非政府部门的储蓄留存在外国居民的手中。据此视角，通常可以认为，政府发放的可获利债券的总量约等于财政赤字规模。

（二）债券市场与人民币国际化

在信用本位制下，主权信用货币充当国际储备资产时重要的是其安全性。鉴于债券资产天然具有安全性、流动性和收益性等特点，一国货币的国际化会增加来自国外对以该国货币（本币）计价金融资产（国债）的需求。当本币计价的金融资产流动性增强以后，就产生了流动性收益。因此，稳步推进金融市场开放有助于满足境内外投资者对于国际储备资产的配置需求。

从国际经验看，一国货币的国际化需要国际性的金融市场和金融中心作为资本流动的渠道和载体。历史上，美元的国际化地位与美国的国际债券市场密不可分。美国的国际债券市场具有明显的优势，其发行规模更大、资产流动性更高，有效地促进了美国经济的发展，为美元成为各国的储备资产保驾护航。自20世纪50年代以来，美元成为重要的国际货币，境外投资者受到美国高收益资产的吸引，并出于投资便捷性的考虑，对美国资本市场的投资有明显增加的趋势，主要集中在债券市场。尽管这些年美国债券市场的投资收益率明显降低，但是对境外投资者仍然具有很强的吸引力，这与投资美国国际债券可以分享发达金融市场带来的高额利润、获得资产保值、增强投资的资产流动性以及降低风险不无联系。亚洲金融危机发生后，日本将日元国际化的重点放在了亚洲。日元国际化过程中的"武士债券"作为一种新的金融工具，推动了日本债券市场的改革和发展，间接推动了日元国际化的进程。

目前，人民币国际化主要有两种实现方式：一是传统方式，主要涉及进出口贸易、对外援助、对外投资与吸引外资、跨境消费等领域的人民币流出通道（在资本项目尚未完全放开的背景下，传统方式依旧是目前人民币国际化过程的主要途径）；二是以人民币为信用工具的投资方式，人民币债券作为重要的信用工具之一，可以加速推动人民币由贸易货币向投融资货币和储备货币转变，提升人民币在国际货币体系中的地位。反之，人民币国际化程度提高也有助于拓展国内金融市场的广度和深度，丰富市场参与主体。

债券市场开放与人民币国际化是相辅相成的。债券市场开放有利于打通人民币回流渠道。中国的债券市场开放包括引入境外发行机构的一级发行市场开放和引入境外投资者的二级交易市场开放。其中，在一级市场上，境外机构在中国境内发行的人民币债券是"熊猫债券"。"熊猫债券"市场作为跨境人民币交易的市场之一，有利于推动人民币国际化进程。理论上，"熊猫债券"的发行主体从市场上募集人民币资金后，可以汇出境外使用。具体来看，可以将资金用于人民币跨境贸易、跨境投融资活动，也能用于各金融子市场之间的套利活动，推动境内外汇率、利率等人民币资金价格的接轨，还能通过与各种人民币跨境流动方式的联系，直接或间接地影响境外货币当局资产负债表的相关负债项，以推动人民币储备资产的形成，提升人民币国际储备货币地位，从而推动人民币国际化的进程。在全球主要发达经济体大幅加息的环境下，人民币的融资成本优势体现出来。2022年12月，中国人民银行与国家外汇管理局联合发布的《关于境外机构境内发行债券资金管理有关事宜的通知》，进一步规范了"熊猫债券"的管理。当前"熊猫债券"市场上银行间市场是主要发行场所，2022年银行间债券市场发行规模占总发行规模的97%。此外，非金融企业发行意愿增强。2022年境外发行主体中非金融企业发行主体占比达80%，并且这一趋势在2023年更为明显，2023年1—8月，该占比上升至89.7%。此外，在二级市场上，自2015年以来，中国债券市场在引入更多符合条件的境外机构投资者、放宽业务限制、取消投资额度管理、简化汇兑手续等方面，不断加深开放程度，境外投资中国债券市场的便利度在提升，这些利好因素更有利于提升人民币国际化的影响力。

三、人民币资产与人民币国际化

人民币国际化可以增加国际储备货币的种类和数量，各国在选择国际储备货币时，可以进行更加多样化的储备货币组合，这样可以降低储备货币单一带来的风险，减少某些储备货币的币值波动幅度过大而造成的资产缩水，也可以减少非国际货币国家受到的来自国际的经济冲击，从而保证国际金融秩序的健康稳定。国际货币基金组织的数据显示，截至2022年末，全球央行持有的人民币储备规模为2 984亿美元，占比2.69%，较2016年人民币刚加入特别提款权时提升1.62个百分点，在主要储备货币中排名第五。据不完全统计，至少有80多个境外央行或货币当局将人民币纳入外汇储备。

（一）培育人民币资产规模是实现国际化的基础

资产业务是人民币国际化的关键。随着跨境资本市场的进一步放开，资产业务的突破口是打通人民币在资本项目下的回流途径。在资本项目尚未完全放开的情况下，推进人民币国际化进程，需要在人民币跨境贸易结算的基础上，尽量创造条件让人民币流通到境外，扩大人民币的使用范围和对象，活跃境外人民币资金池，提供交易、投资和风险管理的市场条件，使境外流通的人民币能够享受到与其他可自由兑换货币一样的待遇（如可以用于存贷款、结算支付、资产管理、套利避险等全方位金融活动），并形成一定的市场规模，这应是实现国际化的坚实基础。相关数据显示，截至 2023 年 9 月底，境外机构持有境内股票、债券等人民币金融资产规模合计达到 9.3 万亿元。2022 年国际清算银行的调查显示，2019—2022 年人民币外汇交易在全球市场的份额由 4.3% 增长至 7.0%，排名由第八上升至第五，是市场份额增长速度最快的货币。环球银行金融电信协会的数据显示，2022 年底，人民币在全球贸易融资中的占比为 3.91%，同比上升 1.9 个百分点，排名第三；截至 2023 年 9 月底，人民币在全球贸易融资中的占比为 5.8%，同比上升 1.6 个百分点，排名上升至第二。

（二）人民币资产规模的扩大需要丰富的金融产品与金融工具

随着人民币资产规模的扩大，需要有与之匹配的金融产品和衍生工具来活跃境外资金池。但从当前人民币金融产品与人民币金融工具的发展情况看，人民币国际债券的官方发行、离岸人民币股票、跨境人民币基金、人民币对其他货币兑换交易的发展程度还较低，人民币加入特别提款权和特别提款权债券，以及人民币计价的大宗商品期货才刚刚起步。这些情况客观上限制了人民币资产规模的进一步扩大，进而影响到人民币国际化的进程。值得注意的是，近年来离岸人民币市场中的产品在逐步丰富。例如，2023 年中国证监会发布的《境内企业境外发行证券和上市管理试行办法》放宽币种限制，允许境内企业在境外发行上市，通过人民币募集资金、分红派息；2023 年香港交易所推出"港币－人民币双柜台模式"，为发行人和投资者提供港币和人民币计价股票选择，为离岸人民币配置提供新的资产选择；内地与香港利率互换市场互联互通合作业务正式开通，全球投资者获准进入在岸衍生品市场对冲利率风险。广东省政府、海南省政府、深圳市政府在香港地区和澳门地区发行离岸人民币地方政府债，丰富了离岸人民币市场信用级人民币金融产品。中银香港建立人民币央票回购做市机制，为境外投资者提供人民币流动性支持工具。

四、铸币税与人民币国际化

在信用货币时代，储备货币发行者身份具有特殊性。储备货币发行者储备本币与非发行者储备本币之间，除了储备程度与需求动机不同之外，还有一个根本性区别在于，发行者可以在货币国际化的过程中征收境外的铸币税，从而使铸币税与国际金融产生联系。换言之，一旦货币充当国际交易的媒介，非发行国居民只要持有这一货币，原本属于国内范围的铸币税就得到国际延伸和扩展（本币在一国国内发行能获得铸币税，当其发行超越国界，为国外作为储备货币所持有，本币发行国就能获得范围覆盖国内和国际的铸币税），自然而然就具有了国际属性。

铸币税的国际扩展能力的实现是以货币强势为前提的，货币强势的表现就是不断增加货币吸引力，在货币国际化的进程中逐步成为国际储备货币。现代国际货币体系的一个重要特点就是，国际铸币税通常被国际储备货币的发行国所占有。国际货币基金组织特别提款权一篮子货币（美元、欧元、英镑和日元）被各国央行或货币当局作为外汇储备，美国、欧盟、英国和日本政府因此每年都可以获得可观的铸币税。2016年10月1日，人民币加入特别提款权货币篮子，以

10.92%的权重成为第五种篮子货币。2022年5月11日，国际货币基金组织宣布上调人民币在特别提款权货币篮子中的权重至12.28%。自"入篮"以来，人民币国际化稳步推进，特别提款权价值显著提升。从这个角度看，人民币国际化深入推进的过程就是中国逐渐由国际铸币税缴税转变为征税的过程。

五、人民币国际化进入新周期

自2009年开始推动人民币国际化以来，2009—2017年经历了一个完整的周期。其中，2009—2015年为上升期。2015年之前人民币国际化取得较快发展，很大程度上与人民币升值预期有关。无论是推动人民币结算，还是发展离岸市场，都依赖人民币升值预期。人民币国际化在2015—2017年步入下行期，主要原因就在于以下几点。一是2015年"8·11"汇改之后，市场上形成了人民币持续贬值预期，外国投资者持有人民币资产的积极性降低。二是中美利差收窄进一步降低外国投资者持有人民币资产的动力。三是"8·11"汇改之后，国家外汇管理局开始收紧各种货币计价的短期资本外流，离岸市场上的人民币供应减少。2018年人民币国际化进程进入新周期，表现为：第一，大力发展人民币计价的大宗商品市场；第二，加大国内金融市场向外国机构投资者开放的力度；第三，鼓励周边国家和共建"一带一路"国家在双边贸易与直接投资中使用人民币进行计价结算，在境外产业园建设全程使用人民币计价结算等。党的二十大报告提出，"高质量发展是全面建设社会主义现代化国家的首要任务"，"坚持高水平对外开放"，"有序推进人民币国际化"。2023年10月召开的中央金融工作会议指出，要"稳慎扎实推进人民币国际化"。未来 10 年的人民币国际化进程有望走得更加稳慎扎实，变得质量更高、更加稳健与更可持续（张明，2023）。

第二篇

财政政策与货币政策的关系

财政政策与货币政策是现代市场经济国家政府逆风险调控最主要的手段。在现代市场经济条件下，尽管在理论界仍存在着"政府干预"和"自由主义"这两种不同的政策主张，但在实际执行中，各国往往会根据不同时期的经济金融社会风险的公共化状态，动态调整财政政策与货币政策。经济增长、物价稳定和充分就业，曾经均是财政政策与货币政策所瞄准的目标，但现在越来越趋向于市场领域风险的公共化控制。从宏观来看，财政政策与货币政策具有一致性基础，均为经济金融社会的稳定性、确定性、可预期性创造了良好的政策环境。然而，在特定条件下（如出现"滞胀"），宏观政策目标之间存在冲突，财政政策与货币政策的协同逻辑就会改变。在实际操作中，财政政策与货币政策由于没有统一的认知框架，有时也存在着相互掣肘的情况。探讨财政政策与货币政策的关系离不开社会经济发展变化，包括总量和结构的变化，尤其是嵌入其中的经济金融化过程。经济金融化的典型现象就是社会财富更多体现为金融资产，实物资产仅仅成为金融资产的载体，家庭、个人、企业和政府的资产都在金融化。经济金融化，在宏观上改变了货币、价格和产出之间的关系，形成了新的生产函数，货币与资本的对偶关系嵌入其中。经济金融化背景下，财政政策与货币政策的协同目标已经从需求管理转向公共风险管理。

　　本篇基于公共风险视角，从美国和中国财政政策与货币政策的变迁谈起，探讨货币政策独立性和财政货币"隔离墙"问题在现代的适用性，分析具有财政与货币政策"量子叠加态"性质的结构性货币政策的兴起缘由，以稳估值目标和行为分工思维研究金融救援和普惠金融中财政政策与货币政策的协同作用。

第六章

财政政策与货币政策关系变迁

财政政策与货币政策是宏观经济政策的主要组成部分，在一个国家的经济发展实践中，财政政策与货币政策的相互关系并没有一成不变的定式，应对和解决宏观经济出现的一些阶段性新情况、新问题，推动着财政政策与货币政策的衔接配合模式、工具、力度不断变迁。从长期视角来看，第二次世界大战后盛行的凯恩斯主义强调财政政策对社会总需求的主导作用，货币政策在两者关系中处于从属地位。20世纪70年代后，西方国家普遍面临"滞胀"问题，凯恩斯主义的宏观经济政策应对能力有限，供给学派和货币主义成为影响政策的主流经济学说，随着货币政策独立性逐渐强化，货币政策在两大政策关系中的影响明显提升。进入21世纪后，宏观经济发展面临的风险与挑战日益复杂，财政政策与货币政策的相互关系从协调走向协同，彼此相互融合，呈现出一体化趋势。从财政政策与货币政策相互关系的变迁过程来看，两项政策对宏观经济的影响作用出现此消彼长态势，这与解决宏观经济面对的阶段性矛盾问题密切相关，但是宏观经济增长面临的公共风险越突出，两项政策相互配合的程度越高，政策实施力度就越大，共同应对公共风险的意识也就越明显。

一、二战后凯恩斯主义倚重财政政策进行需求管理

（一）凯恩斯主义的财政政策与货币政策含义

　　凯恩斯主义是诞生于20世纪30年代的经济思想，是全球经济危

机下的产物，其核心思想是推行扩张性的赤字财政政策，以此拉动总需求，解决资本主义经济危机中有效需求不足的问题。凯恩斯主义作为主流经济思想的上位，是以批判传统经济思想为前提的。凯恩斯主义对传统经济思想的批判主要体现在两个方面。第一，批判从亚当·斯密以来直到马歇尔的所谓新古典经济学派听凭市场经济自动调节平衡的作用。凯恩斯认为，经济危机是整个社会提供的产品不能全部被个人的消费和私人投资需求吸收导致的，他主张由政府采取赤字财政政策，扩大政府支出以弥补个人消费和私人投资与产品供给之间的缺口，以此调节社会总需求，实现充分就业，弥补"看不见的手"——市场经济自动调节的失灵。第二，批判"萨伊定律"。在凯恩斯学派兴起之前，西方经济理论信奉"萨伊定律"，即供给会自行创造需求，市场机制能均衡经济发展，失业只存在于"摩擦性"和"自愿性"两种情形中，不存在非自愿失业，生产过剩也只存在于个别商品的暂时供求失衡。而凯恩斯在批判新古典经济学派的基础上认为，市场经济运行中存在有效需求不足，只有国家干预经济并进行需求管理，才能有效避免经济危机和失业，其基本措施是通过财政政策与货币政策调节社会需求，促使社会总需求与总供给保持平衡，保证经济均衡发展。

1. 凯恩斯主义财政政策

凯恩斯主义的财政政策主要包括支出政策、收入政策和平衡政策三个主要方面。在财政支出政策方面，凯恩斯主张在经济危机时期，政府实施以扩大财政支出为核心的扩张性财政政策，通过扩大财政支出提高社会需求，促进经济恢复。在财政收入政策方面，凯恩斯主张改革税收制度和公债政策，提倡用以直接税为主的税制代替以间接税为主的税制，以累进税代替比例税调节收入分配，刺激消费需求，提出以增发公债弥补财政赤字、增加政府投资，以弥补私人消费不足。在财政平衡政策方面，凯恩斯提出以周期预算平衡代替年度预算平衡，交替运用财政赤字与财政盈余，以此保持长期稳定的就业水平。

2. 凯恩斯主义货币政策

凯恩斯主义货币政策同样是社会需求管理的一个重要组成部分，即央行通过改变货币供应量来影响利率，再通过利率影响总需求和国民收入。凯恩斯主义货币政策假定社会财富以货币和债券两种形式存在，债券是货币的替代物，持有货币没有收益，持有债券有利息收益，但也有风险。凯恩斯主义货币政策作用的起点是货币供应量，货币政策的中间变量是利率，利率的高低影响债券价格，进一步影响债券规模，反向影响投资规模，从而达到影响社会总需求和国民收入的目的。以经济萧条时期采取的扩张性货币政策为例，解释凯恩斯主义货币政策的传导机制。社会总需求不足出现经济萧条，政府增加货币供应量，债券价格上升，带来债券利率下降，进而刺激货币形态的社会投资增加，带动社会总需求。凯恩斯主义货币政策下，央行调节货币供应量的主要工具有公开市场业务、贴现业务、准备金政策、利率上限规定等。

（二）凯恩斯主义认为两者关系中财政政策居主、货币政策居辅

凯恩斯主义经济思想承认财政政策与货币政策对调节宏观经济波动具有重要作用，但是凯恩斯主义的一个普遍倾向是更强调财政政策的作用，货币政策对调节宏观经济的作用居于次要地位。换一个角度来看财政政策与货币政策的关系，凯恩斯主义认为财政政策的作用范围更广、政策约束更少，相反，货币政策发挥作用面临的约束要强于

财政政策。凯恩斯主义诞生于全球经济危机之后，刺激经济进而推动经济复苏是其宏观政策的基本出发点，货币政策在刺激社会总需求方面的较强约束，直接导致在两者关系上财政政策居主、货币政策居辅。

重视财政政策的作用，忽视货币政策的作用，这主要是因为凯恩斯主义认为私人投资对利率的敏感性可能不足。凯恩斯主义认为，货币需求对利率敏感，但私人投资对利率降低到一定程度后并不敏感。利息是人们在一定时期内放弃货币流动性偏好的报酬。利率高低取决于货币的供求关系，流动性偏好代表货币需求，央行货币政策决定货币供给。货币供给增加在一定程度上可以降低利率，但是，由于流动性偏好的作用，当利率低到一定程度后，人们就不肯支出，而是持币等待，这就是凯恩斯主义的"流动性陷阱"。凯恩斯主义认为，私人投资对利率的敏感性明显不同于货币需求，当私人普遍对经济前景悲观时，即使央行采取扩张性货币政策增加货币供应量导致利率极低，也无法有效刺激投资。凯恩斯主义对经济衰退时期通过扩张货币供应量来提振经济的能力持怀疑态度，因此把财政政策作为稳定经济的主要手段。

（三）战后至20世纪60年代凯恩斯主义的美国实践：财政政策主导、货币政策灵活

在20世纪30年代之前，西方国家一直奉行古典政治经济学理论体系，相信市场自身的调节能力。1929—1933年全球经济危机大爆发，终结了亚当·斯密自由放任经济学说的主导地位，凯恩斯主义经济学取而代之。1933年，富兰克林·罗斯福就任美国总统，实施"罗斯福新政"。凯恩斯主义经济学说是"罗斯福新政"的理论基础，"罗斯

新政"是凯恩斯主义经济学说的具体运用。第二次世界大战结束后，美国经济实力空前强大，美国政府以凯恩斯主义理论为主要依据，运用财政政策与货币政策对经济进行大规模干预，调节社会总需求，推动实现了美国战后至20世纪60年代经济螺旋式增长。

1. 财政政策主导

战后美国经济增长与美国财政赤字上升同步进行，而财政赤字增长又与战后庞大的军事开支密不可分，可以说美国战后军费支出推动经济增长是一个典型特征。二战结束后，虽然世界整体进入和平时期，但美国仍然直接参与战争，军工生产和军费开支始终在各种现实的战争中大规模增加。军费开支的扩大使财政赤字剧增，凯恩斯主义扩张性财政政策成为美国实践的理论基础。持续的经济增长形成美国二战结束后的"战争景气"。在美国总统杜鲁门执政期间，1946—1950年，美国联邦政府总开支达1 960亿美元，直接军费总开支占比高达39%。1953年朝鲜战争进入战略相持阶段，美国直接军费高达504亿美元，占联邦政府支出的65.7%，占美国GDP的13.2%。艾森豪威尔执政时期（1953—1961年），美国积极向中东和非洲扩张，加强对拉美的全面控制，进一步通过财政赤字为美国对外扩张提供原动力。1958财年，美国财政赤字为103亿美元，1959财年，美国财政赤字超过120亿美元，1956—1961年，美国经济年均增长率维持在2.1%的水平。

2. 货币政策灵活

服务战争需要同样是美国战后制定货币政策的出发点，美国财政政策与货币政策是统一的。1952年之前美国实行钉住利率政策，朝鲜战争爆发后引发的通胀最终让美国货币政策放弃了钉住利率取向，美联储采取控制贴现率的方法来实施货币政策。与同期财政政策实施相比较，这一时期美国货币政策的灵活性明显强于财政政策。由于战后美国经济并非单向持续增长，而是呈现螺旋式上升态势，增长大趋势中也蕴含着阶段性衰退。这一时期美国货币政策正是体现了凯恩斯主义"相机抉择"货币政策的特点。1953—1954年、1957—1958年和1960—1961年，美国出现三次短周期的经济衰退，美联储采用降低贴现率、购进公债等扩张性货币政策；1955—1957年经济高涨中采用的是紧缩性货币政策。相机抉择的政策取向使这一时期美国的货币政策较好地维护了财政政策的主导地位和相对稳定的扩张性财政政策取向。

二、应对"滞胀"，货币政策在两大政策配合中的影响增强

二战后，美国一直是世界政治经济中心。美国信奉凯恩斯主义，长期执行的财政赤字政策和信用扩张政策共同推动了美国经济增长，但在20世纪60年代末出现了生产停滞和通胀并发状况，即所谓"滞胀"现象，影响到主流经济学对凯恩斯主义的信仰。凯恩斯主义扩张性的"反危机"财政政策治理"滞"，收缩性的"反通胀"货币政策治理"胀"，并没有很好地解决"滞胀"问题。整个20世纪70年代，"滞胀"问题始终困扰着美国的政治和经济。理论指导实践，而实践又催生新的理论。20世纪80年代，里根政府为应对危机采用供给学派和货币学派的主张，对凯恩斯主义的"需求决定论"进行了一场"理论变革"。货币政策在宏观经济政策中的地位与作用较凯恩斯主义

时期有了明显提升，财政政策与货币政策的配合模式也发生了根本性变化，从而开启了货币主义主导宏观经济政策时期。

（一）20世纪60年代美国财政政策与货币政策搭配已经面临两难选择

1. 赤字财政政策加速冲顶

1961年上任的约翰·肯尼迪虽然只执政两年多，但他是战后美国民主党总统中最为信仰凯恩斯主义、旗帜鲜明地提出不怕赤字、最为坚信通过赤字财政政策能够促进经济增长的总统。肯尼迪一反前任总统艾森豪威尔相对保守的财政政策，叠加了减税政策主动调节干预宏观经济。1961年，肯尼迪上台后即实施减税政策，对新投资实施7%的税收优惠，提高战时推行的企业固定资产加速折旧率，1962年提出削减个人所得税，所得税税率从20%~91%下降至16%~77%，1965年进一步下降到14%~70%。联邦政府通过减税、免税和退税对个人消费与私人投资进行刺激，扩大社会总需求的同时减少政府财政收入，收支差额扩大，财政赤字持续增加，1961—1968年累计财政赤字高达604亿美元。

2. 货币政策实施双重利率政策

20世纪50年代末，美国外贸盈余锐减，国际收支状况逆差持续扩大，西欧和日本的工业产品不仅夺去了美国大量海外市场，而且深度打入美国国内市场，世界各国纷纷抛售美元、抢购黄金。1961年，肯尼迪上任之初面临两难处境，要保卫美元就需要提高利率、收缩通货，但这势必使生产过剩危机进一步恶化；相反，要缓解生产过剩，就需要降低利率、扩张信用，但这势必加剧通胀，导致美元危机进一步恶化。美联储采取的是双重利率货币政策，一方面提高短期贷款利率，阻止美元外流；另一方面降低长期贷款利率，刺激国内投资，推动经济增长。可以看出，20 世纪 60 年代初期美国长期实施凯恩斯主义宏观经济政策，已经面临一定程度的两难选择，当时货币政策在短期端收缩，但长期端仍然在配合扩张性财政政策，以扩大社会总需求提振经济。

（二）20 世纪 70 年代应对"滞胀"，美国财政政策与货币政策相互关系矛盾重重

"滞胀"是由美国著名经济学家萨缪尔森首先提出的。"滞"是指生产停滞，经济增长乏力；"胀"是指通胀，物价普遍上涨。20 世纪 70 年代，西方国家都出现了不同程度的"滞胀"，但美国受"滞胀"危机的困扰最为严重。20 世纪 70 年代执政的几任美国总统，无论是共和党的尼克松、福特，还是民主党的卡特，都不得不面对增长乏力与通胀问题。但是，在经典的凯恩斯宏观经济学说当中，生产停滞、失业增加与通胀是不可能同时空发生的，也就是说"滞胀"在凯恩斯主义中是不存在的伪命题，自然没有成形的应对措施。

20 世纪 70 年代的三位美国总统面对经济衰退继续采取扩张性"反危机"措施，但仅能实现经济的低速增长。面对物价普遍快速上涨，不得不采取收缩性"反通胀"措施。着眼于短期问题，这一时期美国财政政策与货币政策组合并无章法。一段时间紧缩银根，提高利率，反通胀；另一段时间采取"反危机"措施扩大财政赤字，扩大信贷投放。财政政策与货币政策大开大合、大起大落，有时出现财政政策效果与货币政策效果相互掣肘的状况。宏观经济状况日益复杂，导致政府宏观政策目标变幻不定，宏观政策时紧时松，经济基本

处于"松—胀—紧—滞"的恶性循环中,这种宏观经济政策低效局面,加速了凯恩斯主义财政政策与货币政策调控逐步退出正统经济学宝座。

(三) 20世纪80年代伴随批判凯恩斯主义,货币主义逐渐兴起

经济自由主义和国家干预主义作为西方经济学说中的两大思潮,在经济理论方面一直存在纷争,从亚当·斯密的"看不见的手"到凯恩斯主义国家干预,两大思潮只是因为客观经济形势变化而时起时落。20世纪30年代的全球经济危机和20世纪70年代出现的严重"滞胀",都是推动西方主流经济学交替变更的主导因素。20世纪80年代,西方经济学说伴随着批判凯恩斯主义,货币主义逐渐兴起。

货币主义属于经济自由主义,它认为,资本主义经济的市场机制本身仍是完善的,现实经济中存在这样或那样的问题,并非市场机制的错误,而恰恰是国家干预破坏了市场机制的作用,从而使资源得不到有效配置。此时,凯恩斯主义对美国宏观政策的影响已经超过40年,社会普遍在反思严重的"滞胀"与长期实施凯恩斯主义宏观政策的关系,以及凯恩斯主义能否摆脱严重"滞胀"局面。

货币主义强调货币的唯一重要性,应当以挑战货币供给作为货币政策的准则,如果货币政策运用得当,就能够起到稳定经济的作用。货币主义的代表认为,弗里德曼将货币主义货币政策与凯恩斯主义货币政策的区别解释为:一方面,凯恩斯主义在运用货币政策时着重于利率,而非调整货币供应量;另一方面,凯恩斯主义倾向于使用货币政策措施(如调整利率),在短期内可以有较大幅度的摆动,从而影响市场货币存量,而不是像货币主义的货币政策倾向于制定长期稳定的货币供给计划。如果货币当局执意要把控制利率作为货币政策的目

标，那么只会增加货币供给的不稳定性，从而加剧市场动荡。根据对货币供给作用的理解，货币主义提出破解"滞胀"的基本对策，即充分依靠自由市场本身的调节作用，取消国家人为的、制度的干预措施。美国货币当局根据经济增长速度，长期稳定地增加货币供应量，如把美国货币供应量增长率保持在每年4%~5%的水平上，在较长周期与美国经济增长率相适应。以此为基础，这种可预期的货币供应量增长水平与经济增长水平保持一致，就可以将名义工资与实际工资保持一致，从而将失业率维持在"自然失业率"水平，实现宏观经济稳定增长与较低失业率，解决"滞胀"问题。

1981年里根政府在经济危机期间上台执政，他采用供给学派和货币主义的主张，对凯恩斯主义的"需求决定论"进行变革。在货币政策上，里根政府严格控制货币供应量，以此抑制通胀。20世纪80年代，美国消费价格指数上涨率保持较低水平，而经济持续增长保持了近8年，1982—1989年实际国民生产总值年均增长率维持在3.0%。稳定的货币供应量增长率成为货币当局的"规则性"货币政策工具。在财政政策上，里根政府主张大幅削减非国防开支，限制福利开支，削减个人所得税和企业利润税。国防开支占总支出的比重从1980年的23.2%上升到1983年的26.4%，大大高于发动朝鲜战争和越南战争时期，政府财政赤字直线上升。里根的第一个4年任期里，美国财政赤字总额高达5 392亿美元，比美国累计的政府财政赤字总和还要多，国债从1981年的9 077亿美元快速上升到1985年的20 780亿美元。1985年美国沦为净债务国。可以看出，20世纪80年代美国里根政府的财政政策仍有凯恩斯主义赤字财政特征，但货币政策却转向货币主义作为其施政的理论基础。整体来看，"里根经济学"在一定程度上解决了美国自20世纪60年代以来出现的"滞胀"问题。

（四）20世纪90年代美国在紧缩货币政策的配合下成功实施紧缩性财政政策

20世纪80年代，美国实行"紧货币、松财政"的宏观政策组合，将控制通胀作为首要目标。事实上，这种财政政策与货币政策组合较为成功地控制住了美国的通胀，并同步实现了降低失业率。但从中长期来看，高利率、高赤字和高负债又使联邦政府通过扩张性财政政策刺激经济难以为继。

1990—1991年，美国经济陷入短周期衰退，巨额财政赤字和联邦政府债务使继续使用扩张性财政政策应对经济危机遭到美国社会的反对。美联储适时地分7次下调了贴现率。1990年末至1992年7月，贴现率从6.5%下调至3.0%，联邦基金利率也从1990年的8.1%下调至1993年的3.1%。这一阶段货币政策调整的突出特点是，利率下调频率高，但每次下调幅度较小，这样既给经济增长提供了较为宽松的金融环境，也没有引发通胀，促使宏观经济运行处于低通胀和适度增长的状态中，这也为实施紧缩性财政政策创造了有利条件。克林顿入主白宫后，美国国会在1993年初通过了《综合预算调解法案》，联邦政府以预算盈余为目标，开始实施紧缩性财政政策以削减财政赤字。克林顿政府通过增加高收入个人所得税税负的税制改革、压缩支出规模与优化支出结构的财政支出改革、大幅削减联邦赤字与严格控制债务规模的预算平衡政策等推行紧缩性财政政策。1993年以后，美国实际利率低于GDP实际增长率，扣除利息支出后的基本财政赤字大幅削减，1995年以后预算年度出现了大量财政盈余，利息支出/GDP的比重呈现下降态势，新增国债规模从1993年的2486亿美元下降到1997年的381亿美元，有效地控制了联邦政府公共债务规模。

20世纪90年代，美国财政政策在货币政策的配合下成功实现了从扩张向紧缩的政策转型，对经济的稳定增长起到了较好的促进作用，而经济的稳定增长又改善了财政收支状况，有利于紧缩性财政政策可持续实施。这种财政政策与货币政策的良性互动，是这一阶段美国宏观经济政策配合的突出特点。

三、经济金融化：美国变迁历程

（一）经济金融化的含义

从起源来看，金融是经济活动中货币流通、融资投资活动的总和，是储蓄向投资转化的媒介。西方发达国家先后经历了工业资本主义转向金融资本主义的不同阶段，金融逐步脱离产业资本运行基础，在经济运行中不再简单扮演从属、服务的角色，不再仅仅是社会资源配置的渠道，而是与工商业同等重要、同样创造价值的部门。这样的转变过程就是经济金融化。在这一过程中，通过金融渠道产生的利润占比持续增高。金融化包括三个层面——企业金融化、家庭金融化和国民经济金融化，前两者体现为微观层面的金融化，国民经济金融化体现为宏观层面的金融化。企业金融化是指，非金融企业从公司治理理念出发，公司发展服从金融资本积累过程，包括增加金融资产配置以及企业在金融市场中的债务融资比例上升等。家庭金融化突出表现为家庭消费更大比例依赖金融负债来维持，进一步强化了金融业的中介作用。无论是企业金融化，还是家庭金融化，都推动了国民经济金融化，金融市场、金融交易、金融机构在国家经济生活中越来越重要，金融政策日益成为国家宏观政策的重要组成部分。从发展的眼光来看，国民经济金融化是历史的必然，是一个不可逆的变迁过程。经济越发达，一个国家的金融化程度越深，金融化影响越广泛，一个国家的金融竞争力就越强。经济关系金融化，经济运行变得越复杂，金融政策也就越丰富。

经济金融化衍生的各种经济金融风险，使需求管理逐渐转向风险管理，宏观审慎政策加入宏观政策之中，财政政策与货币政策之间的二元关系变成了三元关系，政策组合变得日益复杂。

（二）美国经济金融化变迁

经济金融化是从货币化起步的，即以主权法定货币的形成为基础。美国独立后颁布的宪法赋予美国国会货币发行合法垄断地位，建国之初，美国商业银行机构只有3家，商业银行发行银行券。1791年，美国国会授权成立美国第一银行，该行发行的银行券成为一种全国性流通的纸币，独立战争后联邦政府遗留的大部分战争债务就是用该行的银行券支付的。在国会给予美国第一银行授权经营期限的20年间，美国各州立法机构纷纷开始颁发州立商业银行牌照，州立银行随之兴起，到1815年州立银行数量快速增加到206家。每家州立银行都发行各自的银行券，银行券虽然不是法定货币，但流通领域大量发行银行券导致通胀，由于缺少有效约束，银行券大幅贬值。为应对州立商业银行的银行券信誉问题，美国国会在美国第一银行授权经营到期后的1816年批准授权设立美国第二银行，授权期限同样为20年，发行全国流通的银行券，充当"准央行"角色。1836年，美国第二银行的特许权到期，该行转为一家州立银行。此后，美国州立银行业快速发展，到19世纪90年代，州立银行数量超过4 000家。伴随着解决州立银行的银行券信用危机，1863年美国国会通过了《国民通货法案》，建立由联邦特许授权经营的商业银行体系，即"国民银行体系"。即便上升到联邦层级，美国的国民银行体系依然没有避免金融风险和金融危机。1913年，美国国会通过《联邦储备法》，在国民银行体系的基础上建立央行（联邦储备银行）体系。至此，美国主权法定货币正式形成。

经济货币化为金融业的创新和发展打下了基础。金融参与者快速增加，非金融部门金融资产占社会总资产的比重快速攀升，1970年为25%，到2020年翻了一番，接近50%（见图6-1）。更多社会资本流入金融业，货币信贷活动活跃度持续提升。金融业在国民经济中的占比大大提升。1980年，美国金融部门提供的货币信用为5 783亿美元，而到2002年就高达9.6万亿美元，占GDP的比重由21%跃升至93%；消费者信用贷款在2002年达到7.9万亿美元，占GDP的比重为77%。

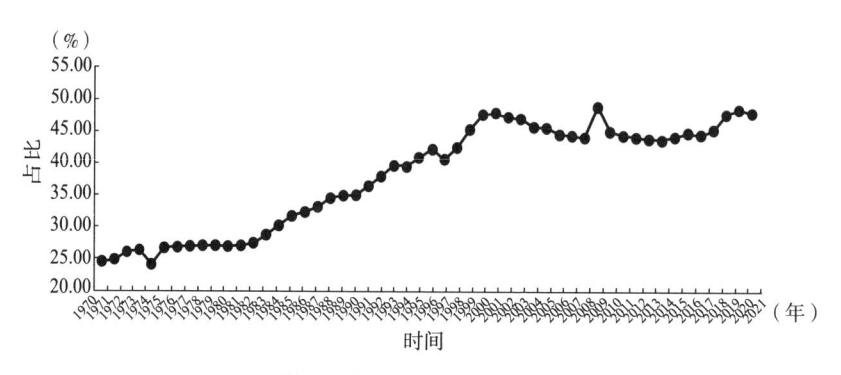

图6-1 美国非金融部门金融资产占比变动趋势

资料来源：王生升等（2023）。

在经济金融化过程中，叠加20世纪80年代以来金融自由化和金融全球化浪潮，西方发达国家依靠其主导国际金融秩序的权力，不断获得金融全球化收益。而发展中国家和新兴经济体在全球的金融化过程中处于劣势，金融风险扩散，金融危机频发，如 20 世纪 80 年代发生的南美债务危机、1994 年发生的墨西哥金融危机、1997 年发生的东南亚金融危机、1999 年发生的俄罗斯金融危机等。2007 年发生的美国次贷危机、2008 年发生的全球金融危机、2010 年爆发的欧债危机等，也波及许多发展中国家和新兴经济体。近几年，美国快速加息，也使不少负债率高的发展中国家陷入债务困境之中。金融全球化逐步演变为发达国家在全球转嫁风险、获取收益的重要方式。发展中国家被迫承担全球金融风险，南北贫富差距进一步扩大。金融风险以及经济内生的不确定性通过金融渠道从发达国家向发展中国家转移，但很难反向传导。这种外部效应也推动了发达国家的经济金融化进程。

从美国的经济金融化过程可以看出，财政与货币政策的目标日渐多元化，风险管理在财政与货币政策的关系中变得更加重要。

四、公共风险：财政政策与货币政策一体化的动因

回顾以美国为首的发达国家财政政策与货币政策关系不难看出，这些国家先后经历了不同的阶段，先是由凯恩斯主义财政政策主导，实行需求管理；后来解决"滞胀"问题时，货币政策地位上升，单一规则货币政策凸显。进入 21 世纪后，经济的金融化、数字化、绿色化进程不断加速，宏观经济调控有别于工业化时代的规制与秩序，财政政策与货币政策相互配合的传统方式，面临着前所未有的挑战。2008 年全球金融危机爆发，2020 年新冠疫情冲击使各国经济面临更加复杂的不确定性环境，"风险循环累积"变为更加棘手的问题，财

政政策与货币政策、宏观审慎政策需要面对共同的目标：应对公共风险。政策目标重心的调整驱动两大政策走向一体化，货币政策及央行的独立性日渐式微。

（一）发达国家财政政策与货币政策的一体化

1. 财政政策货币化

2008年全球金融危机爆发后，美联储持续通过量化宽松政策支持扩张性财政政策。金融危机导致美国消费者及企业财务状况恶化，在复苏期间消费支出疲弱，美国市场有效需求不足，供求关系中供大于求是主基调。尽管同期也出现过供应链中断的情形，导致美国供应链指数下降，但整体而言，供给冲击影响主要体现为短暂性的。因此，2020年8月，美联储调整了货币政策的通胀目标，确立了平均通胀目标框架，进一步容忍通胀预期中枢上移，推动实际利率下行。2020年3月后新冠疫情蔓延，美国财政部大幅增加国债发行规模，美联储大幅增持国债。2020年3月新冠疫情暴发初期，美联储总资产达4.2万亿美元，国债为2.5万亿美元，2021年2月底，美联储资产负债表中总支出扩张到7.6万亿美元，其中国债为4.8万亿美元，一年时间美联储资产扩张3.4万亿美元，其中增持国债规模对总资产扩张的贡献率超过70%。疫情发生后，美联储持有的美国国债份额超过60%，远高于2008年全球金融危机时期的个位数。美联储累计增持国债3.2万亿美元，美联储通过购买国债扩表，实质就是财政政策货币化。由此创造的资金被美国政府以现金方式发放给消费者，发放的名目有因疫情支付员工的收入损失补助金、失业补助金以及养老金等。2020年第二季度，这些支出占GDP的比重达到29.1%，几乎是2019年第四季度新冠疫情暴发前的水平（14.7%）的两倍。这种转移支付支出既不是政府直接投资，也不形成教育、医疗等最终消费，而是以转移支付的形式增加家庭消费能力。在低利率水平下，美国家庭的有效需求快速恢复，这也为美国之后的通胀创造了必要条件。

2. 货币政策财政化

货币政策财政化突出表现为货币政策结构化。全球金融危机和新冠疫情暴发后，发达国家一些央行直接以刺激实体经济信贷供给为目标增设货币政策工具。这明显有别于传统货币政策着眼于总量调节的操作范式，在货币政策中融入了更多结构性政策工具，在传统财政政策的结构调节领域建立货币政策传导机制。发达国家央行创设的结构性货币政策工具体系中，既有为破解流动性危机向各类金融机构提供紧急贷款，也有为增加对实体经济有效信贷出台"信贷引导政策"。英格兰银行出台的融资换贷款计划最为典型。2010年爆发的欧债危机使英国经济雪上加霜，2008年为应对全球金融危机，英格兰银行推出的量化宽松和低利率政策对信贷需求的刺激有限，信贷市场仍然低迷。2012年7月，英格兰银行联合英国财政部推出融资换贷款的结构性货币政策。在融资换贷款计划的操作中，商业银行和其他信贷机构给实体经济部门提供信贷后，以此信贷资产作为合格抵押品可以向英格兰银行借入英国国债，这些金融机构再以国债作为抵押品在债券回购市场获得资金，从而为实体经济部门获得信贷支持开辟新的通道。英格兰银行的融资换贷款计划引导宽松货币政策通过直接向信贷市场传导，降低实体经济部门信贷融资成本，来增加信贷可得性。从实施的政策效果来看，2013年后英国企业和家庭部门信贷同比增长率由负转正，在一定程度上摆脱了信贷紧缩的局面，促进了英国经济的复苏。

（二）中国财政政策与货币政策一体化

与发达国家相比，中国宏观经济政策脱胎于高度集中的计划经济体制，财政政策与货币政策相互协调且没有完全照搬发达国家的做法，而是从自身面临的实际问题出发，在借鉴学习的基础上，摸索着处理两大政策关系。1978年改革开放后，中国经济长期处于快速增长的通道，没有发达国家面临的经济停滞问题，仅仅伴随着不同程度的通胀。因此，受2008年全球金融危机与2020年新冠疫情的影响，中国的财政政策与货币政策在推动经济复苏方面加大了政策实施力度，同时也出现了与发达国家类似的演进趋势：为应对公共风险，财政政策与货币政策走向一体化。

1. 计划经济时期的"四大平衡"政策

在高度集中的计划经济体制下，中国在实践中形成了以财政、信贷、外汇和物资"四大平衡"理论为指导的政策体系，财政政策与货币政策既寻求独立平衡，也追求统一平衡。"平衡"是计划经济时期财政政策与货币政策相互协调配合的基础。追求财政平衡，避免财政透支，是计划经济时期管理经济的固有思维，在"四大平衡"中居于首位，也处于核心地位。财政平衡的含义是"吃饭"与"建设"要平衡，建设规模要与国家财力物力相适应。由于当时排斥市场经济，货币仅仅是计量单位，没有货币市场和资本市场，当时的货币政策实质是信贷资金和外汇资金的计划分配问题。财政政策与货币政策联系的纽带是资金平衡，财政收支与信贷收支都要平衡，只要两者实现了平衡，社会购买力与物资供应就能够实现平衡，进而就可以实现"四大平衡"。由"四大平衡"构成的宏观政策操作，成为改革开放之后宏观经济政策实施的经验基础。

2. 基于市场经济体制的中国财政政策与货币政策关系

1992年,党的十四大确立了建立社会主义市场经济体制的总体改革目标,中国进入了建立和完善社会主义市场经济体制的新阶段。以此为标志,中国的财政政策与货币政策突破了计划经济时期的资金分配政策框架,开始立足于市场来实施宏观政策,构建"政策调节市场,市场引导企业"的新框架,财政政策与货币政策相互配合也有了全新含义。

实行市场化,逐步放开价格,财政政策与货币政策之间的相互配合,旨在控制通胀。20世纪90年代初期,我国经历了一波较为严重的通胀,消费价格指数增长率从1991年的3.4%迅速抬高到1993年的14.7%,再提升到1994年的24.1%,迫使当时的财政政策与货币政策不得不运用"双紧"组合模式。

当时搞市场经济没有经验,同样国家调节市场也在摸索之中。尤其是货币政策,对于如何适应市场化的要求,当时处于"补课"时期。这一时期,在财政政策转型的同时,货币政策调控经历了由直接调控向间接调控转型,并处理好与财政政策的关系的过程。1993年12月,国务院颁布《关于金融体制改革的决定》,明确货币政策的最终目标是保持货币的稳定,并以此促进经济增长;货币政策的中介目标和操作目标是货币供应量、信用总量、同业拆借利率和银行备付金率。实施货币政策的工具包括:法定存款准备金率、央行贷款、再贴现利率、公开市场操作、央行外汇操作、贷款限额、央行存贷款利率。中国人民银行根据宏观经济形势,灵活地、有选择地运用上述政策工具,调控货币供应量。《关于金融体制改革的决定》明确提出,"财政部停止向中国人民银行借款,财政预算先支后收的头寸短缺靠短期国债解决,财政赤字通过发行国债弥补"。1995年通过的《中华人民共和国中国人民银行法》进一步法定化,明确了不得向央行透支。在市场机制还不完备的条件下，财政与货币政策协调配合调节经济运行，主要是基于问题导向，在实践中摸索，至今也谈不上形成了成熟的模式。

3. 经济金融化推动中国财政政策与货币政策一体化

回顾中国财政政策与货币政策关系的变迁历史，自 1992 年以来，中国财政政策与货币政策先后经历了适度从紧的财政与货币政策、积极的财政政策与稳健的货币政策、稳健的财政政策与从紧的货币政策、稳健的财政与货币政策、积极的财政政策与适度宽松的货币政策、积极的财政政策与稳健的货币政策等多种搭配组合。其间，面对 1993—1996 年的通胀和 2008 年全球金融危机爆发后出现的通缩，财政政策与货币政策取向均及时进行了调整。从整体来看，改革开放 40 多年来，经济增长是中国经济的主基调，财政政策与货币政策配合解决的是经济增长中出现的"过热"与"下行"问题，这与发达国家面临的"经济停滞"甚至负增长的情形存在根本性不同。中国告别短缺经济，储蓄大于投资、供给大于需求逐渐成为常态，经济增速从高速逐步降到中速，但始终保持着可观的增长速度。这使中国财政政策与货币政策的相互配合在较长时期中都没有脱离各自传统的作用机理，传统的财政政策与货币政策工具依然在运用之中。随着全球金融危机爆发以来产生的影响和新冠疫情的蔓延，各领域演变形成的公共风险，也越来越成为宏观政策关注的焦点，加上经济金融化，共同驱动财政政策货币化与货币政策财政化的趋势，传统的政策协调模式受到挑战。

财政政策与货币政策传统协调模式：调节结构与调节总量分工配合。自实行市场经济体制以来，中国的财政政策与货币政策主要是立足于调节社会总需求。在经济低迷时，两大政策以提振社会总需求为目标协同调节；在经济过热时，两大政策以抑制社会总需求为目标共同施策；在经济平稳运行时，两大政策根据需要松紧搭配宏观调控，由此产生了财政政策与货币政策多种搭配模式。从需求的角度看，财政政策与货币政策协调的目标较为明确，就是以稳定社会总需求为主，通过财政政策结构调节和货币政策总量调节努力减缓经济波动。

在传统协调模式下，财政政策与货币政策协调并不教条和死板，两次"赤字货币化"案例为中国政策实践创新提供了很好的注释。20世纪末至21世纪初，中国有过财政政策货币化的经典案例。第一次发生在1997年，中国政府财政为工、农、中、建四大国有商业银行注资。当时政府财政较为困难，没有能力直接注资，但又必须注资，最终采用央行降低准备金率，向商业银行释放流动性，财政部定向发行专项国债筹集资金，再定向注资四大国有商业银行，将其资本充足率提升到8%的监管要求，商业银行再将专项国债卖给央行，在央行资产负债表的资产方增加一笔国债，在债务方增加一笔等额的商业银行存款。这是一次典型的赤字货币化融资案例，迂回操作，实质是央行扩表为财政提供货币融资，同时又规避了法律障碍。第二次发生在2007年，财政为新成立的中国投资公司注资，当时并没有直接使用外汇储备为中投公司注资，而是通过财政向商业银行定向发行特别国债，购买外汇，而后向中投公司注资。在央行资产负债表上表现为资产方外汇储备减少，以及资产方又增加了对政府的债权，这也是财政政策货币化操作，是央行非扩表的赤字货币化融资的典型案例，人民币发行没有增加，但一部分外汇储备转移到了中投公司，中央财政的债务与债权同时增加。

在传统的两大政策搭配模式下，财政进行货币化融资，在当时没有其他更好的选择。现在来看，这种选择是正确的，1997年对四大行的注资解决了资本充足率监管要求，实现了市场化的股份制改造。

2007年中投公司的成立也成了中国主权投资的一个重要渠道。除了上述财政政策货币化，货币政策财政化或称为结构性货币政策也日益显现。自2013年创设以来已经形成覆盖普惠金融、科技创新、绿色金融和重点民生等领域的结构性货币政策体系，政策工具涵盖各类借贷便利、抵押补充贷款、差异化法定准备金、各类央行再贷款等。据统计，截至2022年6月末，我国结构性货币政策工具累计使用53 977亿元。财政政策与货币政策相互协同、相互融合既是提升国家治理能力、治理效率的基础，也是更好运用宏观政策应对经济社会公共风险的内在要求。

经济金融化趋势使经济稳定和金融稳定由两个问题融合为一个问题——内生的不确定性。经济金融化成为一种基本趋势，这不仅反映在GDP总量中金融业增加值的占比上，而且反映在金融交易和实体交易的融合上。越来越多的实体交易嵌入了金融交易，如预售、商票、银票、分期付款以及融资租赁等方式，使实体交易和金融交易融合，债权债务关系几乎嵌入了各种交易当中。企业财务的金融化程度也不断加深，资产确认、计价、计量、评估等日渐金融化，实体企业金融资产的占比不断提高，整个社会财富都呈现金融化趋势。金融化意味着企业之间、行业之间的不确定性扩大，并通过收付关系、资产负债表关系而传递，风险外溢性增大。社会财富更多体现为金融资产，实物资产仅仅成为金融资产的载体。家庭、个人、企业和政府的资产都在金融化。这使社会财富的增值和"蒸发"变得难以预期，不确定性增大，经济金融更易波动，公共风险上升。

经济金融化使财政政策与货币政策趋向一体化。在传统的财政政策与货币政策的关系中，前者注重稳增长，后者注重稳币值。面对经济金融化内生的不确定性，两者传统的分工协作基础已经不复存在，必须超越需求管理转向公共风险管理。面对转型升级发展带来的复杂结构性问题，再加上经济的金融化，两大政策的传统搭配模式面临全新挑战，仅仅立足社会总需求管理已经不能完全满足宏观经济治理的需要。经济运行过程中出现的结构性失衡问题逐渐产生各种不确定性，而这些不确定性导致社会风险、经济金融风险发生机制产生了根本性改变。不确定性的风险日益成了问题的根源，财政金融协同的目标需要转向公共风险的管理。财政政策与货币政策的关系从"相互协调"转向"一体协同"，以应对宏观经济日益增加的不确定性。以财政政策与货币政策为主体的宏观调控政策需要提供一体化的宏观风险管理工具，瞄准宏观经济运行中的重大风险。

第七章

货币政策独立性与财政政策

传统货币理论框架下的货币政策独立性具有两层基本内涵。一是基于货币当局维持物价稳定、有效控制通胀这一核心目标框架，判断一国货币当局是否具有免受外部势力影响、自主选择货币政策工具、实现货币政策目标的能力。有研究者将其称为货币政策的对内独立性。二是基于开放经济和"不可能三角"框架，讨论一国货币当局实施货币政策的效果是否受到他国政策外溢效应的影响，有独立实现货币政策目标的能力。相应地，有研究者将其称为货币政策的对外独立性。本章为了便于讨论与区分，尊重理论与政策研究的通常提法，将第一层次的货币政策独立性称为"央行独立性"。本章主要讨论第一层次的货币政策独立性，也就是货币政策的对内独立性或央行的独立性。此外，传统理论探讨货币政策独立性是以货币非中性为基本前提的。因为货币中性意味着货币数量（货币供给）对产出、就业等实际量没有影响，所以政府也就没有必要通过干预货币政策寻求利益，本国经济也不会受到他国货币政策的影响，这也使央行的独立性或者货币政策独立性问题失去存在的基础。

然而，全球社会、政治与经济正处于百年未有之大变局的时代，经济金融危机、地缘政治冲突、自然灾害与全球疫情冲击等不确定事件持续发生，全球进入风险社会。经济全球化与逆全球化、经济金融化、经济数字化等社会经济变革和潮流趋势正在深刻影响和改变着世界经济运行的基础。传统的经济理论和政策思维已经越来越难以解释和应对不断出现的新情况、新问题。全球治理的核心理念应当从传统确定性思维向风险思维转变。宏观经济政策，尤其是财政与货币金融政策的理论逻辑和实践需要与时俱进，构建基于公共风险的新逻辑。

财政与央行的职能分工也应打破传统的界域分工思维，建立基于公共风险防范和化解的行为分工协作体系。央行与货币政策的独立性问题需要重新审视与思考。

一、传统理论框架下的货币政策独立性内涵

（一）反通胀框架下的货币政策独立性

早期的央行常常作为政府的银行而存在，为政府提供融资服务。但这种毫无节制的行为易引起严重的通胀，因此，为了加强货币纪律，基于反通胀的目的，出现了央行应独立于政府保持自身独立性的观点。早在1920年的布鲁塞尔国际金融会议和1922年的日内瓦国际经济会议等国际会议上，就多次提到央行的独立性问题。

尽管目前社会各界对于央行独立性的准确定义尚未完全达成一致意见，但是按照现有文献的大多数定义，央行的独立性区分为政治独立性和操作独立性。所谓政治独立性是指，央行的政策制定和运行管理免受政治势力的影响；所谓操作独立性是指，央行自主选择和运用货币政策工具实现货币政策目标。此外，也有部分学者将央行独立性区分为政治独立性、经济独立性、工具独立性（类似于操作独立性）以及目标独立性（即央行自主设定货币政策操作目标的能力）。

根据马西坎达罗和塔贝利尼（Masicandaro and Tabellini，1991）、德贝尔和费希尔（Debelle and Fischer，1994）、阿尔诺内等（Arnone et al.，2007）、鲍尔斯等（Balls et al.，2018）的研究，政治独立性的评价标准如下：其一，央行最高管理者（机构负责人）不由政府任

命；其二，央行最高管理者（机构负责人）的任期长于 5 年；其三，央行核心领导层成员不由政府任命；其四，央行核心领导层成员的任期长于 5 年；其五，央行核心领导层成员中无政府代表；其六，货币政策制定实施不需要获得政府的许可；其七，与政府发生冲突时有保护央行的制度设计。央行操作独立性的评价标准包括以下几点：其一，对政府的直接借款必须满足基于市场利率、临时性融资安排、借款数量受限以及非自动生效这四个条件；其二，央行不在政府债券一级市场直接购买政府债券；其三，货币政策工具利率由央行设定。

通过对这些评价指标赋值加权（或不加权），平均得到的综合指数反映央行独立性程度。本章引用丁杰尔和艾兴格林（Dincer and Eichengreen，2013）的研究成果，选取了世界部分地区以及发达国家、发展中国家和新兴市场国家央行独立性综合指数，如表 7-1 和表 7-2 所示。

表 7-1 世界各地区央行独立性综合评价指数（2010 年）

地区	未加权指数	加权指数	地区	未加权指数	加权指数
非洲	0.48	0.34	亚洲	0.49	0.38
东非	0.44	0.49	中亚	0.83	0.83
北非	0.46	0.46	东亚	0.41	0.40
中非	0.52	0.52	南亚	0.31	0.12
南部非洲	0.38	0.17	东南亚	0.42	0.48
西非	0.59	0.51	西亚	0.48	0.45
美洲	0.41	0.24	欧洲	0.69	0.72
拉美和加勒比海地区	0.29	0.23	东欧	0.58	0.58
中美洲	0.52	0.63	北欧	0.65	0.35
南美洲	0.54	0.55	南欧	0.70	0.71
北美洲	0.30	0.20	西欧	0.81	0.81
大洋洲	0.27	0.19			

续表

地区	未加权指数	加权指数	地区	未加权指数	加权指数
澳大利亚和新西兰	0.22	0.18			
美拉尼西亚	0.40	0.48			
波利尼西亚	0.20	0.20			

资料来源：Dincer and Eichengreen（2013）。

表 7-2 世界部分国家央行独立性综合评价指数（2010 年）

国家	未加权指数	加权指数	国家	未加权指数	加权指数
吉尔吉斯斯坦	0.86	0.83	马来西亚	0.52	0.49
立陶宛	0.81	0.79	挪威	0.50	0.47
罗马尼亚	0.81	0.79	中国	0.45	0.46
瑞典	0.78	0.77	加拿大	0.43	0.43
匈牙利	0.78	0.77	阿拉伯联合酋长国	0.42	0.42
印度尼西亚	0.74	0.73	日本	0.38	0.35
冰岛	0.69	0.69	韩国	0.33	0.32
智利	0.72	0.69	菲律宾	0.25	0.29
肯尼亚	0.67	0.67	新西兰	0.23	0.26
墨西哥	0.65	0.63	泰国	0.24	0.26
俄罗斯	0.62	0.61	英国	0.21	0.23
土耳其	0.62	0.60	美国	0.18	0.18
阿根廷	0.57	0.56	澳大利亚	0.14	0.17
坦桑尼亚	0.58	0.56	南非	0.19	0.15
蒙古	0.54	0.53	新加坡	0.09	0.11
以色列	0.54	0.52	印度	0.15	0.10

资料来源：Dincer and Eichengreen（2013）。

从表 7-1 和表 7-2 可以看出，整体而言，发达国家央行独立性较高，例如，欧洲地区的央行独立性未加权指数和加权指数分别达到

0.69 和 0.72，其中西欧地区未加权指数和加权指数均为 0.81，而新兴市场国家和发展中国家偏低。但是，也有部分发展中经济体和新兴经济体的央行独立性评价指数较高，例如，中亚国家吉尔吉斯斯坦的央行独立性未加权指数和加权指数分别达到 0.86 和 0.83，东南亚国家印度尼西亚的央行独立性未加权指数和加权指数分别达到 0.74 和 0.73。出现这一现象的主要原因是，尽管自 20 世纪 80 年代以来，世界各国普遍推进和加强了央行制度改革，力图通过增加央行的独立性提升央行货币政策制定实施效果，但是对于如何提升央行独立性、应该保留和加强什么样的独立性，世界各国并没有统一模式。多数发达国家将改革的重点放在提升央行的操作独立性（或者工具独立性）上，建立了较完备的货币政策操作框架，但是在提升央行政治独立性方面只做出了较小的努力。它们普遍认为，仅从控制通胀的货币政策目标来看，无须增加央行的政治独立性。根据英格兰银行（2000）对 60 个国家央行行长的调查研究，80% 的中央银行家将独立性定义为自主设定货币政策工具、制定实施货币政策的能力，仅有 20% 的中央银行家提到政治独立性。因此，很多发达国家央行长期保持较低的政治独立性。例如，美国、日本、澳大利亚、新西兰、英国的央行官员仍由政府任命，而澳大利亚和加拿大甚至因对央行的政治保护有所下降导致央行政治独立性有所下降。然而，部分发展中国家和新兴市场国家，由于本身缺少完备的政治体系、市场体系和法律制度建设，央行的政治独立性和操作独立性对于抑制通胀表现出了同等的重要性（Balls et al., 2018）。央行的操作独立性需要政治独立性给予更多的保护并提升通胀控制效果，因此，这一时期，部分发展中国家和新兴市场国家尽管在央行操作独立性改革和建设方面落后于发达国家，但是在政治独立性方面却比发达国家拥有更大的提升。综合来看，一部分发展中国家和新兴市场国家的独立性甚至要高于部分发达国家。

尽管从发达国家的政策实践来看，相对于政治独立性，央行的操作独立性对于控制通胀更为重要，但是学术研究对于央行应当具备或保留什么类型的独立性依然存在广泛争议。罗格夫（Rogoff，1958）、德贝尔和费希尔（1994）、布坎南和瓦格纳（Buchanan and Wagner，1975）等认为，为了有效地控制通胀，央行应当同时具备政治独立性和操作独立性。诺伊曼（Neumann，1991）则更强调政治独立性的重要性，尤其是央行的官员任命不受政府影响。然而，德哈恩和归（DeHaan and Kooi，1997）的研究认为，从控制通胀的角度来看，央行的工具独立性对通胀具有显著影响，但是其他性质的独立性对通胀几乎没有影响。尽管学术研究对于央行应当具备什么类型的独立性存有争议，但是作为政策实践者的中央银行家则普遍倾向于操作独立性。

中国人民银行是我国的央行，已有 70 余年的发展历史，在构建现代央行制度的发展道路上取得了显著成绩。根据中国人民银行的发展历程、《中华人民共和国中国人民银行法》等相关法律规定以及实际运行情况，中国人民银行在职责履行、组织机构、业务工作、部门关系等方面均没有显著的政治独立性和操作独立性（基于前述相关标准）。但这种体制适应中国特色社会主义市场经济，适应中国特色的政党政治，有助于增强货币政策与其他部门政策的协作，提高政策执行效率和效果。

（二）基于"不可能三角"框架下的货币政策独立性

开放经济条件下，货币政策独立性是指一国货币政策实施效果是否受到他国政策的外溢效应影响，具体而言就是该国货币市场利率是否受到汇率制度安排、资本流动、他国市场利率等因素的影响。

货币政策独立性的理论可溯源到米德冲突（Meade，1951）。蒙代尔（Mudell，1963，1964）和弗莱明（Fleming，1962）构建了蒙代尔－弗莱明模型（简称 M-F 模型），讨论了开放经济条件下的财政政策与货币政策协调问题，指出在固定汇率制条件下，如果允许资本自由流动，一国无法自主决定货币政策。多恩布施（Dornbusch，1976）将完美预期假设引入 M-F 模型，构建了 M-F-D 模型。克鲁格曼（Krugman，1979）基于 M-F-D 模型，总结出"三元悖论"，又称"不可能三角"，意指开放经济体在货币政策独立性、固定汇率制、资本自由流动三者之间只能选择其中二者。如果追求汇率稳定、资本自由流动目标，就不可能实现货币政策的独立性，因为资本自由流动和汇率稳定目标要求货币当局实施反向冲销操作，抵消了货币政策效果。

"三元悖论"引发了广泛讨论。奥布斯特费尔德和罗格夫（Obstfeld and Rogoff，1995，1996）认为，汇率制度直接影响货币政策效果，经济越开放，通胀的跨国传导越明显。奥布斯特费尔德等（2005）从历史角度探讨各国各个历史时期的汇率制度、资本流动与货币政策独立性的选择，认为"三元悖论"成立。博伦斯坦等（Borensztein et al.,2001）认为，相较于浮动汇率制，实施固定汇率制的国家的利率水平受到美国利率的影响更显著。麦金农（McKinnon，2002）认为，东亚国家将美元当作唯一的名义锚，面临着两难选择：保持本国货币稳定和隔绝国际金融动荡对本国的传染。李（Lee，2004）认为，亚洲金融危机后，韩国和泰国等国家因改用浮动汇率制使其利率调整受美联储利率政策的影响明显下降，而中国香港地区沿用钉住美元制度，导致货币政策缺乏独立性。

关于我国货币政策独立性的研究形成了两派对立的观点。一派认为我国货币政策保持了独立性（和萍，2006；Cheung，2007；孙华妤，2007；范从来和赵永清，2009；等等）。我国没有实施严格的资本管制，美国联邦基准利率没有影响到我国银行间拆借利率、货币供应量，并未导致我国货币政策丧失独立性。另一派认为在融入全球经济的过程中，我国货币政策独立性受到影响，并未保持独立性（张曙光和张斌，2007；朱亚培，2013；王珊珊和黄梅波，2014；等等）。随着资本账户的逐步开放、外汇储备的持续积累，国内流动性过剩，央行资产负债表货币错配，对货币供给和金融市场产生明显冲击，对货币政策产生明显干扰。

二、基于公共风险新逻辑的货币政策独立性与财政政策

理论来源于实践又指导实践，实践在不断发展，对央行和货币政策独立性及其与财政政策关系的认识也要与时俱进，突破传统理论和政策实践的窠臼，从经济金融化背景下应对风险社会挑战以及促进我国国家治理现代化的视角，重新审视财政与央行的关系。

（一）经济金融化重塑并融合了宏观和微观经济，给货币政策的独立性及其与财政政策的关系带来新挑战

随着工业化、市场化、城镇化进程不断发展，经济越来越呈现金融化的特点，即经济交易和金融交易日渐融合在一起。表现在宏观上，即社会金融资产占 GDP 的比重不断升高，财政金融化的程度即财政利用债务融资和财政现金管理金融化的程度不断提高；表现在微观上，即企业资产中的金融资产、金融投资的占比不断扩大，居民财富金融化的程度也逐步显著。经济金融化重塑了宏观经济和微观经

济，并重新融合了宏观和微观经济，对货币政策的独立性及其与财政政策的关系带来新的挑战。因为当前现实的经济形态是金融经济在知识经济的推动下快速发展，经济流转速度大大加快，金融工具发挥的作用越来越大，宏观和微观以前所未有的速度和方式呈现新的融合与转化，并带来新的风险。这种风险给货币政策的独立性及其与财政政策的关系带来新的挑战，因为货币与财政政策是宏观调控的两大重要政策手段，面对内生的宏观经济风险，货币政策不能一味地强调独立性，而应与财政政策协同配合，共同防范与化解宏观风险。

（二）现代财政与央行关系的重新定位是正确认识央行与货币政策独立性的前提和基础

1. 财政是国家治理的基础，财权是货币发行权的基础

财政是国家治理的基础和重要支柱，财政的作用贯穿国家治理的全过程和各环节，包括政治、经济和社会各领域。财政所辖之处即公共权力所涉之处，远远超出了宏观经济的范畴，不仅与每个经济主体紧密相连，也与每个社会细胞息息相关。国家治理的本质是化解国家发展过程中面临的各种风险，实现国家可持续发展，这就需要动员、筹集和使用各种公共资源。动员、筹集和使用公共资源的基本制度就是财政制度，反映公共资源动员、筹集和使用的国家账本就是财政账本。更好地发挥财政在国家治理中的基础和重要支柱作用，要求财政账本具有完整性、系统性和唯一性。国家所有的公共资源都应该在财政账本中得到体现，并接受现代财政纪律的约束，不容突破。

从理论上来说，货币是国家对人民的负债，而人民之所以能接受这种负债，是因为有国家信用为前提，而征税权则是国家信用的基础。征税权是财权的有机组成部分。货币发行权源于国家信用，而国

家信用源于国家的征税权，在这个意义上，货币发行权源于国家财政权，由此推论，财政是央行的基础。

征税权产生了国家信用，国家就可以开"空头支票"，即依托国家信用，可以发行信用货币，没钱也可以花钱。唯一可以开"空头支票"的就是国家，而个人和公司都不行，这是因为国家信用在主权货币条件下是无风险的，而个人和公司的信用都存在风险。

2. 在现代风险社会，财政制度是金融和资本市场的基础

从财政的角度来说，中央（或联邦）财政提供无风险资产，国债就是无风险的金融工具，也可以成为弥补赤字的工具。当前，美国 10 年期国债收益率曲线就成为许多世界投资者关注的参照物，它的变化会影响资本的流动。从这一点来看，资本市场定价基准是中央（或联邦）财政提供的，无论中央（或联邦）财政有无赤字，它都需要为金融市场提供这种无风险的流动性工具。从这个意义上讲，财政是金融的基础，也是资本市场的基础。在发达经济体中，都是如此。当然，中国国债收益率曲线的基础设施还不够完善，还要进一步打造。现在的赤字越来越体现金融属性，作为提供无风险金融资产或金融工具的渠道和途径，甚至可以说赤字本身就是一种金融工具。从这个意义上讲，为金融市场提供金融资产也可以说是为私人部门提供金融资产，会越来越成为一种需求，因此赤字成为一种常态，或者说是赤字产生的更主要的原因，而与财政收支是不是平衡的这种因果关系越来越淡了。当然，我们在观念上仍基于传统观念，一看到赤字就将其解释为收支不平衡导致的。其实，在美国克林顿执政时期出现过财政盈余，导致市场流动性不足，发行了无赤字的国库券，即使没有赤字，为了金融市场也必须发行国债。发行国债、编列赤字与现在经济金融化程度的提高是直接相关的，因为经济金融化的提升改变了传统宏观经济

运行的逻辑。

3. 打破传统的财政与央行界域分工思维，建立基于公共风险防范和化解的行为分工协作体系

对财政与央行之间的关系的传统观点认为，二者之间存在界域分工，这种思维产生于工业化大生产背景下工程管理和流程管理的需要，倾向于划分清晰的职责边界，穷尽可能的工作条目并将之固定下来，二者在各自的界域范围内完成分内之事；财政政策与货币政策主要通过多种扩张性或紧缩性的政策相搭配以实现需求管理。然而，数字信息时代的发展、经济金融化趋势的加强，导致风险发生机制变化，宏观经济和金融市场的高度不确定性成为经济风险的根源，基于经验判断所形成的界域分工规则已不能满足当前金融监管和处置突发风险的实际需要。

财政与货币政策的协调分工不是划定"楚河汉界"和切分地盘，也不是拼装组合，而是以防范和化解公共风险为根本目标所形成的行为分工和协作体系。从 2008 年全球金融危机之后典型国家财政与货币政策的协同实践看，部分国家已将财政货币一体化作为国际竞争的重要手段，不断为经济注入确定性，尤其美联储的量化宽松操作已经模糊了财政与货币之间的界限。因此，财政与货币政策协同需要基于共同目标画好同心圆，做好行为层面的分工和配合。

行为分工不同于界域分工，它更多强调的是目标上的一致性和功能上的互补性。从全球竞争的视角来看，协同比分工更能决定一个国家宏观政策的有效性和国际竞争力。当赤字、债务与货币的组合更有利于防范化解风险、助力本国竞争力提升时，就应当超越财政、货币的传统框架和一国之内的职能划分，把防范和化解风险从国内放到全球来估量。从技术层面来看，财政政策与货币政策要共同瞄准市场预期的稳定和改善、资产估值的稳定与回升，而不是以分工为首要准则钉住各自的目标各行其是。从职能运行和政策执行的角度来看，财政与央行确实需要有预期的区间约束，为政策工具设置可预期的变化区间，避免部门视野局限导致两者互动的时机、力度、效果难以达到最佳状态，降低短期相机抉择所带来的无意识政策的随意性，减少相互掣肘的情况。

4. 统筹协同财政与货币政策，更好提升国家治理效能

财政的本质在于治理公共风险，财政会随着公共风险的变化而不断改革（刘尚希和武靖州，2018）。从公共风险变迁来看，我国主要的公共风险经历了从"家贫国穷"风险到"机会不均"风险，再到全球公共风险的演变。进入 21 世纪以来，随着综合国力的不断增强，我国逐渐摆脱了贫穷落后的局面，成为世界第二大经济体，并历史性地解决了绝对贫困问题，"家贫国穷"的公共风险基本消除。但是夹在不同所有制之间、城乡财政之间、发展经济与保障民生之间的各类经济主体机会不均等，以及伴随全球化趋势而出现的风险全球化带来了新的公共风险（刘尚希，2018）。从当前社会面临的结构性失衡来看，社会供给与社会需求之间的结构性失衡、金融供给与金融需求之间的结构性失衡、公共服务供给与公共服务需求之间的结构性脱节，内生性导致经济系统不确定性和风险性增大（刘尚希，2019）。如何防范和化解经济系统性风险和全球风险，成为当前宏观经济政策的难点和着力点，单靠财政发力或单靠央行货币政策，难以化解不确定性带来的财政和金融的双边风险问题，需要统筹考虑财政政策与货币政策。

同时，在我国，无论是财政部还是中国人民银行都是国务院的组成部门，都在国务院的统一领导之下，相对应的货币政策和财政政策也都是国务院宏观政策的工具,二者从组织架构来说也是需要统筹发展的。这种内在关联性注定了它们不能各自独立操作,要统筹协同发展,以更好地推进国家治理效能提高(刘尚希,2022)。

财政政策与货币政策协同发展的本质是,要提高二者间的互补效应,以提高宏观经济政策的有效性。从体制机制协同角度讲,财政部门和央行要坚决贯彻落实党中央、国务院决策部署,严格落实工作责任制,主动担当作为,加强协同配合,就宏观经济问题展开深层次交流和协商,在统一的政策目标下围绕各自的职权进行任务分工和措施制定。从政策工具协同角度讲,要综合运用税收、转移支付、政府购买、财政支出、国债等财政政策工具包和货币发行、利率调整等货币政策工具包,两种政策工具既可以各自发力,也可以相互配合共同发力,在当前公共风险应对中,要更注重两种政策工具的协同发力。例如,有学者提出央行发行货币直接购买政府债券从而填补国家财政赤字的赤字货币化行为,可以将财政政策与货币政策工具耦合在一起,有效发挥协同作用(李成威和景婉博,2021)。对于这一观点,已经有实践可以佐证,我国在1997年要为四大国有银行注资,但彼时财政非常困难而难以实现,解题思路就是财政与货币政策工具的合理组合,一方面央行降低准备金率、释放资金,另一方面财政部门发行国债、筹集资金,最终解决了注资难题。

(三)公共风险新逻辑下的货币政策独立性与财政政策

1. 应对高风险的财政与货币政策呈现一体化趋势,保持货币政策独立性的现实基础和必要性趋于减弱

应对危机是强化财政与货币政策协调的主要目的。自2008年全球金融危机以来,全球经济经历美国大衰退、欧洲主权债务危机、中美贸易摩擦、俄乌冲突、新冠疫情等一系列重大冲击，不确定性和风险显著增加，处于百年未有之大变局的动荡时代。在这样一种"危机"常态化的外部环境下，世界主要经济体都明显强化了财政政策与货币政策协调，两大政策保持了超常规的紧密沟通、快速反应、协作应对，最大限度地降低危机带来的不利影响。财政政策与货币政策协调已呈现出高度互动的"一体化"特征。这种"一体化"特征的突出表现就是，发达国家政府注重用货币政策满足财政的融资需求，同时运用财政政策引导货币政策。例如，美联储通过公开市场操作买卖国债，为政府提供融资支持；通过调节利率水平，影响政府发行债券的价格，降低政府债务融资成本。此外，美国财政部通过注资和担保的方式对受重创的金融机构等主体进行救助，缓解金融危机中金融机构等主体的压力；通过注资设立特殊目的载体公司，为结构性货币政策实施提供增信担保支持。这些措施为疏通货币政策传导渠道、引导货币政策、提高货币政策执行效力发挥了重要作用。

发达国家应对危机时出现的财政与货币政策一体化趋势，在客观上削弱了保持货币政策独立性的现实基础和必要性，尤其是在操作和工具层面。货币当局为了确保货币政策和金融稳定政策的有效性，必须与财政部门保持紧密的"互动"关系，客观上接受财政部门的诉求和影响，达成共识，有效应对危机。

2. 通胀形成机理的变化减少了对央行和货币独立性的诉求，维持物价稳定需要财政与央行的密切协同

近几十年来，全球财政政策与货币政策共同防范和化解重大风险的实践已向前迈进了一大步，但相关理论和认知明显滞后。较为典型的是对通胀产生条件的认知、对央行独立性的认知，以及对赤字和债务边界的认知。传统理论认为，通胀是宏观经济安全运行的重大风

险，而货币超发是通胀发生的充分必要条件。正是基于防范通胀的目标，特别强调央行的独立性和货币政策的独立性，强调财政与央行之间要建立隔离带，财政不能透支。然而，现代社会经济运行的基础发生了变化，通胀的机理发生了根本性变化，财政与央行的关系也随之发生了变化。

从理论上看，货币是一种资产，既有"数量"多寡，也有"状态"变化。按照传统定义，货币是一个价值尺度，是一种交易媒介，但随着现代经济金融化的发展趋势，货币的功能结构在发生变化，货币的持有者对货币的态度或认识也在发生变化。货币不只是一个流通手段，它既具有货币性质，也具有资产性质。长期以来，学界对于货币只有"数量"概念，没有"状态"概念，基于一种确定性的无条件同质化假设。从数量的角度来说，货币超发了就会涨价，但若是从货币状态的角度来理解，货币超发也不一定出现所谓的通胀。尤其是在经济过冷的情况下，货币就会变成"半水半冰"的状态，甚至变成冰的状态，流动性就会凭空消失，需要增发货币才能维持经济运行。

从实践上看，过去央行货币发行很容易影响物价，但现在基础货币发行和物价的关系变得没有那么直接，基础货币超发不一定导致物价高。

2008年全球金融危机以来，典型发达国家的基础货币超发已经完全突破了传统理论所认为的最大边界，但恶性通胀并没有发生和泛滥。这充分证明基础货币超发不是恶性通胀的充分必要条件，只是一个必要条件。通胀不再仅仅是货币现象，还可能是其他现象。从这个角度看，人们通常讨论的美国的消费价格上涨，与其说是美国的赤字、债务和货币总量多了，倒不如说是全球供应链的问题。这种"供应链通胀"不是货币现象，也不是产能不足，而是各种非经济因素导致的供应链危机，是美国逆全球化遭受的反噬。

现代货币政策的目标主要是盯住通胀，当通胀的底层逻辑发生变化后，央行制度有必要随之调整目标。当实践逻辑和理论逻辑发生变化，就不能再强调央行的独立性问题，而是应该强调财政与央行如何密切协同的问题。

3. 关注估值成为货币财政管理的关键内容，而估值管理需要淡化货币政策的独立性

在经济金融化的背景下，资产负债表变得越来越重要，这种重要性还在于它发生了一个重要的变化，就是从过去的财务概念变成了金融概念。变成金融概念以后，资产负债表对经济的敏感性大大增强，呈现出非常显著的顺周期特征。当经济社会发展出现一些风险的时候，可能受到影响的资产负债表就会急剧收缩，一收缩就可能引起连锁反应，导致一连串企业甚至行业资产负债表收缩，引发经济下行的压力和风险，同时也可能影响地方政府、商业银行和居民的资产负债表。地方政府、商业银行、企业、居民的资产负债表是关联的，通过这种关联，风险也会相互传递。在这种情况下，对资产负债表的恶化，特别是头部企业资产负债表的恶化，怎样及时处置，并及时遏制市场风险公共化，避免经济风险社会化、政治化，是防范化解重大风险的一个关键步骤。因此，对于企业的资产负债表问题，要从宏观和整体的角度去判断其风险是否会溢出市场变异为系统性风险，甚至是公共风险。从公共风险管理的角度来看，就不能简单认为这是市场风险，该倒闭就倒闭。应该看到，溢出市场带来的连锁反应会冲击整个行业或整个经济、整个社会乃至整个国家。因此，在经济金融化的背景下，地方政府、商业银行、企业、居民资产负债表的修复问题变得非常重要。如果各个主体的资产负债表恶化，会导致一连串的反应，不仅会加剧需求收缩，而且会导致需求和供给之间形成一种负反馈，

就是相互之间强化，导致经济收缩，甚至引发社会问题。

在上述背景下，发挥财政、央行的作用，以及财政与央行的协同作用，就是要通过各种措施，修复地方政府、商业银行、企业、居民的资产负债表，以稳定资产估值，避免风险蔓延。发达国家财政与货币协同的实践，都与此逻辑有关。

然而，在经济金融化的背景下，资产估值容易变得主观化。用历史成本法、公允价值估值都存在明显不足。因为历史成本法虽然客观，但容易偏离实际；公允价值估值虽然看似公允，但容易受顺周期的影响。例如，2008年全球金融危机，用公允价值估值更加剧了资产负债表的危机。而如何稳定估值，关键在于稳定资产"锚"，也就是稳定资产定价的基准。在现代社会，财政制度是金融和资本市场的基础。国债和国债收益率就是金融和资本市场的定价基础。从国际实践来看，美国10年期国债收益率曲线就成为许多世界投资者关注的参照物，它的变化会影响资本的流动。从这一点来看，资本市场定价基准是中央（或联邦）财政提供的，无论中央（或联邦）财政有无赤字，它都需要为金融市场提供这种无风险的流动性工具。从这个意义上讲，财政既是金融的基础，也是资本市场的基础。在发达经济体中，都是如此。然而，国债的发行流通以及国债收益率曲线的建设需要淡化货币政策的独立性。不以赤字为前提的国债发行流通需要货币当局积极配合，为市场提供充足的流动性支持国债发行，并通过公开市场交易国债，增强国债的市场吸引力，提升国债的流动性，为国债收益率曲线的建设打造良好的市场基础，确保国债收益率曲线成为金融市场的定价"锚"。过度强调央行与货币政策的独立性，会限制国债和国债收益率曲线基准作用的发挥。

第八章

结构性货币政策与财政政策

2023年中央金融工作会议指出，要"加强货币供应总量和结构双重调节"，并"做好科技金融、绿色金融、普惠金融、养老金融、数字金融五篇大文章"。在经济高质量发展的背景下，结构性货币政策与财政政策有着共同的政策目标，即支持绿色发展、支农支小、制造业转型升级等，打通经济转型发展的关键堵点。从具体政策手段来看，结构性货币政策主要为关键领域的企业获取融资提供助力，而财政政策则通过税收优惠、补贴、政府性基金股权支持、融资担保等方面对企业提供支持，两者关系以互补为主。探讨结构性货币政策与财政政策的关系，重点在于突破传统认知框架，从风险视角认知结构性货币政策，基于行为分工加强两项政策的协同。

一、结构性货币政策和财政与货币政策一体化

（一）结构性货币政策概念界定

传统货币政策是总量政策，通常以物价稳定、经济增长、充分就业和国际收支平衡为目标，利用准备金、公开市场操作等工具实现货币供应量或利率价格的调节。2008年全球金融危机以来，随着许多发达经济体进入"流动性陷阱"，在低利率甚至负利率环境下，传统货币政策工具无法充分发挥作用，央行再贷款、量化宽松（长期资产购买计划）、前瞻性指导等非常规货币政策成为各国央行的新工具箱。

由于一些非常规货币政策直接作用于某一领域或某类主体，对经济具有结构性效应，通常也将其称为结构性货币政策。通过梳理国内外文献发现，目前学界和政策机构对结构性货币政策的概念界定范围并不统一。

国外文献和政策机构较少使用"结构性货币政策"这一术语，更多研究"非常规货币政策"。国内众多文献通常将2013年以来我国央行创设的各类借贷便利（常备借贷便利、中期借贷便利、定向中期借贷便利）、抵押补充贷款、差异化法定准备金、各类央行再贷款（支农支小再贷款和再贴现、普惠小微贷款支持工具等）均归结为结构性货币政策。各类借贷便利工具的结构性体现在引导商业银行资产结构的变化上，补充抵押贷款、支农支小再贷款和再贴现、普惠小微贷款支持工具的结构性体现在支持领域不同上，差异化法定准备金则是针对不同的商业银行实行不同的法定准备金要求。

中国人民银行于2022年明确了我国结构性货币政策工具的定义，"是人民银行引导金融机构信贷投向，发挥精准滴灌、杠杆撬动作用的工具，通过提供再贷款或资金激励的方式，支持金融机构加大对特定领域和行业的信贷投放，降低企业融资成本"，是基于产业领域标准进行了划分。根据中国人民银行的最新定义，结构性货币政策主要包括支农支小再贷款和再贴现、普惠小微贷款支持工具、抵押补充贷款、碳减排支持工具、科技创新再贷款、普惠养老专项再贷款、交通物流专项再贷款等针对普惠金融、科技创新、绿色金融和民生等重点领域的央行再贷款工具。

可见，目前结构性货币政策的概念界定存在广义和狭义之分。广义的结构性货币政策等同于非常规货币政策，不仅包括中期借贷便利、差异化存款准备金等货币政策工具，也包括针对小微、"三农"、科创、交通物流等具体领域的再贷款工具，而狭义的结构性货币政策仅包含后者。

（二）货币政策和财政政策的关系

国外文献对货币政策与财政政策的界限有过一些探讨。古德哈特和普拉丹（Goodhart and Pradhan，2021）指出，非常规货币政策模糊了货币政策与财政政策的界限。阿莱西纳和塔贝利尼（Alesina and Tabelini，2008）指出，当工作性质相对比较技术化且很难对其工作质量进行监督时，相较于选举出的政治人物，任命技术型官员作为机构决策者效果更好，这类更像是货币政策；而当政策具有分配效应，严重依赖价值判断和政治合法性，而不是技术专家时，就属于财政政策范畴。布林德（Blinder，2017）指出，2008年全球金融危机之后的非常规货币政策的共同特点是，会对纳税人造成间接但重要的影响，也就是可能会损害纳税人的利益。因此，这一系列政策通常被称为准财政政策。准确来讲，准财政政策意味着非常规货币政策属于政府支出的范畴。殷剑锋（2020）指出，央行准财政行为有明显的负面效应，比如以各种"粉"的形式存在的大量再贷款，信息不透明，规则不清晰，扰乱了利率体系，加大了道德风险。另外，准财政行为可能导致央行出现严重的亏损，这将极大地削弱央行的公信力、货币政策操作的有效性和作为"最后贷款人"保持宏观金融稳定的能力。当结构性货币政策被大规模、大范围使用时，货币政策和财政政策的关系以及合理分工需要仔细研究评估。央行如果过多承担财政职能，对货币政策纪律和财政纪律都可能产生一定影响。如果结构性货币政策工具的效果不如财政政策工具，那么会带来地方政府和市场主体的债务风险。如何规范使用结构性货币政策工具，助力实体经济转型发展是关键。

（三）结构性货币政策内涵探讨

综合上述讨论，我们尝试从风险逻辑的角度探究结构性货币政策的内涵，即结构性货币政策是应对风险结构化的衍生政策工具，是用于精准遏制风险外部化、宏观化和公共化等风险循环过程的关键手段。结构性货币政策处于传统货币政策和财政政策的中间地带，属于具有高度财政属性的货币政策，是财政政策与货币政策的叠加态，很难用传统认知框架来解释。从风险思维和风险循环角度，可以更好理解结构性货币政策的内涵。政策是为了应对风险变化，由于在某些领域、某些行业、某些过程、某些环节等出现结构性风险，聚焦于这些具体目标的结构性货币政策才被创新出来。

二、结构性货币政策的国际经验

本部分梳理美联储、欧洲央行、日本银行、英格兰银行等发达经济体央行的结构性货币政策。整体来看，发达经济体央行运用的"结构化"货币政策工具更多属于广义结构性货币政策范畴，较少有专门针对具体领域的再贷款工具（即狭义结构性货币政策）。美联储的结构性货币政策主要着眼于金融危机救助，利用各类再贷款货币政策工具，为陷入危机的特定领域金融机构提供流动性；欧洲央行和英格兰银行主要通过"结构化"货币政策工具，引导银行提高对实体经济的总体信贷规模；日本银行的结构性货币政策工具创新相对较多，不仅包括针对地震、疫情等的央行再贷款工具，也有针对R&D（科学研究与试验发展）活动、基础设施投资和社会福利事业等具体领域的央行再贷款工具。

（一）美联储的结构性救助货币政策

2008年次贷危机爆发后，美联储推出定期证券借贷便利、商业票据融资便利、定期资产支持证券贷款工具等针对不同金融市场的再贷款货币政策工具（见表8-1）。美联储的这些货币政策工具是按照白芝浩原则发挥央行"最后贷款人"的作用，为货币市场、商业票据市场和房地产金融市场等注入流动性。因此，美联储这些货币政策工具的结构性特点体现在针对特定具体行业给予流动性支持（彭兴韵和张运才，2022）。

2020年新冠疫情暴发后，美联储除了进行大规模资产购买计划之外，还相继推出了市政流动性借贷便利、中产阶层借贷便利和薪资保护计划流动性借贷便利等货币工具。这类货币政策具有显著的财政货币协调的特点，比如薪资保护计划流动性借贷便利由联储银行为金融机构提供无追索权贷款，支持金融机构为符合条件的企业提供贷款，而且薪资保护计划的贷款受美国小企业局担保。

表8-1 2008年全球金融危机时期美联储创新的货币政策工具

名称	功能	操作方式	起止时间
定期拍卖便利	向存款机构提供长期资金	美联储每两周一次通过拍卖为存款性机构提供为期28天的抵押贷款，且抵押品范围较宽泛。需要资金周转的银行，可在美联储设定的拍卖期内，以暗标形式竞投贷款利率	2007年12月12日—2010年3月8日
商业票据融资便利	支持商票发行和到期续作	美联储为特殊目的载体提供3个月的贷款，用于直接购买合格发行人发行的合格商业票据	2008年10月7日—2010年2月1日

续表

名称	功能	操作方式	起止时间
一级交易商信贷便利	向一级交易商提供贷款	包括五大投行在内的20家一级交易商可用此工具和商业银行一样向美联储借款；扩大担保品和抵押品范围，包括一级交易商持有的"两房"（房利美和房地美）担保债券	2008年3月16日—2010年2月1日
货币市场投资者融资便利	购买货币市场基金持有的存单和商业票据	美联储通过特殊目的载体为投资者从货币市场基金等处购买合格资产提供高级担保资金，合格资产包括美元存款凭证和期限在90天以内的由高评级金融机构发行的商业票据	2008年10月21日—2009年10月30日
定期证券借贷便利	用国债替换一级交易商的低等级抵押品	一级交易商以联邦政府机构债、3A级房贷支持证券等为抵押，从美联储借出国债；一级交易商借到国债后，可以以国债为担保向全球融资	2008年3月11日—2010年2月1日

资料来源：根据公开信息整理。

（二）欧洲央行定向长期再融资操作

自1999年成立之后，欧洲央行主要通过再融资操作来为欧元区的银行提供流动性。最初的工具是7天期的主要再融资操作和最长3个月期限的长期再融资操作。这两类货币政策工具都属于短期操作工具，用于调节欧元区的货币市场利率。2007年之后，为了应对欧元区长期融资环境恶化，欧洲央行不断拓展长期再融资操作的期限，比如2011年12月推出3年期的长期再融资操作工具（见表8-2）。

为了引导银行信贷流向实体经济，2014年欧洲央行推出了定向长期再融资操作（TLTRO），即欧洲央行直接向信贷提供长期融资的工具，引导银行向实体经济提供信贷，疏通货币政策传导机制。定向长期再融资操作将银行能够从欧洲央行获得融资的规模与其对非金融企业和居民的贷款规模挂钩，从而达到定向操作的目标。欧洲央行分别在2014年6月5日、2016年3月10日和2019年3月推出了三轮定向长期再融资操作，即TLTRO Ⅰ、TLTRO Ⅱ和TLTRO Ⅲ。TLTRO Ⅱ和TLTRO Ⅲ也将利率与银行贷款类型挂钩，银行对非金融企业和家庭（除住房贷款外）的贷款规模越高，利率优惠力度越大。

表8-2 欧债危机时期新型货币政策工具梳理

非常规货币政策工具	政策功能	交易结构
长期再融资操作	满足欧元区银行长期流动性需求	欧洲央行为商业银行提供长期抵押贷款，借助成员国银行间接购买重债国的债券
担保债券购买计划	帮助欧元区担保债券市场恢复银行长期融资功能	欧洲央行直接在一级或二级市场购买银行担保债券，并为重债国提供信用担保
证券市场计划	主要帮助欧元区政府债券市场恢复融资功能	欧洲央行在二级市场以买断的方式购买重债国的国债，以自身信用为重债国的国债提供担保，再出售给流动性较高的成员国
直接货币交易	进一步帮助欧元区政府债券市场恢复融资功能，降低欧洲央行承担的资金风险	欧洲央行从二级市场购买政府债券，规模不受限制，并把已购买的国债售给欧洲稳定机制

资料来源：根据公开资料整理。

（三）日本银行贷款工具

日本银行早在2001年2月就推出了超短期再贷款工具措施，即补充贷款便利，用于应对金融市场突发流动性紧缺问题，该工具为隔夜期限的央行再贷款。在2006年和2010年，日本银行又分别推出了本币和外币的集合抵押品货币基金支持工具，对金融机构发放最长期限不超过一年的央行再贷款。

2008年以后，日本银行为了实现特定目的陆续推出了定向央行再贷款工具，最长再贷款期限可达2年，比如2011年灾区金融机构货币基金支持操作、2016年熊本地震灾区金融机构货币基金支持操作、2020年新冠疫情特别货币基金支持操作。

另外，日本银行于2010年推出了贷款支持项目，用于支持日本经济可持续增长相关重点领域信贷融资需求，最长贷款期限为4年，再贷款利率为0.1%。贷款支持项目用于可实现经济持续发展相关重点领域的信贷发放，包括R&D活动、企业扩大再生产、基础设施建设投资以及社会福利事业建设。贷款支持项目计划包括促增长融资便利和刺激银行借贷融资便利。促增长融资便利是日本银行在2010年6月推出的一项向实体经济注入资金的非常规举措，向环保、医疗保健、旅游等18个高成长性行业发放贷款和投资的银行提供0.1%一年期低息再贷款，贷款计划规模达到3万亿日元，计划2012年3月底结束。2011年6月和2012年3月，日本银行两次提高贷款计划规模至5.5万亿日元，并将贷款计划延期至2014年3月。2012年10月，日本银行推出刺激银行借贷融资便利，在银行提供担保的前提下，以极低利率向其发放中长期贷款，鼓励其增加对企业和家庭整体放贷规模。根据刺激银行借贷融资便利安排，日本银行的贷款计划总规模不设上限，但具体贷款金额要根据银行对企业和家庭发放的日元及外币贷款的净增长额来确定。贷款利率参照贷款发放日的无担保隔夜拆借利率这一极低利率（此政策出台时该利率为0.1%），贷款期限可根据银行的需求灵活确定为1年期、2年期或3年期，贷款最长可展期4年。2014年2月，在保持利率水平和资产购买规模等货币政策整体稳定的基调下，日本银行将促增长融资便利和刺激银行借贷融资便利规模分别扩大至7万亿日元和30万亿日元，期限均延长1年，旨在加强量化宽松政策传导机制，提高政策效力。日本银行希望银行利用低息资金扩大对企业贷款，对货币宽松政策形成补充，助推经济增长。

（四）英格兰银行融资换贷款计划

英国利用贷款融资计划改善信贷环境。欧债危机爆发后，英国商业银行融资成本升高，进而导致贷款利率提高，信贷环境趋紧。2012年7月—2018年1月，英国通过银行渠道开展贷款融资计划，鼓励银行和贷款协会向包括英国家庭和私人非金融企业在内的实体经济贷款，该政策工具属于纾困性质的阶段性工具（张明，2023）。从传导机制来看，贷款融资计划通过降低银行整体融资成本，放松信贷环境，降低信贷市场利率，增强信贷可获得性，刺激消费和投资，促进经济恢复增长。具体操作流程为：信贷机构用符合资格的所有低流动性资产作为抵押品，从英格兰银行换取高流动性的国债，提高自身资产质量，再用国债进行抵押获得再贷款，从而进行流动性升级。与美国定期证券借贷便利类似，英国贷款融资计划的关键在于，金融机构可以从英格兰银行获得信用等级更高的国债，用于置换低信用等级的金融抵押品。然而，这部分国债并不是英格兰银行的存量资产，而是英国财政部债务管理办公室专门为贷款融资计划提供的。英国债务管理办公室成立于1998年，隶属英国财政部。英国债务管理办公室不仅负责英国政府的债务和现金管理，也负责对地方借贷和管理特定公共部门基金（见图8-1）。2000年4月3日，债务管理办公室接替英格兰银行，开始全面履行中央国库现金管理的各项职能（见图8-2）。在此之前，国库现金管理职能一直由央行（即英格兰银行）履行。债务管理办公室的目标是最小化对冲库款资金流动的成本，主要通过公开市场操作或发行短期国债。为了不影响英格兰银行的货币政策操作，债务管理办公室的政策目标只是"熨平"财政库款现金流波动，最大化财政资金运作效率，不干预货币政策。

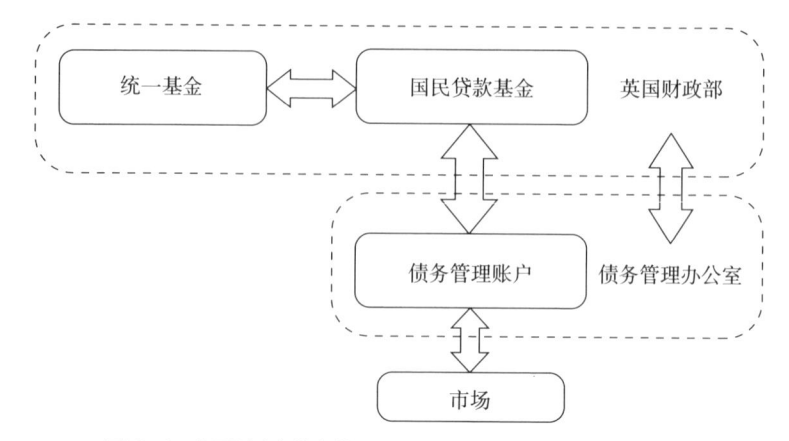

图 8-1 英国财政部债务管理办公室与债务管理账户之间的关系

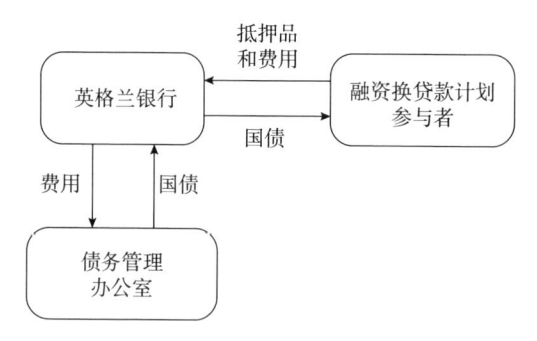

图 8-2 贷款融资计划的财政货币协调机制

三、我国结构性货币政策与财政政策

（一）我国结构性货币政策的演变和现状

1994 年我国金融体制改革之前，再贷款工具是中国人民银行重要的基础货币投放方式。如表 8-3 所示，中国人民银行的资产端以各项专项贷款、对专业银行贷款、对其他金融机构贷款以及对财政透支和借款为主。当时中国人民银行对专业银行的再贷款的分配采取条块结合的办法，即 80% 的央行贷款分配给各专业银行总行，20% 的贷款分配到各地人民银行分行再贷给当地专业银行分行。在期限管理上，年度性贷款（长期性贷款）大约占 30%，日拆性贷款（短期性贷款）大约占 70%。另外，中国人民银行还针对具体目标进行直接贷款，比如扶植老少边穷地区专项贷款、地区经济开发贷款等。受当时的经济体制和金融体制所限，中国人民银行的再贷款和专项贷款具有较强的计划经济特点，市场化运作不足，而且财政政策与货币政策的界限不清。朱利（1995）指出，从控制基础货币的角度来看，央行不宜直接包揽这些具体项目贷款，不仅会与专业银行产生摩擦，也会从利益上影响央行施行货币政策的客观性。这些专项贷款，有收益的应转到有关专业银行，无收益的属于财政职能，应转到财政去办。

表 8-3 1994 年前中国人民银行资产负债表

负债	资产
一、各项存款	一、各项专项贷款
其中：财政存款	二、对专业银行贷款
机关团体部队存款	三、对其他金融机构贷款
二、法定准备金	四、金银占款
三、金融机构存款（支付准备金）	五、外汇占款
四、邮政储蓄转存款	六、财政透支
五、货币流通量	七、财政借款
六、当年结益（自有资金）	八、上缴财政税利

资料来源：楼继伟（1995）。

基于中国人民银行资产负债表资产端的变化，可以看出基础货币投放方式的转变过程。如图 8-3 所示，2014 年之前，由于国际收支双顺差，基础货币投放主要依靠外汇占款，2008—2014年基础货币余额增加19.2万亿元，这一时期外汇占款净增15.5万亿元，对其他存款性公司债权（银行债权）净增1.7万亿元。中国人民银行通过公开市场正回购操作、发行央行票据等方式调控金融市场流动性。随着国际收支双顺差消失，2014年后外汇占款降低，2015—2023年外汇占款净减少5.1万亿元，2023年11月外汇占款为22.0万亿元，对其他存款性公司债权（商业银行）净增14.4万亿元，也就是说这一时期基础货币投放完全依靠向银行投放中期借贷便利和抵押补充贷款、再贷款等结构性货币政策。

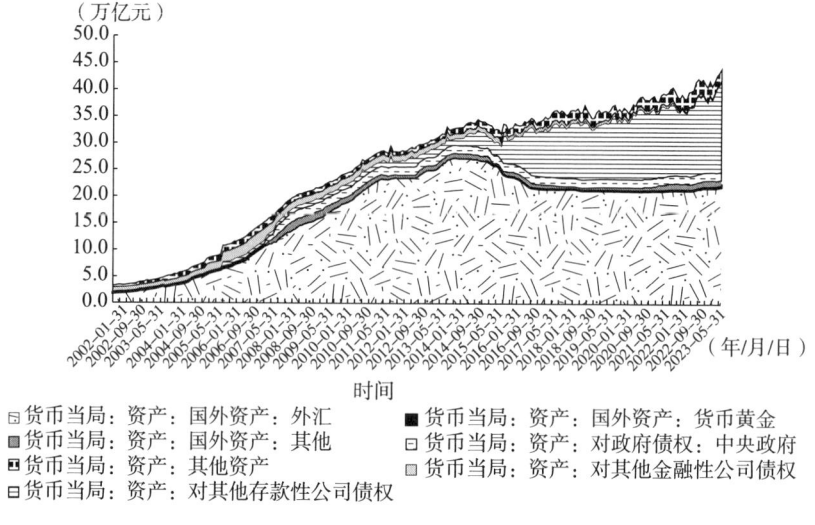

图8-3 中国人民银行资产负债表的资产结构变化情况

资料来源：中国人民银行。

目前我国已经形成了围绕普惠金融、科技创新、绿色金融和民生等重点领域的结构性货币政策体系（见表8-4），具体包括支农支小再贷款和再贴现、普惠小微贷款支持工具、抵押补充贷款、碳减排支持工具、科技创新再贷款、普惠养老专项再贷款、交通物流专项再贷

表 8-4 我国结构性货币政策工具使用情况

类型	名称	工具目标	发放对象	支持方式	时间期限
长期性工具	支农再贷款	自1999年起向地方法人金融机构发放，引导其扩大涉农信贷投放，降低"三农"融资成本	发放对象为农村商业银行、农村合作银行、农村信用社和村镇银行	对符合要求的贷款，按贷款本金的100%予以资金支持	—
长期性工具	支小再贷款	自2014年起向地方法人金融机构发放，引导其扩大小微、民营企业贷款投放，降低融资成本	发放对象包括城市商业银行、农村商业银行、农村合作银行、村镇银行和民营银行	对符合要求的贷款，按贷款本金的100%予以资金支持	—
长期性工具	再贴现	再贴现是中国人民银行对金融机构持有的已贴现票据进行贴现的业务，自1986年开办，2008年开始发挥结构性功能，重点用于支持扩大涉农、小微和民营企业融资	发放对象包括全国性商业银行、地方法人银行和外资银行等具有贴现资格的银行业金融机构	—	—
阶段性工具	普惠小微贷款支持工具	2021年12月，中国人民银行创设普惠小微贷款支持工具	支持对象为地方法人金融机构	对其发放的普惠小微贷款，按期末余额增量的一定比例提供激励资金，鼓励持续增加普惠小微贷款	实施期为2022年至2024年末，按季操作
阶段性工具	抵押补充贷款	2014年，中国人民银行创设抵押补充贷款。抵押补充贷款主要服务于棚户区改造、地下管廊建设、重大水利工程、"走出去"等重点领域	发放对象为开发银行、农发行和进出口银行	对属于支持领域的贷款，按贷款本金的100%予以资金支持	—

第八章　结构性货币政策与财政政策

续表

类型	名称	工具目标	发放对象	支持方式	时间期限
阶段性工具	碳减排支持工具	2021年11月，中国人民银行联合国家发展改革委、生态环境部创设碳减排支持工具，明确支持清洁能源、节能环保、碳减排技术三个重点减碳领域	发放对象为21家全国性金融机构和地方法人金融机构	对于符合要求的贷款，按贷款本金的60%予以低成本资金支持	实施期为2021年至2024年末
	支持煤炭清洁高效利用专项再贷款	2021年11月，中国人民银行会同国家发展改革委、能源局创设支持煤炭清洁高效利用专项再贷款，明确支持煤的大规模清洁生产、清洁燃烧技术运用等7个煤炭清洁高效利用领域，以及支持煤炭开发利用和增强煤炭储备能力	发放对象为开发银行、进出口银行、工行、农行、中行、建行和交行共7家全国性金融机构	对于符合要求的贷款，按贷款本金的100%予以低成本资金支持	实施期为2021年末至2023年末，按月操作
	科技创新再贷款	2022年4月，科技部创设科技创新再贷款，明确支持高新技术企业、专精特新中小企业、国家技术创新示范企业、制造业单项冠军企业等科技创新企业	发放对象为21家全国性金融机构	对于符合要求的贷款，按贷款本金的60%予以低成本资金支持，按季操作	—
	普惠养老专项再贷款	2022年4月，中国人民银行会同国家发展改革委创设普惠养老专项再贷款，明确支持符合标准的普惠养老项目，初期选择浙江、江苏、河南、河北、江西5个省份开展试点	发放对象为开发银行、进出口银行、工行、农行、中行、建行和交行共7家全国性金融机构	对于符合要求的贷款，按贷款本金的100%予以低成本资金支持，实施期暂定两年，按季操作	—

	名称	内容	发放对象	激励方式	实施期限
阶段性工具	交通物流专项再贷款	2022年5月，中国人民银行联合交通运输部创设交通物流专项再贷款，明确支持道路货物运输经营者和中小微物流仓储货物配送（含快递）等企业	农发行、工行、农行、中行、建行、交行和邮储银行共7家全国性金融机构	对于符合要求的贷款，按贷款本金的100%予以低成本资金支持	实施期为2022年5月末至2023年6月末，按月操作
	设备更新改造专项再贷款	2022年9月，中国人民银行联合国家发展改革委、财政部、审计署、银保监会创设设备更新改造专项再贷款，支持其向制造业、社会服务领域和中小微企业、个体工商户等设备更新改造提供贷款	21家全国性金融机构	对于符合要求的贷款，按贷款本金的100%予以低成本资金支持	实施期为2022年9月至2022年末，按月操作
	普惠小微贷款减息支持工具	按照国务院常务会议决定，2022年第四季度，支持相关金融机构对普惠小微贷款减息1个百分点	16家全国性金融机构、地方法人金融机构	中国人民银行对其实际减息金额给予等额资金激励	实施期为2022年第四季度，按月操作
	收费公路贷款支持工具	按照国务院常务会议决定，2022年第四季度，支持21家全国性金融机构对收费公路贷款减息0.5个百分点	21家全国性金融机构	中国人民银行对金融机构实际减息金额给予等额资金激励	实施期为2022年第四季度，按季操作
	民营企业债券融资支持工具（第二期）	2022年10月，中国人民银行重启民营企业债券融资支持工具，通过市场化运作，稳定和促进民营企业债券融资	向专业机构提供再贷款资金	—	实施期为2022年11月至2025年10月末

续表

类型	名称	工具目标	发放对象	支持方式	时间期限
阶段性工具	保交楼贷款支持计划	2022年12月，中国人民银行创设保交楼贷款支持计划，支持其向已售逾期难交付住宅项目发放保交楼贷款	支持对象为工行、农行、中行、建行、交行和邮储银行共6家全国性金融机构，可扩展至18家全国性金融机构	对于符合要求的贷款，按贷款本金的100%予以资金支持	实施期为2022年11月至2024年5月末，按季操作
	房企纾困专项再贷款	2023年1月，中国人民银行创设房企纾困专项贷款，支持其对受困房地产企业项目并购化险	支持对象为华融、长城、东方、信达、银河共5家全国性金融资产管理公司	对于符合要求的并购贷款，按并购实际投入金额的50%予以资金支持	实施期为2023年1月至2023年末，按季操作
	租赁住房贷款支持计划	2023年2月，中国人民银行创设租赁住房贷款支持计划，在重庆市、济南市、郑州市、长春市、成都市、福州市、青岛市、天津市8个城市开展试点，支持市场化批量收购存量住房，扩大租赁住房供给	试点支持对象为开发银行、工行、农行、中行、建行、交行和邮储银行共7家全国性金融机构	对于符合要求的贷款，按贷款本金的100%予以资金支持	实施期为2023年2月至2024年末，按季操作

资料来源：中国人民银行。

款、保交楼贷款支持计划等17项央行再贷款工具，各项政策工具余额达到7万亿元（潘功胜，2023）。根据中国人民银行对结构性货币政策的定位，我国的结构性货币政策工具具有总量和结构双重功能。一方面，结构性货币政策工具建立激励相容机制，将央行资金与金融机构对特定领域和行业的信贷投放挂钩，发挥精准滴灌实体经济的独特优势；另一方面，结构性货币政策工具具有基础货币投放功能，有助于保持银行体系流动性合理充裕，支持信贷平稳增长。

1. 支农支小再贷款和再贴现

支农支小再贷款和再贴现是服务普惠金融长效机制的结构性货币政策工具，能够引导地方法人金融机构加大对涉农小微企业、民营企业的支持力度。2020年分别安排了3 000亿元专项再贷款额度，5 000亿元再贷款、再贴现额度，1万亿元再贷款、再贴现额度，共计1.8万亿元支农支小再贷款和再贴现。

2021年末，做好两项直达实体经济货币政策工具的接续转换工作，将普惠小微企业贷款延期支持工具转换为普惠小微贷款支持工具，按照普惠小微贷款余额增长给予1%的激励资金，将普惠小微企业信用贷款支持计划并入支农支小再贷款管理。2022年以来，在支持普惠金融的基础上，通过再贷款和再贴现政策加强对受疫情影响较大的批发零售、住宿餐饮、物流运输、文化旅游等行业的支持。2022年3月末，全国再贷款和再贴现余额达到2.47万亿元，同比增加5 263亿元，其中支农再贷款余额5 161亿元，同比增加739亿元，支小再贷款余额1.3万亿元，同比增加4 020亿元，再贴现余额6 247亿元，同比增加503亿元。

2. 碳减排支持工具

2021年11月8日，中国人民银行创设推出2 000亿元碳减排支持工具，重点支持清洁能源、节能环保和碳减排技术等碳减排重点领域。具体而言，清洁能源领域主要包括风力发电、太阳能利用、生物质能利用、抽水蓄能、氢能利用、地热能利用、海洋能利用、热泵、高效储能（包括电化学储能）、智能电网、大型风电光伏源网荷储一体化项目、户用分布式光伏整县推进、跨地区清洁电力输送系统、应急备用和调峰电源等。节能环保领域主要包括工业领域能效提升、新型电力系统改造等。碳减排技术领域主要包括碳捕集、利用与封存等。碳减排支持工具对符合条件的碳减排贷款本金提供60%的支持。截至2022年5月，中国人民银行发放碳减排支持工具1 386亿元，支持金融机构向碳减排领域发放符合要求的贷款2 310亿元。

3. 支持煤炭清洁高效利用专项再贷款

2021年11月17日，设立2 000亿元支持煤炭清洁高效利用专项再贷款，促进绿色低碳发展。我国能源资源禀赋以煤为主，要从国情出发，着力提升煤炭清洁高效利用水平，加快推广成熟技术商业化运用。按照聚焦重点、更可操作的要求和市场化原则，专项支持煤炭安全高效绿色智能开采、煤炭清洁高效加工、煤电清洁高效利用、工业清洁燃烧和清洁供热、民用清洁采暖、煤炭资源综合利用和大力推进煤层气开发利用。该工具为符合条件的煤炭清洁高效利用贷款本金提供100%的再贷款支持。截至2022年5月，中国人民银行发放煤炭清洁高效利用专项再贷款225亿元，支持金融机构向煤炭清洁高效利用领域发放符合要求的贷款225亿元。

4. 科技创新再贷款

2022年4月14日,为了贯彻落实党中央、国务院关于科技强国战略的决策部署,中国人民银行通过科技创新再贷款引导金融机构进一步加大对科技创新企业的支持力度。该工具支持的企业范围包括:高新技术企业、专精特新中小企业、国家技术创新示范企业、制造业单向冠军企业等科技企业。在操作上支持范围分别按照科技部、工业和信息化部现有标准认定。金融机构自主选择范围内的企业开展融资服务。适用银行包括:国家开发银行、政策性银行、国有商业银行、中国邮政储蓄银行、股份制商业银行等21家全国性金融机构。总额度为2 000亿元,利率1.75%,采取"先贷后借"的直达机制。金融机构向企业发放贷款后,中国人民银行按季度对符合要求的贷款期限为6个月及以上的科技企业贷款本金的60%提供资金支持。

5. 普惠养老专项再贷款

2022年4月14日,国务院例行吹风会提出,我国人口老龄化进入快速发展阶段,除政策性、市场化养老模式外,面向普通人群的养老服务仍有较大缺口。为深入贯彻落实党中央、国务院关于积极应对人口老龄化的决策部署,加快健全养老服务体系,中国人民银行通过普惠养老专项再贷款引导金融机构向普惠性养老机构提供优惠贷款,降低养老机构融资成本,面向普通人群增加普惠养老服务供给,初期先选取浙江、江苏、河南、河北、江西5个省份开展试点,试点额度为400亿元,利率为1.75%。试点金融机构为国家开发银行、进出口银行、工商银行、农业银行、中国银行、建设银行、交通银行7家全国性大型银行。金融机构按市场化原则向符合标准的普惠性养老机构项目发放优惠利率贷款,贷款利率与同期限、同档次贷款市场报价利率大致持平。专项再贷款采取"先贷后借"的直达机制,按季发放,中国人民银行对符合条件的贷款按贷款本金等额提供专项再贷款资金支持。

6. 制造业转型升级再贷款

2022年9月13日,国务院常务会议决定利用制造业转型升级再贷款支持部分领域设备更新改造,要求中国人民银行按贷款本金的100%对商业银行予以专项再贷款支持。专项再贷款额度为2 000亿元以上,尽量满足实际需求,期限1年,可展期两次。同时落实已定政策,中央财政为贷款主体贴息2.5%,该年第四季度内更新改造设备的贷款主体实际贷款成本不高于0.7%。

7. 抵押补充贷款

为贯彻落实国务院常务会议精神,支持国家开发银行加大对"棚户区改造"重点项目的信贷支持力度,2014年4月,中国人民银行创设抵押补充贷款,为开发性金融支持棚改提供长期稳定、成本适当的资金来源。抵押补充贷款是期限较长的大额融资,其主要功能是支持国民经济重点领域、薄弱环节和社会事业发展。抵押补充贷款采取质押方式发放,合格抵押品包括高等级债券资产和优质信贷资产。

(二)我国结构性货币政策和财政政策的对比分析

下面针对支持交通物流的结构性货币政策和财政政策进行对比分析。2022年以来新一轮疫情对物流业带来较大冲击,中国人民银行和财政部分别推出了相应的结构性货币政策和财政政策工具进行对冲。

结构性货币政策方面,中国人民银行推出了1 000亿元交通物流专项再贷款,对工农中建交五大行、邮储银行和农发行发放1年期利率1.75%的再贷款。从目前的政策决策流程来看,交通物流专项再贷款由国务院常务会议决定额度规模，中国人民银行和交通运输部负责制定具体实施办法。2022年4月27日，国务院常务会议提出"尽快推出1 000亿元再贷款支持交通运输、物流仓储业融资"。2022年5月20日，中国人民银行和交通运输部发布《关于设立交通物流专项再贷款有关事宜的通知》。根据通知，专项再贷款具体支持领域由交通运输部确定，主要包括受新冠疫情影响暂遇困难的道路货物运输经营者（含道路普通货物运输企业、网络平台道路货物运输企业、"司机之家"运营企业、道路货物运输个体工商户和挂靠普通货运车辆车主）、中小微物流配送（含快递）企业。金融机构贷款资金主要用于困难时期交通物流经营支出、置换经营车辆购置贷款等。专项再贷款采取"先贷后借"的直达机制。自2022年5月1日起，金融机构自主决策、自担风险向支持领域内符合条件的企业、个体工商户和货车司机等发放贷款后，于次季度第一个月10日（遇节假日顺延）前以正式文件向中国人民银行申请专项再贷款资金，并报送相应贷款台账。对于符合要求的贷款，中国人民银行按贷款本金等额提供专项再贷款资金支持。金融机构需向中国人民银行提供合格债券或经央行内部评级达标的信贷资产作为质押品。提供专项再贷款资金支持后，中国人民银行会同交通运输部对金融机构发放的贷款进行核查，对不符合专项再贷款要求的，中国人民银行将收回专项再贷款。农发行使用央行结构性货币政策情况如表8-5所示。

表8-5 农发行使用央行结构性货币政策情况

品种	2019年末 余额（亿元）	2020年末 余额（亿元）	2020年末 利率（%）	2021年末 余额（亿元）	2021年末 利率（%）
政策性再贷款	2 720	2 720.00	3.24	2 720.00	3.24
抵押补充贷款	5 744	4 693.00	2.95	2 830.00	2.95
专项扶贫再贷款	30	148.37	1.75	168.46	1.75

续表

品种	2019年末 余额（亿元）	2020年末 余额（亿元）	2020年末 利率（%）	2021年末 余额（亿元）	2021年末 利率（%）
疫情防控专项再贷款	—	171.00	1.35	—	—
支农（生猪）专用再贷款	—	41.00	2.25	—	—
合计	8 494	7 773.37	—	5 718.46	—

资料来源：张晓军（2022）。

支持交通物流的财政政策方面。第一，留抵退税和税收优惠。一方面，2022年以来大规模提前退还增值税留抵退税，减轻市场主体负担；另一方面，通过免征快递收派服务增值税，扩大阶段性缓缴社会保险费政策实施范围，加大小微企业和个体工商户创业担保贷款贴息力度，实施阶段性国内客运航班补贴等，帮助企业纾困发展，着力推动解决物流中的"堵点""卡点"问题，支持保通保畅。第二，中央财政补贴。财政部下达补助资金63.6亿元，统筹支持重点地区冷链物流企业发展，引导地方完善县乡村三级物流配送体系，推动降低县域物流成本。另外，安排约50亿元支持国家综合货运枢纽补链强链，提高循环效率，增强循环动能，降低循环成本。第三，积极推动降低市场主体房屋租金、用水用电用网等成本。财政部要求各地财政部门主动作为，细化完善本地区税收减免政策。同时，加强与行业主管部门沟通，推动降低市场主体用水、用电、用网等成本。

（三）结构性货币政策与财政政策的关系：优势互补、协同发力

结构性货币政策与财政政策既有共同之处，也有显著不同（见表8-6）。两者的支持领域和政策目标相同，但政策手段、决策实施主体和作用主体、传导路径等均有所不同。也就是说，结构性货币政策

与财政政策以互补关系为主,两项政策通过不同手段和形式,优势互补、协同发力,共同服务于我国经济高质量发展的总体战略目标。

从政策领域来看,我国结构性货币政策的目标是围绕聚焦普惠金融、绿色发展、科技创新、民生、制造业转型升级等国民经济重点领域和薄弱环节,服务经济高质量发展。这些重点领域均是财政政策发力的重点目标。

表8-6 我国结构性货币政策和财政政策对比

	结构性货币政策	财政政策
政策目标	弥补市场失灵、支持国家战略发展和逆周期调控	
政策领域	聚焦普惠金融、绿色发展、科技创新、民生、制造业转型升级等国民经济重点领域和薄弱环节	
政策手段	再贷款	财政补贴和奖励、政府性融资担保、税收优惠、政府投资基金等
政策制定实施主体	中国人民银行	财政部及各级地方财政部门
政策作用主体	商业银行	企业和居民等市场主体

从政策目标来看,弥补市场失灵、支持国家战略发展和逆周期调控是结构性货币政策和财政政策协调配合的统一目标。支农支小等普惠金融和科技创新是市场失灵领域,金融市场供给不足,需要政策加大支持力度;减排支持工具、支持煤炭清洁高效利用专项再贷款等工具是为了支持国家绿色发展战略,推动实体经济低碳转型;支持棚改的抵押补充贷款和普惠养老专项贷款,能够支持民生薄弱领域;交通物流专项再贷款、制造业转型升级再贷款等,主要是应对受新冠疫情影响而面临经济下行压力的阶段性逆周期调控政策。

从政策手段来看,结构性货币政策工具相对单一,以中国人民银行再贷款为主,引导商业银行为特定行业经济主体提供更大贷款融资支持;财政政策工具则相对多元,包括财政补贴和奖励、政府性融资担保、税收优惠、政府投资基金等。

从政策制定实施主体和作用主体来看，结构性货币政策是由央行作为政策制定者，作用于商业银行；财政政策是由中央、省级和市县各级政府作为政策制定和实施主体，直接作用于企业和居民等市场主体。

从传导机制来看，结构性货币政策是再贷款工具，中介目标是通过提高特定领域和环节中企业与项目的融资便利性，降低融资成本，进而刺激投资和消费，促进经济增长。政策中介主体是商业银行，政策的有效性在一定程度上取决于商业银行行为。比如，尽管在一个领域推出了结构性货币政策，但商业银行出于自身风险收益考虑，在增加结构性货币政策贷款的同时，减少了自身在该领域的贷款授信，那么将对冲掉结构性货币政策的作用。财政政策的作用主体一般直接是企业或居民，链条更短，财政补贴、税收优惠直接给企业或居民，会直接增加企业利润和居民收入，进而促进投资和刺激消费，当前政策效果受企业和居民的行为影响，如果在预期疲软的环境下，企业和居民即使收入处于增长条件，也不愿意投资消费，那么政策效果就会受到影响。

综上，结构性货币政策和财政政策的决策流程、传导路径和作用主体等均有所不同，各有优劣势。从目前的具体实践来看，结构性货币政策的决策和实施效率更高，制度约束和额度限制相对较少，政策工具的市场化程度更高，对市场主体有债务约束。相比之下，财政政策工具的决策和实施涉及中央各部门和各级政府，决策和实施效率相对较低，制度约束相对较多，通常以行政方式推进，但财政政策的工具和支持方式更为多元化，财政资金支持更为直接，且不会造成市场主体的债务风险。

四、小结：构建基于行为分工的结构性货币政策与财政政策的协同机制

结构性货币政策与财政政策的协调分工不是划定"楚河汉界"和划分地盘，也不是拼装组合，而是以防范和化解公共风险为根本目的所形成的行为分工和协作体系。从结构性货币政策的国际经验来看，财政与货币政策的关系不再是过去"A"与"B"的独立关系，而是"AB"一体化相互嵌入的关系。以往的界域分工思维生发于工业化大生产背景下工程管理和流程管理的需要，倾向于划分清晰的职责边界，穷尽可能的工作条目并将之固定下来。然而，数字信息时代的宏观经济和金融市场具有高度的不确定性，基于经验判断所形成的界域分工规则往往已不能满足当前金融监管和处置突发风险的实际需要。行为分工不同于界域分工，更多强调的是目标上的一致性和功能上的互补性。结构性货币政策与财政政策协同需要基于共同目标画好同心圆，做好行为层面的分工和配合。

在当前经济高质量发展和风险社会的背景下，构建基于行为分工的结构性货币政策与财政政策的协同机制至关重要。基于行为分工的协同，打破了原有固化的部门职责协同，既避免了"要不都不管"的风险监管真空，也防止了"要不都在管"的风险监管重叠。针对实际问题，是选择结构性货币政策还是财政政策，要根据风险逻辑和风险导向，以效率和成本为标准，谁先发现风险、谁处置风险成本低，就要选择该项政策作为政策主体，而不是按照传统边界划分思维。

第九章

金融救援中的财政与货币政策

党的二十大报告指出要"强化金融稳定保障体系","守住不发生系统性风险底线"。在当前全球经济高度金融化背景下，金融救援是财政金融协调的重要议题。面对金融危机，央行金融救助政策与财政救助政策的目标也是一致的，即防范化解公共风险。从美国 2008 年金融救助过程和日本 20 世纪 90 年代金融风险处置的经验来看，央行在金融救援中的职能主要是充当"最后贷款人"，而财政资金救助则是帮助金融机构重组、恢复金融市场发展的重要"压舱石"，两者侧重于互补关系。然而，回到我国，从近年来包商银行风险事件、河南村镇银行风险事件等金融风险处置案例，以及正在征求意见的《中华人民共和国金融稳定法》设定的金融稳定保障体系的框架来看，财政政策在金融救援中的职能作用亟待加强。构建现代金融救援机制框架，要基于行为分工逻辑，明确风险责任主体，突破固有职责界限，从源头上防范化解金融风险。

一、发达经济体金融救援中的财政与货币政策关系

（一）美国 2008 年金融危机中的风险处置

本部分梳理金融危机中美联储和美国财政部协调救助贝尔斯登等金融机构的案例，以及美国国会对美联储和美国财政部的授权过程及危机后《多德－弗兰克法案》回收风险处置权力的过程。

2008年全球金融危机期间，美国财政部和美联储对金融机构的救助过程值得反思。在美国，政府对私人金融机构进行救助通常会遭到政治家、经济学家和公众的激烈批评。但在百年不遇的金融危机期间，及时救助是防范系统性金融风险的关键。

2008年3月，美联储援引《联邦储备法》第13条（3）款"在异常紧急状况下，联邦储备委员会可以授权联邦储备银行向个人、合作伙伴、企业提供信用"，启动的特例措施"一级交易商信贷工具"，为摩根大通收购贝尔斯登提供紧急贷款。在救助过程中，美联储希望美国财政部为美联储的潜在损失提供补偿，尽管当时的财政部长保尔森答应支持并写了一封信，但是在美国法律上没有意义，财政部无法为美联储提供补偿（伯南克等，2019）。对于美联储的救助，许多政界人士和专家都指责反应过度，就连美联储前主席沃尔克也表示，美联储的行动延伸到了其合法和隐含权力的边缘。贝尔斯登的贷款最终得到了偿付，并为政府产生了25亿美元的回报。

在雷曼兄弟处于泥潭时，由于没有另一家金融机构能够收购它，美联储并没有启动紧急贷款。伯南克在回忆录中表示："雷曼兄弟深陷资不抵债困境，单纯指望联邦储备制度贷款是无法解决问题的。即便是启动《联邦储备法》第13条（3）款规定的紧急贷款权限，也需要雷曼兄弟提供贷款所需要的充足担保要件。美联储没有注入财政资金的权限，也没有权限提供不能确保可以正常返还的贷款。"

美国前财政部长盖特纳在回忆录中表示，在金融危机中，美国以预防道德风险为由，主张破产清算的呼声极为高涨，他将这种观念称为"旧约式民粹主义"，也称为道德风险宗教激进主义。可见，美国财政部和美联储想对金融危机时期的金融机构进行救助，会受到很大的政治和舆论阻力。

在财政救助方面，保尔森草拟了旨在使投入财政资金合法化的问题资产救助计划（TARP）草案。该草案援引了大萧条时期罗斯福颁布的《黄金储备法案》，授权财政部购买7 000亿美元问题资产的权力。这项草案赋予了财政部无限灵活性，可以在没有美国国会干预甚至司法审查的情况下支出7 000亿美元。该计划的通过经过了多轮政治博弈。2008年9月29日，第一轮提案遭到国会众议院的否决，引起美国股市巨震，标准普尔500指数下跌9%。市场恐慌引起政治关注，随后该计划在增加了一些减税措施之后于4天后通过。美国财政部利用该计划救助了美国国际集团、花旗集团等金融机构，对结束金融危机起到了关键作用。根据美国财政部的数据统计，截至2015年12月31日，累计从救助计划中获取的收益超过120亿美元。

然而，在金融危机之后，美国国会通过的《多德－弗兰克法案》又加强了对美国财政部和美联储的工具使用限制。主要体现在以下几个方面：一是限制美联储动用《联邦储备法》第13条（3）款中的权力，主要通过限制美联储判断其贷款何时得到满意担保的自由裁量权，这使美联储在未来紧急情况下更难接受高风险抵押品；二是剥夺财政部使用外汇稳定基金提供担保的权力；三是削弱美联储作为"最后贷款人"的能力，主要是增加了信息披露的相关规定。这会导致"污名问题"凸显，遇到流动性问题的金融机构不愿意申请美联储贷款。

（二）美国2023年硅谷银行事件风险处置

2023年初，美国硅谷银行爆发严重的经营问题，由于该银行约有89%的存款是未投保存款，羊群效应触发了挤兑事件，并给美国整个银行体系带来了流动性压力。2023年3月10日，美国政府宣布关闭美国硅谷银行，指定美国联邦存款保险公司（FDIC）为接管方。美联储投票通过，并经财政部长批准，授权12家联邦储备银行创建银行定期融资计划（BTFP），以应对任何可能出现的流动性压力。该计划可向银行、储蓄协会、信用合作社和其他合格的存款机构提供长达一年的贷款，并以美国国债、机构债务和抵押贷款支持证券以及其他合格的资产作为抵押品，以确保存款机构有能力满足储户的取款需求。BTFP作为优质证券的额外流动性来源，避免银行等金融机构在压力时期快速出售这些证券，造成不必要的损失。BTFP项目的有效期是2023年3月12日至2024年3月11日，基本情况如表9-1所示。

表9-1 银行定期融资计划的基本情况

项目	具体内容
创建目的	向美国存款机构提供流动性，每个联邦储备银行都会向符合条件的存款机构提供贷款，并将符合要求的证券作为抵押品
借款人资格	联邦存款保险公司的存款保险对象（包括银行、储蓄协会或信用合作社等）或外国银行的美国分行或机构，只要有资格获得初级信贷[①]，都有资格通过BTFP贷款
合格抵押品	合格抵押品包括联邦储备银行在公开市场操作中有资格购买的任何抵押品[②]，前提是截至2023年3月12日该抵押品属于借款机构
预付款规模	预付款不超过合格抵押品的价值
利率	定期贷款利率为预付款发出之日的一年期隔夜指数掉期[③]利率加10个基点。在贷款有效期内，利率是固定的
抵押品估价	抵押品估价为票面价值。保证金[④]将为票面价值的100%
提前还款	借款机构可提前还款，无须支付罚金
借款期限	不超过一年
费用	本项目不收取任何费用
有效期限	2023年3月12日至2024年3月11日
追索权	根据该计划取得预付款后，除了已承诺的抵押品担保外，联邦储备银行还具有针对借款机构的追索权

注：①初级信贷计划是确保银行系统流动性充足的主要安全措施，也是存款机构的短期资金后备来源。大多数存款机构有资格获得初级信贷。②见《美国联邦法规》第12卷第201.108（b）条。③隔夜指数掉期的英文全称为"Overnight Indexed Swaps"，简称"OIS"。它是一种将隔夜利率交换成为若干固定利率的利率掉期，是衡量市场对于央行利率预期的指标。④在金融学中，保证金是投资者必须存入其经纪人或交易所的抵押品，以弥补持有人为经纪人或交易所带来的信用风险。
资料来源：根据美联储官网的信息整理。

根据《联邦储备法》规定，美联储必须向参议院的银行、住房和城市事务委员会、众议院的金融服务委员会定期提供有关最近信息的报告。截至 2023 年 3 月 15 日，BTFP 贷款总额约为 119.43 亿美元，贷款抵押品的总价值约为 158.86 亿美元，而到了 2023 年 8 月 31 日，BTFP 贷款总额上涨至 1 212.34 亿美元，贷款抵押品的总价值约为 1 454.23 亿美元，规模已扩大接近 10 倍，美国财政部利用外汇稳定基金为联邦储备银行提供 250 亿美元的信贷保护（见图 9-1）。

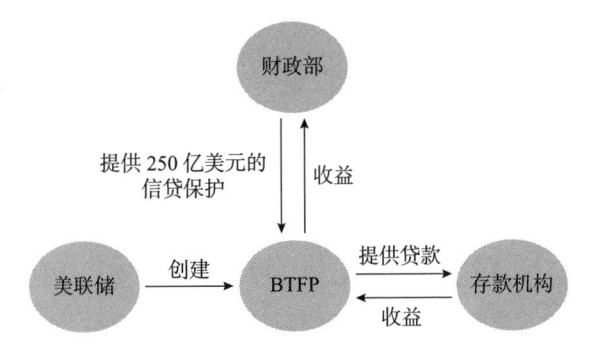

图 9-1 美联储与美国财政部在银行定期融资计划中的合作机制

资料来源：根据美联储官网的信息整理。

（三）日本 20 世纪 90 年代金融风险处置

下文将梳理日本在 20 世纪 90 年代经济泡沫破裂，以及 1997 年金融危机时期日本银行的货币政策以及大藏省出台的财政救助计划。日本银行在金融风险处置中持有一种理念，即十分谨慎地评估可能蒙受的损失，以保证不会减少向国库缴纳的利润而最终转化为国民负担。

20 世纪 90 年代初，日本经济泡沫破裂，发生了金融危机。日本银行、大藏省（现财务省）和国会就如何救助处置金融机构展开博弈，博弈的过程能够反映出财政货币相互作用的关系。日本对金融机构的监管权主要属于大藏省的银行局，日本银行也承担了一定的监督检查责任。

日本处置金融机构破产问题的主要是三个政府部门，以大藏省银行局为主，外加日本银行和存款保险机构，另外都道府县负责信用互助合作社的破产问题，农林水产省参与处理农林系金融机构的破产问题。值得注意的是，存款保险机构的理事长由日本银行的副行长担任，且存款保险机构事务局设在日本银行总部大楼内，职员多数是日本银行的借调人员或退职官员。

金融危机爆发初期，只有少数面向中小企业且贷款规模较小的金融机构被列入"重点监管名单"，比如东邦互助银行、大阪府民信用合作社、釜石信用金库等。随后问题金融机构开始扩大到兵库银行、太平洋银行等规模稍大的金融机构。1991年首家破产的存款金融机构是国际信贷商业银行东京分行，国际信贷商业银行是总部设在卢森堡的国际银行，所以破产清算并不在日本存款保险体系之内。1991年8月，大阪东洋信用金库伪造巨额存单事件浮出水面。1992年4月，东邦互助银行破产清算，存款保险机构参与，并最终由伊予银行实施救济合作。1992年10月和1993年5月，东洋信用金库和釜石信用金库分别破产清算。

当时，日本缺少处理破产机构的法律和务实框架，以及填补资本损失的资金。而且，日本主流舆论反对投入公共财政资金进行金融救助和风险处置。1992年8月在轻井泽召开的财经人士座谈会上，日本首相宫泽喜一明确提出投入财政资金的必要性，但由于民间企业依赖财政资金违背自由主义的市场经济原则，财经媒体和大众媒体强烈反对，最终这个构想破产了。为了处置金融风险、争取财政注资，日本银行多次想说服大藏省，但大藏省一直不同意注入公共财政资金。这是由于从政治角度来看,直接注资金融机构得不到国民的理解,比如1996年围绕处置住专公司①不良债权问题,日本政府提出了投入6 870亿日元财政资金的方案,遭到了在野党和社会舆论的强烈反对。虽然法案最终获得国会通过,但由于反对势力过于强大,此后注资问题都成为政府和政治家的心病,向有不良债权问题的大型金融机构注资的计划被搁置。

1997年日本又爆发了金融危机,1997年11月下旬到12月,日本金融系统几次接近崩溃。金融危机的标志性事件是11月3日三洋证券的同业贷款违约,随后北海道拓殖银行、山一证券、德阳城市银行等金融机构都出现了流动性问题甚至破产。

鉴于这次金融危机的严重程度,大藏省和日本银行都竭尽全力处置风险。在财政方面,日本政府紧急出台《金融机构再生紧急措施法》,1998年3月对21家大型金融机构注入1.8万亿日元财政资金,同年10月出台投入财政资金总额为60万亿日元的破产处置方案,并于1999年3月再次对15家大型金融机构注入7.5万亿日元。

在央行方面,日本银行发挥"最后贷款人"职能,利用"特融"为山一证券、东京共同银行、绿色银行、住专公司等金融机构提供特别贷款(BIS,2001)。"特融"是日本银行为了维持金融系统稳定而提供的贷款,利率比通常的贷款利率高,但抵押等条件相对宽松。这种救助方式是基于当时《日本银行法》第25条,即"为维持信用制度稳定,日本银行经主管大臣许可,可以开展必要的业务"。日本银行"特融"余额在1998年达到40万亿日元。值得关注的是,日本银行在开展"特融"的过程中,十分谨慎地评估可能蒙受的损失,以保证不会减少向国库缴纳的利润而最终转化为国民负担。典型例子是,

---

① 住专公司全称为特定住宅金融专业公司,开展住宅贷款和不动产行业贷款。

日本银行在对外发布的关于山一证券的"特融"公告中指出,"日本银行认为这些资金的最终回收是没有问题的。作为日本银行,强烈希望在政府的协调下,按照大藏大臣的讲话精神,最终完成山一证券问题的妥善处理"。2005年山一证券破产,日本银行"特融"最终损失1 111亿日元。

日本主流的观点认为,央行不应该购买企业发行的商业票据或公司债,这就意味着央行直接承担了个别发行企业的信用风险,也就是说,万一企业倒闭,央行收益减少,将减少对国库上缴的利润,负担会转嫁给纳税人。央行直接参与微观资源分配,这些政策就带有财政政策性质,而财政政策要由政府、议会等政治程序决定,这是民主社会的原则。另外,如果央行以货币政策的名义采取类财政政策措施,会损害央行的财务健全性和中立性,最终会损害国民对货币政策的信任。

(四)小结

从国外经验来看,发达经济体在金融救援过程中,央行货币救助政策和财政救助政策各司其职、相互配合,呈现互补关系。央行通过再贷款等方式为金融系统注入流动性,发挥"最后贷款人"的职能,而财政资金救助则是补充金融机构资本金、解决金融机构危机的最终方式。

金融救援的财政政策是,通过各级政府财政资金注资稳定金融市场。通常财政注资应由人大或国会等部门授权和监督,需要综合考虑救助效率和财政资金绩效的平衡。从工具来看,在金融救援中财政部门可以通过发行特别国债或地方政府专项债券、动用预算内资金等方式对金融机构注资。

货币政策是通过再贷款等为金融机构提供流动性。这类再贷款工具的使用应设定一定的门槛，门槛之上应向人大申请授权，加强与财政部门协调，强化风险意识，即尽力避免"再贷款违约导致央行上缴利润减少，进而影响纳税人利益"。

二、我国金融风险处置中的财政货币协调

(一)1998年四大行不良资产处置：发行特别国债注资商业银行，财政货币协调化解风险

1998年特别国债发行和注资得益于财政部门和货币金融部门的紧密配合。第一步，由央行降准释放银行资金，用于认购特别国债。1998年3月，中国人民银行将法定存款准备金率从13%降低到8%，释放商业银行储备资金超过2 400亿元。中国人民银行要求工、农、中、建四大行在储备资金中预留2 700亿元，存到中国人民银行开设的专门户头，为认购特别国债做准备。第二步，财政部定向发行特别国债，由工、农、中、建四家银行利用专门户头资金全部承购，不向社会公开发售。第三步，财政部将利用发债获得的2 700亿元资金直接拨给工、农、中、建四家银行，补充资本金。具体根据各家银行的风险资产、资本净额、贷款呆账和资本充足率等情况，财政部注资分配如图9-2所示，中国工商银行850亿元，中国农业银行933亿元，中国银行425亿元，中国建设银行492亿元。

```
财政部           →  中国工商银行（850亿元）
发行2 700亿元    →  中国农业银行（933亿元）    →  中国人民
特别国债         →  中国银行（425亿元）            银行降准
                 →  中国建设银行（492亿元）
```

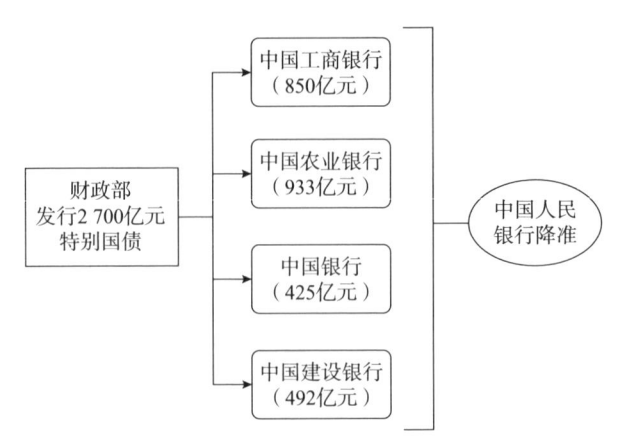

图 9-2　1998 年特别国债发行和银行注资情况

（二）包商银行风险处置：央行主导地方财政协调模式

2019 年 5 月 24 日，包商银行因出现严重信用风险，被中国人民银行、银保监会联合接管。中国人民银行、银保监会在防范系统性风险的同时，坚持市场化原则，防范道德风险，严格依法依规推进包商银行接管工作，历时一年半的时间。2021 年 2 月 7 日，随着北京市第一中级人民法院裁定宣告包商银行破产，包商银行金融风险的精准拆弹顺利完成。

"明天系"控股并占用包商银行资金情况如下。[①] 从 1998 年开始，"明天系"陆续通过增资扩股和受让股权等方式不断提高其在包商银行的股权占比，截至 2019 年 5 月末，已有 35 户"明天系"企业共持有 42.23 亿股，占全部股份的 89.27%。在控股包商银行期间，"明天系"通过虚构业务，以应收账款投资、对公贷款、理财产品等多种交易形式，共占用包商银行资金逾 1 500 亿元，占包商银行资产总规模

---

① 资料来源：中国人民银行，《中国金融稳定报告（2021）》。

的近30%。此时，包商银行的资产规模已达到5 500亿元，在国内银行中排名前50，负债规模约为5 200亿元，客户约有473.16万户，其中个人客户466.77万户，企业及金融机构客户6.36万户，同业负债规模超过3 000亿元，共涉及全国约700家交易对手。2018年以来，"明天系"未偿还包商银行任何资金，全部占款都成为不良资产，外部市场融资环境急剧恶化，资金头寸严重不足，流动性风险一触即发，恐造成系统性金融风险。

风险处置采取"新设一家银行收购承接业务＋包商银行破产清算"的方案。根据清产核资结果，以2019年5月24日接管日为基准，包商银行资不抵债金额为2 200亿元。在风险处置过程中，接管组最初希望引入战略投资者，在政府部门不提供公共资金分担损失的前提下，仅通过收购股权溢价款，抵补包商银行的资不抵债缺口。但由于包商银行的损失缺口巨大，在公共资金承担损失缺口之前，没有战略投资者愿意参与包商银行重组。为了确保包商银行改革重组期间金融服务不中断，借鉴国外金融风险处置经验和做法，并根据国内现行的法律制度框架，中国人民银行、银保监会最终决定采取新设银行收购承接的方式推进包商银行改革重组。同时，为了保障包商银行的流动性安全，自接管以来，中国人民银行在接受足额优质抵押品的前提下，向包商银行提供了235亿元额度的常备借贷便利流动性支持。①

具体实施方案如下。一是设立蒙商银行。由存款保险公司会同建设银行全资子公司建信投资、徽商银行以及内蒙古自治区财政厅等内蒙古自治区内8家发起人，在内蒙古自治区共同发起设立蒙商银行，承接包商银行内蒙古自治区内资产负债及相关业务，服务自治区内经济社会发展，不再跨区域经营。二是将包商银行内蒙古自治区外4家

---

① 资料来源：中国人民银行，《2020年第二季度中国货币政策执行报告》。

分行资产负债及相关业务打包评估，出售给徽商银行。

（三）河南村镇银行等地方金融机构风险处置案例

1. 河南村镇银行风险事件始末

2022年4月下旬以来，河南省包括许昌禹州新民生村镇银行在内的个别村镇银行线上服务渠道相继关闭。

5月20日，银保监会召开通气会，在回应河南4家村镇银行线上服务渠道关闭的问题时表示，这几家村镇银行的大股东河南新财富集团利用第三方平台或通过资金掮客等吸收公共资金，涉嫌违法犯罪。

6月18日，河南省地方金融监管局官网发布公告表示，针对近期个别村镇银行线上服务渠道关闭问题，各级金融管理部门密切配合公安机关开展调查，禹州新民生等村镇银行线上交易系统被河南新财富集团操控和利用的犯罪事实已初步查明，相关资金情况正在排查。河南银保监局、河南省地方金融监管局责成相关村镇银行积极配合公安机关侦办案件，做好资金信息登记和后续处置工作，依法保护金融消费者的合法权益。同时，提醒相关群众配合做好信息登记工作。

7月10日，河南银保监局、河南省地方金融监管局发布关于河南村镇银行的最新公告，表示禹州新民生等村镇银行风险处置方案即将公布。同日，河南许昌市公安局发布警情通报："2011年以来，以犯罪嫌疑人吕奕为首的犯罪团伙通过河南新财富集团等公司，以关联持股、交叉持股、增资扩股、操控银行高管等手段，实际控制禹州新民生等几家村镇银行，利用第三方互联网金融平台和该犯罪团伙设立的君正智达科技有限公司开发的自营平台及一批资金掮客进行揽储和推销金融产品，以虚构贷款等方式非法转移资金，专门设立宸钰信息技术有限公司删改数据、屏蔽瞒报。上述行为涉嫌多种严重犯罪。"同日,河南银保监局、河南省地方金融监管局有关负责人表示,有关部门正在加快核实4家村镇银行客户资金信息,制定处置方案。此后陆续对4家村镇银行账外业务客户本金单家机构单人合并金额为5万元(含)以下、10万元(含)以下和10万元至15万元(含)的客户启动垫付。

7月17日,银保监会有关部门负责人就近期重点工作进展接受《中国银行保险报》记者的采访。其中,针对河南和安徽5家村镇银行风险,银保监会最新口径为"非法吸收并占有公众资金"。事件真相为河南新财富集团操纵河南和安徽5家村镇银行,通过内外勾结、利用第三方平台以及资金掮客等方式非法吸收并占有公众资金,篡改原始业务数据,掩盖非法行为。由于绝大多数账外业务普通客户对新财富集团涉嫌犯罪行为不知情、不了解,也未获得额外的高息或补贴,因此处置方案确定对这些客户的本金分批垫付。由于原来的后台数据被犯罪团伙隐瞒或删改过,为确保信息真实性,两省新搭建了客户信息登记系统,并与后台数据进行交叉核验。人数较多,工作量大,采取分批垫付的方式,首先垫付普通小额客户。

7月29日,河南银保监局、河南省地方金融监管局发布公告,自2022年8月1日上午9时起,对4家村镇银行账外业务客户本金单家机构单人合并金额10万元至15万元(含)的开始垫付,10万元(含)以下的继续垫付。截至8月11日,已累计垫付43.6万户、180.4亿元,客户、资金垫付率分别为69.6%、66%,进展总体顺利。

8月12日,河南银保监局、河南省地方金融监管局发布的第5号公告显示,将自2022年8月15日上午9时起,对禹州新民生村镇银行、上蔡惠民村镇银行、柘城黄淮村镇银行、开封新东方村镇银行账外业务客户本金单家机构单人合并金额25万元至35万元(含)的开始垫付,25万元(含)以下的继续垫付。

2. 兑付方案

首先，兑付方案将违规业务定性为账外业务。所有违规业务都定性为账外业务，说明相关银行没有如实向监管汇报，对统计数据做了手脚。这样无论是表内存款性质，还是表外金融产品集资性质，都贴上了"账外业务"标签。

其次，兑付方案仅按照金额划分，不区分是存款还是金融产品。从目前的兑付方案来看，无论是储蓄存款还是金融产品，兑付方案的核心是按照金额大小划分。同一家银行低于 5 万元的全部先行垫付，但在存款之外获取过高额利息的除外。

再次，暂时用词是"垫付"。由于很多资产负债及储户的收益都有待明确，目前公告中仅用"垫付"，而不是赔付。这是为了方便未来向其他责任方追讨，包括获得高息储户贴息部分、代销方、相关作案集团、内部作案个人、政府的部分保障基金、冻结的其他资产。

最后，存款保险兜底的概率很小。一是银保监会已经非常明确"非法吸收并占用公众资金"，加上此前账外业务的定性，不易再触发存款保险。尤其是贴息的大额存款，10%~12% 的利率水平可能被认定为不属于依法合规办理的业务。二是根据央行评级，存在一些农合机构和城市商业银行被评为高风险，而截至 2021 年末，存款保险基金存款余额仅为 960.3 亿元，窘窭不够补。三是全国有风险的村镇银行、农商行和城商行，主要还是当地政府的管理责任。当地政府得承担首要责任，资金主要是当地政府先垫付，然后再找相关责任方追讨。此外，此次风险事件的村镇银行与包商银行不同，包商银行当时的体量和影响力很大，其主要业务都是省外业务，跨区域经营，一旦"爆雷"，可能面临系统性风险，而村镇银行相对而言权责比较明确，地方担负主要风险处置责任，因此二者的处理方式不一样。目前，出路在河南当地加大执法力度，加大警力投入，尽最大可能追回损失，包括最宽范围的资产端冻结查封、对此前高息或者贴息投资人部分追回、资金中介违法所得追回、大型平台处罚、加大清收力度等。

三、当前我国金融救援体制基础

1994年金融体制改革以来，我国陆续处置了四大国有商业银行坏账风险、包商银行和锦州银行风险事件以及河南村镇银行事件等。目前，我国金融救援处置金融风险方面的财政与货币政策协调，已经形成了一定的体制机制基础，包括中央金融委员会、存款保险制度、金融稳定保障基金以及正在起草中的《中华人民共和国金融稳定法》等。

（一）中央金融委员会

根据2023年3月推出的《党和国家机构改革方案》，组建中央金融委员会，作为党中央决策议事协调机构，加强党中央对金融工作的集中统一领导，负责金融稳定和发展的顶层设计、统筹协调、整体推进、督促落实，研究审议金融领域重大政策、重大问题等。同时组建中央金融工作委员会，统一领导金融系统党的工作，指导金融系统党的政治建设、思想建设、组织建设、作风建设、纪律建设等。

从国务院金融稳定发展委员会到中央金融委员会，针对金融稳定的统筹协调决策层级再度升级。中央金融委员会主任由中共中央政治局常委、国务院总理兼任，中央金融委员会办公室主任、中央金融工作委员会书记由国务院副总理兼任。2023年10月举行的中央金融工作会议提出，"防范化解金融风险"，"发挥好中央金融委员会的作用，做好统筹协调把关。发挥好中央金融工作委员会的作用，切实加强金融系统党的建设"。

（二）存款保险制度

2013年11月，党的十八届三中全会通过的《中共中央关于全面深化改革若干重大问题的决定》明确要求，"建立存款保险制度，完善金融机构市场化退出机制"。2015年5月，《存款保险条例》正式实施，着眼于探索发挥存款保险市场化、法治化处置平台作用，支持重点区域和机构风险化解。根据中国人民银行的数据，截至2021年末，全国4 027家吸收存款的银行业金融机构按规定办理了投保手续。2021年共归集保费467.05亿元，基金利息收入7.44亿元，存款保险基金存款余额960.3亿元。2018—2021年，存款保险基金的主要支出集中在2020年和2021年，主要用于处置包商银行风险事件和出资辽沈银行，共计1 273亿元，主要支出结构如图9-3所示。

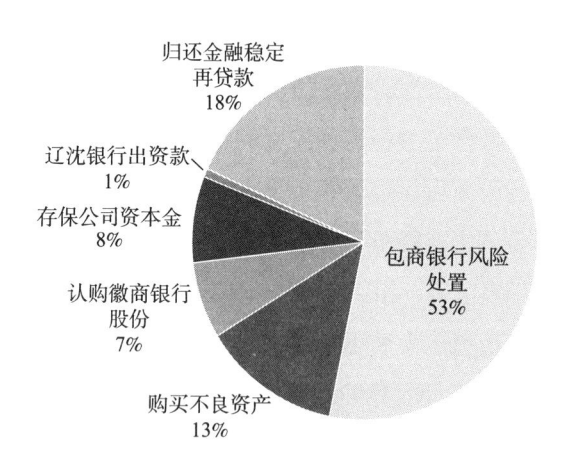

图9-3 2020—2021年存款保险基金支出结构情况

资料来源：中国人民银行。

（三）金融稳定保障基金

2022年，中国人民银行与财政部等有关部门加快推动建立金融稳定保障基金，由国家金融稳定发展统筹协调机制统筹管理，作为应对重大金融风险的后备资金。必要时，中国人民银行再贷款等公共资金可用于为金融稳定保障基金提供流动性支持，金融稳定保障基金应当以处置所得、收益和行业收费等偿还。金融稳定保障基金定位于由中央掌握的应对重大金融风险的资金，资金来自金融机构、金融基础设施等市场主体，与存款保险基金和相关行业保障基金双层运行、协同配合，共同维护金融稳定与安全。在重大金融风险处置中，金融机构、股东和实际控制人、地方政府、存款保险基金和相关行业保障基金等各方应依法依责充分投入相应资源。仍有缺口的，经批准按程序使用金融稳定保障基金。目前，金融稳定保障基金基础框架初步建立，已有一定资金积累。

（四）《中华人民共和国金融稳定法》

2022年4月，中国人民银行就《中华人民共和国金融稳定法（草案征求意见稿）》向社会公开征求意见，这是建立金融风险防范、化解和处置最重要的制度安排之一。2023年9月7日，全国人大发布《十四届全国人大常委会立法规划》，《中华人民共和国金融稳定法》已经提请审议，属于第一类项目，即条件比较成熟、任期内拟提请审议的法律草案。

根据当前草案版本，金融风险处置责任分工原则如下：（1）被处置金融机构及其主要股东、实际控制人承担风险处置的主体责任，被处置金融机构应当穷尽手段自救、切实清收挽损，被处置金融机构的股东依法吸收损失；（2）存款保险基金、行业保障基金依法履行风险处置、行业救助职责，发挥市场化、法治化处置平台作用；（3）省级人民政府负责处置辖区内农村合作金融机构风险、非金融企业引发的金融风险以及按照国家金融稳定发展统筹协调机制要求牵头处置的其他金融风险；（4）国务院金融管理部门负责处置所监管行业、机构和市场的风险，国务院另有规定的，从其规定；（5）中国人民银行牵头处置系统性金融风险，履行"最后贷款人"职责；（6）财政部门依法参与处置系统性金融风险，并按规定履行相关职责，其他有关部门依法对金融风险处置提供支持。

四、总结

2023年10月举行的中央金融工作会议指出，"防范化解金融风险，要把握好权和责的关系，健全权责一致、激励约束相容的风险处置责任机制"，"对风险早识别、早预警、早暴露、早处置，健全具有硬约束的金融风险早期纠正机制"。防范化解系统性金融风险是财政与货币政策协同的重点之一，尤其在金融风险点暴露后，亟须财政金融协同救助。根据经典的经济理论，对金融机构进行救助会造成道德风险，从而累积更大的金融风险。因此，发达经济体通常对单个金融机构的财政金融救助持谨慎态度，只有存在系统性金融风险的时候，才会进行救助和处置风险，但这个过程十分艰难，通常要经历多轮博弈。相比之下，我国的金融体制以国有金融机构为主，财政金融部门都由中央统一领导，在处置金融风险方面具有优势，尤其在中央金融委员会成立之后，金融风险防范化解的统筹能力进一步提升。面对金融机构风险，我国能够迅速通过财政金融手段和行政方式进行救助和处置，金融市场能够迅速恢复正常，不会爆发系统性金融风险。然而，我国在处置金融风险时，往往无法区分微观的市场金融风险和宏观的公共金融风险，责任主体常常发生错位，这就产生逆向选择和道德风险，进而可能导致风险不断积累。由于我国金融体系的道德风险相对较高，金融市场缺乏财经纪律，一轮又一轮的"不良资产上升＋政府救助化解风险"的魔咒就此出现。对此，中央金融工作会议重点强调，要把握好快和稳的关系，在稳定大局的前提下把握时度效，扎实稳妥化解风险，坚决惩治违法犯罪和腐败行为，严防道德风险。

在金融救援中，加强财政与货币政策协同，重点在于思想认知框架的转变，以风险导向来考虑实际问题，具体而言有以下几点。

第一，加快形成统一的风险认知框架。要将财政金融关系当成一个整体的问题来对待，相互协同、相互配合，实现整体的稳定，财政的稳定和金融的稳定就在其中。

第二，以稳估值为政策目标，完善金融救援政策框架。在经济金融化的时代，金融危机实际上就是估值危机，估值稳定比币值稳定更为重要。例如，2008年美国次贷危机和2023年硅谷银行事件就是典型的流动性问题导致的估值大幅波动的危机。财政与货币政策尽管在层次、手段上有所不同，但它们的目标都是稳估值。财政救援政策从整体角度出发，扮演着全社会"最后买单人"的角色；而金融救援政策从金融系统性局部出发，扮演着"最后贷款人"的角色。具体而言，财政部门重点为金融机构提供各种形式的注资和穿透式监管，并最大限度地降低道德风险，货币当局切实为金融机构提供充分流动性支持。

第三，构建兼顾效率和人民利益的金融风险处置政策体系。财政在金融救援方面发挥着兜底作用，从国际经验来看，金融出了问题最终都需要财政兜底。强化财政在金融风险化解过程中的重要作用，注重财政的全程、全链条参与，加强人民利益维护。

第四，以行为分工为基础明确风险责任主体，从源头上防范化解金融风险。金融风险可分为两个层面：一是市场层面的风险，由金融机构自行承担；二是公共风险，超出了市场层面的金融风险就变成了公共风险，责任主体在政府。因此，首先要明确市场风险和公共风险的责任主体，然后再明确政府部门间的责任主体。只有清晰明确了各层次之间的风险责任关系，才能有序稳妥地防范化解金融风险。另外，要基于行为分工逻辑，谁最有利于化解风险就由谁来干，谁最有能力就由谁来干，突破传统的界域思维。

第十章

普惠金融发展中的财政与货币政策

一、普惠金融的定义与理论基础

2005年,联合国在"国际小额信贷年"活动上提出普惠金融的概念,强调每一个人、每一个领域均有平等的机会获得负责任、可持续的金融服务,又称包容性金融,其核心是有效地、全方位地为社会所有阶层和群体提供金融服务,尤其是那些被传统金融忽视的农村地区、贫困群体、小微企业。近年来,我国高度重视普惠金融的发展。2013年,党的十八届三中全会通过《中共中央关于全面深化改革若干重大问题的决定》,正式提出发展普惠金融。2015年,国务院发布《推进普惠金融发展规划(2016—2020年)》,明确了我国普惠金融事业未来的总体思路、政策措施、保障手段和相关安排。大力发展普惠金融,不仅能从整体上促进金融供给侧结构性改革,还有助于疏通金融进入实体经济的渠道,促进全体人民共同富裕,实现经济社会高质量发展。"十四五"规划中强调,深化金融供给侧结构性改革的重点任务就是,"健全具有高度适应性、竞争力、普惠性的现代金融体系,构建金融有效支持实体经济的体制机制"。2023年9月,国务院印发《关于推进普惠金融高质量发展的实施意见》,提出优化普惠金融重点领域产品服务、健全多层次普惠金融机构组织体系,完善高质量普惠保险体系、提升资本市场服务普惠金融效能等要求和意见。2023年中央金融工作会议强调,"做好科技金融、绿色金融、普惠金融、养老金融、数字金融五篇大文章",再次强调了普惠金融对于国民经济的重要性。

（一）普惠金融的定义

联合国将普惠金融（也称为"包容性金融"）定义为以可负担的成本为有金融服务需求的社会各阶层和群体提供金融服务，增加个人和中小微企业获得金融服务的机会。无论是在发达国家还是在发展中国家，平等、及时地获得金融服务对于创造就业机会、促进技术进步和创新、增强社会稳定性、提高经济效率至关重要，因此，普惠金融对社会和经济高质量发展具有重要意义。

2015年底，国务院发布《推进普惠金融发展规划（2016—2020年）》，对普惠金融事业进行了更具体的部署，并在其中明确了普惠金融的定义，与国际上对普惠金融的定义大体一致：普惠金融是指立足机会平等要求和商业可持续原则，通过加大政策引导扶持、加强金融体系建设、健全金融基础设施，以可负担的成本为有金融需求的社会各阶层和群体提供适当的、有效的金融服务，初步完成了中国普惠金融国家战略的顶层设计。

从名称来看，普惠金融包含普惠属性和金融属性。普惠属性是指，普惠金融的服务对象具有广泛性。普惠金融是为全社会的所有阶层和群体，尤其是那些被传统金融服务忽视的弱势群体提供金融服务。同时，普惠金融利用数字化、智能化等创新手段降低金融服务成本，提高服务效率，从而更好地满足广大人民群众的金融服务需求。金融属性是指，普惠金融本质上仍是一种金融活动，在提供金融服务的同时，需要实现财务平衡和盈利，确保普惠金融业务的长期稳定发展。普惠金融和其他金融活动一样，面临信用、市场等风险，需要建立完善的风险管理体系，采取有效的风险管理技术和方法，对各类风险进行有效的识别、计量、控制和监控。此外，普惠金融机构也需要遵循金融行业的标准和规范，如会计准则、风险管理准则等，以及建立规范的业务流程和内部控制体系，确保业务操作的公平性、合规性和准确性。

专栏：普惠金融的服务群体

目前，普惠金融的服务群体被界定为"社会各阶层"。然而，如果简单地认为普惠金融是为"每一个人"服务，那么所有的金融服务都可以视为普惠金融，这显然曲解了普惠金融的本质意义。普惠金融主要是为有金融服务需求的弱势群体提供服务，通常包括低收入群体、中小微企业、老年人和残障人士等特殊人群。他们个体的金融需求可能较小，但是数量多，加起来仍然可以形成一个可观的市场规模。

普惠金融的服务对象是传统金融服务未能覆盖或者服务不足的社会群体。从自身角度来看，这些群体可能存在收入低、缺乏有效的抵押物、信用记录不足、居住地偏远等特征，传统商业性金融机构为他们提供服务的成本高、收益低、风险大，自然敬而远之。从市场角度来看，当缺乏专业的市场信息中介，无法公开公正地对科技产品、知识产权进行评价、评估、评级时，金融机构和小微企业之间就会存在信息不对称，导致很多优质的科技型小微企业难以获得金融机构贷款。同时，当法治体系不健全，无法为金融机构提供有效的权益保障时，在发生欺骗性金融交易、金融契约履行能力弱等的情况下，金融机构的正当权益无法保障，非自愿金融排斥就会发生（见表10-1）。特别是在计划主导的发展中国家，为了实现经济快速发展，政府通常会将金融资源向重点发展的区域和领域倾斜，进而忽略了对弱势群体的金融服务供给。此外，部分国家对正规金融机构设定了严格的监管标准，可能对它们从事风险偏高的普惠金融服务产生了一定的制约。

表 10-1 非自愿被排斥者的群体特征

非自愿被排斥者		
原因	特征	代表性群体或现象
自身原因	收入低	贫困人口，农民
	财富少	贫困人口，小微企业
	能力弱	残疾人，老年人，受教育少者
	居住地偏远	农民，老少边穷
外部原因	市场不完善	信息不对称，产品功能弱
	法治环境差	合同执行差，权益保护差
	导向型政策	宏观金融政策，监管标准

（二）从社会学视角看普惠金融，政府应该发挥激励作用

1. 普惠金融缓解了金融排斥问题，促进了社会对弱势群体的包容性

在金融领域，历来存在一种"嫌贫爱富"的现象，即金融资源往往更容易流向那些已经富有的个体，而贫困人群则难以触及金融资本，难以获得运作金融资本带来的财富。这种不公平的金融资源分配方式，无疑加剧了社会的贫富分化，对社会稳定构成了潜在威胁。普惠金融的初衷，正是打破这种金融排斥的局面，确保每一个社会主体都能以公平的方式获得金融服务，从而避免社会的两极分化，遏制潜在的社会风险。在概念上，金融排斥与社会排斥是相互关联的。那些被主流金融体系排斥的群体，往往也会在社会主流中被边缘化。社会排斥，意味着这些群体无法充分参与社会的正常活动，无法实现其基本的社会权利；而金融排斥，则意味着这些群体无法享受到公平的金融服务。无论是社会排斥还是金融排斥，排斥的都是弱势群体或领域，其结果都是加剧社会的贫富分化。因此，解决这些问题的方法，

也必然与促进社会的公平性紧密相关。确保每一个社会主体都能公平地获得金融服务，满足弱势群体和领域的金融需求，不仅有助于缩小社会的贫富差距，还能推动社会各领域的全面发展。因此，普惠金融的发展不仅具有经济意义，还具有深远的社会意义。

2. 普惠金融的核心目标并非局限于"利润最大化"或"特定群体的利益最大化"，而是致力于实现社会整体福利的最大化

普惠金融理念强调的不仅仅是经济利益，更重视社会责任和公共利益。普惠金融致力于为广大有需求的人群和企业提供全面、便捷、高效且安全的金融服务，特别是针对那些在传统金融体系中受到冷遇或服务不足的群体，如小微企业、农民、低收入人群等。普惠金融的实践不仅关注资金的流动，更重视对人的赋能。它认为，弱势群体并非不产生社会价值，而是由于缺乏必要的资金支持而无法充分发挥其潜力。因此，普惠金融通过解决资金短缺问题，为这些群体提供"造血"式的支持，帮助他们实现自我价值，提升生活质量，并为社会做出更大的贡献。普惠金融的发展不仅促进了金融机构的经济利益，更重要的是，它实现了社会责任和经济利益的有机结合。这种发展模式不仅增强了金融机构的可持续性，还为其履行社会责任提供了有效的途径。通过普惠金融的实践，金融机构能够更好地平衡经济利益和社会责任，为社会的全面进步与和谐发展贡献力量。

3. 普惠金融的商业可持续性离不开政府的支持

普惠金融的商业可持续性在很大程度上依赖于政府的支持。由于普惠金融主要服务于农民、城镇低收入人群和小微企业等弱势群体，这些群体通常缺乏健全的财务报表、信用记录以及不动产抵押物，难以成为传统金融机构的服务对象。同时，这些群体的金融需求相对较

小且风险较高，导致普惠金融机构在提供服务时需要投入更多的成本和精力，而收益可能相对有限。因此，为了实现普惠金融的商业可持续性，政府的激励和扶持至关重要。政府在推动社会平等方面应发挥主导作用，通过制定财政补贴、税收优惠等相关政策，引导金融机构为普惠金融服务群体提供更加优惠的贷款利率和金融服务，以降低他们的融资成本。此外，政府还可以通过建立担保基金、提供信用担保等增信措施，提高金融机构对普惠金融服务群体的服务意愿，从而有助于实现普惠金融的长期发展。

4. ESG 理念与普惠金融在多个方面呈现出一致性，为我国普惠金融的健康发展提供了有力支持

首先，ESG（环境、社会和公司治理）理念与普惠金融都致力于推动可持续发展和社会公益。普惠金融的核心目标是为有需求的群体提供金融服务，旨在缩小金融资源分配不均引发的贫富差距问题。而 ESG 理念则强调企业应积极履行社会责任，实现社会公平，这与普惠金融的初衷高度契合。其次，ESG 理念与普惠金融都高度关注弱势群体的需求和利益。普惠金融致力于通过提供金融服务帮助弱势群体摆脱贫困，而 ESG 理念则关注企业在运营过程中对弱势群体的影响，以及如何通过策略调整改善他们的生活条件。这种共同的关注点使两者在推动社会公平和包容性方面形成了强大的合力。最后，ESG 理念对金融机构的业务活动提出了更高要求。通过将 ESG 原则融入贷前、贷中、贷后等业务流程，金融机构能够制定更为合理的贷款政策和风险控制措施。这不仅有助于防范普惠金融风险，还能提升金融机构的可持续发展能力，进一步推动普惠金融的健康发展。

专栏：普惠金融政策的辩证思考

如何确定普惠金融政策适用主体的边界？普惠金融在服务对象上常常与小额信贷、农村金融和微型金融相混淆（见表10-2）。实际上，这种理解是不准确、不全面的。小额信贷机构专门为贫困者和弱势群体提供信贷服务，经营的是贷款业务；农村金融的地域范围比较明显，主要限定在农村地区，所服务的对象是农民；微型金融虽然可以提供所有金融业务，但主要客户群体是个人和小微企业；而普惠金融则是包含所有机构类型、所有业务类型，也覆盖所有有金融需求的企业和个人。实际上，微型金融包含小额信贷，而微型金融与小额信贷都与农村金融有交叉关系。然而，无论是小额信贷、微型金融，还是农村金融，都属于普惠金融的一部分。也就是说，普惠金融的服务群体除了包含中小微企业、农民和低收入人群，还包括其他金融需求无法得到满足的个人和企业。

表10-2 普惠金融与小额信贷、微型金融、农村金融的比较

概念	机构种类	业务种类	覆盖面
小额信贷	专门小额信贷组织（只贷不存）	贷款业务	贫困者、弱势群体
微型金融	所有金融机构	所有金融服务	小微企业、个人
农村金融	农村金融机构	所有金融服务	"三农"
普惠金融	所有金融机构	所有金融服务	所有有金融需求的个人和企业

定性上，普惠金融政策不等同于政策性金融政策。普惠金融与政策性金融在政治属性、理论品质、实践特征方面有着内在一致性，都是以"服务实体经济"作为初心本源，以"实现共同富裕"作为本质要求，以"健全现代金融体系"作为实现路径。虽然政策性金融和普

惠金融都是贯彻政府政策目标的金融工具，但是政策性金融是以国家信用为基础，以优惠性存贷利率为手段，为支持国家特定的发展政策而进行的一种特殊的资金融通行为。而普惠金融是指以市场运作为模式，以保本微利为原则，提供可持续的金融服务的金融形态。因此，普惠金融不能像一些政策性金融那样依靠外部支持或者补贴来提供优惠性融资或保险，它需要依靠自身的力量实现可持续发展，是介于补贴式和商业性资金支持之间的一种金融形态。

定量上，普惠金融规模应当适度扩大，门槛不断降低，但也应适可而止。普惠金融应有适当规模，发挥逆周期性调节作用。普惠金融的推动力度年年上升，但市场主体的融资困境仍未得到有效解决。要承认普惠金融有其局限性，可能出现政策失灵，应适当引入政策刹车机制。

二、我国普惠金融领域里的财政政策与货币政策

（一）普惠金融的货币政策支持

央行主要通过调控货币数量和货币价格激励引导金融机构积极开展普惠金融业务，并将普惠金融货币政策纳入宏观审慎评估体系，以监督关于货币政策的贯彻实施。

2017年起，中国人民银行将针对小微企业和"三农"领域实施的定向降准政策，拓展和优化为统一对普惠金融领域贷款达到一定标准的金融机构实施定向降准政策，已逐步完善普惠金融准备金"三档两

优"框架[1]，开展了三次普惠金融定向降准。目前，大中型银行普惠金融领域贷款达到一定比例即可享受定向降准支持，总体分为两档：一是如果商业银行针对单户授信 1 000 万元以下的小微企业贷款、个体工商户和小微企业主经营性贷款，以及农户生产经营、创业担保、建档立卡贫困人口、助学等贷款的贷款余额或增量占比达到 1.5%，存款准备金率则可在基准档的基础上下调 0.5 个百分点（见表 10-3）；二是如果上一年这些贷款余额或增量占比达到 10% 的商业银行，存款准备金率可按累进原则在第一档的基础上再下调 1.0 个百分点。综合来看，大部分大中型银行均已满足普惠金融定向降准二档，可以享受 1.5% 的降准优惠。

表 10-3 中国人民银行普惠金融存款准备金制度情况

实施时间	政策目标	降准操作	政策效果
2018年	支持金融机构发展普惠金融业务	• 一是如果商业银行针对单户授信 500 万元以下的小微企业贷款、个体工商户和小微企业主经营性贷款，以及农户生产经营、创业担保、建档立卡贫困人口、助学等贷款的贷款余额或增量占比达到 1.5%，存款准备金率则可在基准档的基础上下调 0.5 个百分点 • 二是如果上一年这些贷款余额或增量占比达到 10% 的商业银行，存款准备金率可按累进原则在第一档的基础上再下调 1.0 个百分点	2018 年，我国普惠金融领域贷款增速提高，全年增加 1.62 万亿元

---

[1] 第一档，对大型银行，实行高一些的存款准备金率，体现防范系统性风险和维护金融稳定的要求；第二档，对中型银行实行较低一档的存款准备金率；第三档，对服务县域的银行实行较低的存款准备金率，为 8%。"两优"是指，在三个基准档次的基础上还有两项优惠：一是大型银行和中型银行达到普惠金融定向降准政策考核标准的，可享受 0.5 个或 1.5 个百分点的存款准备金率优惠；二是服务县域的银行达到新增存款一定比例适用于当地贷款考核标准的，可享受 1.0 个百分点的存款准备金率优惠。

续表

实施时间	政策目标	降准操作	政策效果
2019年	扩大普惠金融定向降准优惠政策的覆盖面，引导金融机构更好地满足小微企业的贷款需求，使更多小微企业受益	将普惠金融定向降准小型和微型企业贷款考核标准由"单户授信500万元以下"调整为"单户授信1 000万元以下"	释放流动性约2 500亿元
2020年	支持实体经济发展，降低社会融资实际成本	一是对达到考核标准的银行定向降准0.5~1.0个百分点 二是对符合条件的股份制商业银行再额外定向降准1.0个百分点 三是对农村信用社、农村商业银行、农村合作银行、村镇银行和仅在省级行政区域内经营的城市商业银行定向下调存款准备金率1.0个百分点	释放流动性约9 500亿元

在结构性货币政策方面，有许多工具也属于普惠金融政策，比如减息支持工具、再贴现政策、支农支小再贷款工具等。

（二）普惠金融的财政政策支持

财政政策指的是，政府通过调节财政收支水平以调节国家经济的政策手段。支持普惠金融的财政政策是指，有助于各类普惠金融服务对象、促进普惠金融业务发展、解决金融服务可及性和公平性问题的财税政策。当前我国支持普惠金融发展的财政政策主要有普惠金融发展专项资金支持、税收优惠及补贴、财政贴息、融资担保及风险补偿机制。其中，普惠金融税收优惠及减免政策特指针对普惠金融机构及业务的税收优惠政策，并不包括针对小微企业及低收入群体的税收政策。

第一，普惠金融发展专项资金。2016年，财政部印发《普惠金融发展专项资金管理办法》，将普惠金融发展专项资金作为中央财政用于支持普惠金融发展的专项转移支付资金，主要有县域金融机构涉农贷款增量奖励、农村金融机构定向费用补贴、创业担保贷款贴息及奖补等使用方向。2016—2019年，普惠金融发展专项资金预算规模虽然呈下行趋势，但扣除年末结余资金和专员办审核扣回的以前年度资金及下一年提前下达资金后，2018年和2019年实际拨付资金为负，说明财政对普惠金融发展专项资金的管理严格，也从侧面反映出普惠金融对财政资金的依赖程度逐年降低。

2020年新冠疫情对低收入、低保障人群和中小微企业的冲击剧烈，促使财政加大了对普惠金融发展专项资金的拨付力度，2021年普惠金融发展专项资金的实际拨付资金是2020年的1.24倍。2023年9月，财政部发布修订后的《普惠金融发展专项资金管理办法》，通过一系列更加务实的措施，进一步发挥财政资金引导撬动作用，提升财政支持普惠金融发展的政策效果，将工作重点放在支持各省份开展创业担保贷款贴息、中央财政支持普惠金融发展示范区建设、农村金融机构定向费用补贴等工作上。中国财政政策执行情况报告显示，2023年财政对普惠金融发展的支持力度进一步加大，安排普惠金融发展专项资金预算107.33亿元，增强了金融服务实体经济的能力。

第二，税收减免政策（见表10-4）。普惠金融税收优惠主要是指针对普惠金融机构的税收优惠政策，具体来说是指财政部门和税务部门通过部分或者全部减免的方式减轻金融机构的缴税负担，引导和支持金融机构开展普惠金融业务，这种方式相比结构性货币政策，直接作用于银行资产端，传导路径更直接。国家通过这类税收政策来扶持普惠金融目标群体，包括"三农"领域、低收入群体、中小微企业等，实现促进就业和发展县域地区经济等目标，从而促进社会经济的协调发展。新冠疫情暴发后，财政部门和税务部门将原有的税收政策延期，鼓励金融机构继续加大对薄弱领域的支持力度，有助于经济的复苏发展。

表10-4 我国普惠金融税收减免政策

发布时间	名称	文号	对象	主要内容
2017年6月9日	《关于延续支持农村金融发展有关税收政策的通知》	财税〔2017〕44号	支持农户的金融机构，支持农业生产的保险机构	金融机构农户小额贷款的利息收入，免征增值税
2017年6月9日	《关于小额贷款公司有关税收政策的通知》	财税〔2017〕48号	小额贷款公司	一是取得的农户小额贷款利息免增值税，二是贷款损失准备金扣除政策
2017年10月26日	《关于支持小微企业融资有关税收政策的通知》	财税〔2017〕77号	小型企业、微型企业及发放普惠金融贷款的金融机构	一是金融机构发放小额贷款取得的利息收入免征增值税，二是免征印花税
2020年4月20日	《关于延续实施普惠金融有关税收优惠政策的公告》	财政部 税务总局公告2020年第22号	金融机构	对于财税〔2017〕44号、财税〔2017〕48号、财税〔2017〕77号、财税〔2017〕90号中规定于2019年12月31日执行到期的税收优惠政策，实施期限延长至2023年12月31日

资料来源：财政部官网及税务总局官网。

第三，财政奖补和贴息。财政奖补和贴息是指，针对普惠金融领域的贷款按照比例给予奖励和补贴。贷款奖补是指，对当年提供扶贫小额信贷、小额担保贷款、创业担保贷款的金融机构给予一定奖补。贷款补贴是指，对于申请扶贫小额信贷、小额担保贷款、创业担保贷款的个人和小微企业给予一定的利息补贴。当前我国主要有扶贫贷款奖补和贴息、小额担保贷款奖补和贴息以及创业担保贷款奖补和贴息等政策。其中，扶贫贷款奖补和贴息主要针对符合贷款条件、有贷款意愿，并且具有还款能力和守信用的贫困户在一定额度、期限内的贷款,小额担保贷款奖补和贴息针对自谋职业、自主创业或合伙经营和组织起来创业的群体通过担保机构获得的贷款。创业担保贷款奖补和贴息政策则是针对创业者个人或小微企业由创业担保贷款担保基金担保、经办银行发放的贷款。

第四,融资担保及风险补偿。为缓解农业领域和小微企业普遍存在的融资难、融资贵问题,国务院办公厅于2019年2月印发《关于有效发挥政府性融资担保基金作用切实支持小微企业和"三农"发展的指导意见》,力推建立国家级融资担保性金融机构,并通过国资支持的担保机构支持低收入和低保障群体获得更多的金融服务,以克服这部分群体自身可抵押资产较少、个人信用信息匮乏等融资障碍。指导意见聚焦单户担保金额500万元及以下的小微企业和"三农"发展,明确了以政府性融资担保和再担保机构优先为重点对象提供担保增信的原则,要求政府性融资担保、再担保机构回归担保主业,充分发挥再担保功能,通过降费让利、差别费率、规范收费等方式降低小微企业和"三农"综合融资成本。同时,财政对于扩大融资担保业务规模、降低融资担保费率等工作的给予奖补激励,地方政府可根据自身条件对单户担保金额500万元及以下、平均担保费率不超过1%的担保业务给予适当担保费补贴,通过强化财税正向激励提升融资担保机构可持续经营能力。

三、普惠金融下财政与货币政策的关系

正如国民经济的稳健运行需要"一体两翼"的货币政策和财政政策进行宏观调控,普惠金融的发展同样需要货币政策和财政政策的协

同推进，两者既要各自发挥应有作用，又要注重有效配合。

（一）普惠金融下财政与货币政策相互支持

金融机构认为向弱势群体提供金融服务风险高、成本高且存在信息不对称问题，因此容易将弱势群体排除在服务范围之外。然而，弱势群体并不是不会产生价值，而是缺乏资金支持。我国被金融机构排斥在外的弱势群体很大一部分是小微企业、个体工商户、农户，为这些群体提供金融服务，保证他们可以持续运转，是实现稳经济增长、稳市场主体、保就业的重要一环。

当经济增长进入平稳放缓区间时，或者当出现负向金融冲击时，金融机构为了保持稳健性，通常会更加厌恶风险，从而采取保守经营的策略，将金融资源更多地配置到相对安全的企业与领域，导致金融机构支持普惠金融的能力和意愿下降，降低薄弱环节的金融服务可得性，削弱此部分经济增长动能。然而，在经济下行或者金融风险来临时，小微企业、个体工商户、农户更加需要零售贷款缓解资金压力，来弥补收入和支出的差距。

普惠金融下财政政策与货币政策的协调配合、相互支持主要是利用财政政策工具和货币政策工具针对普惠金融领域进行协调联动，达到事半功倍的效果。可以根据目标要求和实施效果，在两者之间进行优化组合。中国人民银行可以通过营造稳健适宜的货币金融环境，支持积极的财政政策发挥作用。比如，中国人民银行可以通过定向降准、投放定向再贷款等手段，保证金融系统流动性合理充裕，使金融机构可以运用更多资本金去吸收损失，提高金融机构对风险的容忍度，引导金融机构加大普惠金融力度。财政部门可以帮助疏通货币政策传导渠道，提高货币政策的有效性。例如，通过降低用于普惠金融领域的资本投资税的减免力度，引导金融机构提高在普惠金融领域的贷款数额；或者通过提高非普惠金融领域的资本投资税收，缩减非普惠金融领域的投资；也可以通过财政支持的政府性融资担保机构或基金提供金融机构放贷的政府性贷款担保服务，分担部分信贷风险，增强放贷机构的贷款安全性。

（二）货币政策在支持普惠金融的过程中可能带来财政风险

普惠金融的货币政策在实现目标的过程中需要财政资金进行配套，随着服务社会经济发展的任务逐年加重，增加小微企业贷款和提供政府性融资担保、对小微企业贷款临时性延期还本付息、助力乡村振兴相关贷款等政策性任务逐年加重，相应的财政贴息、补充政策性金融机构资本金等财政支出的压力也逐步增大。

普惠金融货币政策可能带来市场主体的道德风险，影响财政健康。市场主体（如企业、个人等）可能过于依赖普惠金融货币政策，而缺乏改善经营方式、提高风险管理水平、建立良好管理机制的动力。一旦金融体系被普惠金融货币政策带来的风险影响，财政可能承担一部分兜底责任。同时，普惠金融货币政策通过行政手段替代市场配置金融资源，可能造成金融资本的低效或无效配置。长期来看，社会生产效率降低，影响财政收入水平。

第三篇

财政与央行的关系

从理论上看，财政与金融是有机统一的关系。从实践的角度看，财政与金融在很多方面密切相关，特别体现在财政与央行的关系方面。跳出部门的角度来看，财政代表国家财权，央行代表国家发行权，讨论财政与央行的关系，实质是讨论国家财权与国家货币发行权的关系。典型的国家财权和货币发行权之间的分工协同，既来源于实践，又指导实践。从部门的角度看，财政与央行都是重要的宏观管理部门，两者各自分工、合作密切，两者职能统一于国家风险的防范与化解。关于央行的独立性问题、央行利润归属问题、外汇储备的管理与运营收益问题、央行资产表中的国债问题、财政与央行的金融监管和政策协调等，各国有不同的做法，但又有一定的共性可循，分析相关国家的做法，对于优化我国财政与央行的关系具有重要启示。

第十一章

财政与央行的职能和机构关系

从主要国家的情况来看，财政部门与央行是两个机构，有着各自的职能定位，但两个机构之间在许多方面有着密切的联系。

一、主要国家财政部门和央行的职能定位与职能关系

（一）主要国家财政部门的职能定位

从大部分国家的情况来看，财政部门在政府中有着重要的地位和作用。

美国财政部是美国政府一个内阁部门，负责促进经济繁荣和保护美国金融安全。美国财政部职能范围非常广泛，可以就经济和金融问题向总统提出建议，鼓励可持续性经济增长，督促金融机构改善管理。同时，美国财政部管理和维护着对国家金融基础设施至关重要的体系。它还与其他联邦机构、外国政府和国际金融组织合作，促进全球经济增长，并尽可能地预测和防止经济和金融危机。另外，美国财政部在维护国家安全方面也发挥着至关重要的作用，识别和锁定国家安全威胁，对外来威胁实施经济制裁，并加强对金融体系的安全防护。具体来说，美国财政部的主要职能有：管理联邦财政；收集所有根据美国法律规定的税收；生产货币和硬币；管理政府账户和公共债务；监督国家银行和储蓄机构；就国内和国际金融、货币、经济、贸易及税收政策提出建议；执行联邦金融和税收法律；调查并起诉逃税

者、货币伪造者。

英国财政部是英国政府的经济、财政与金融部门，控制着公共支出，负责制定英国经济政策的方向，致力于实现强劲和可持续的经济增长。英国财政大臣的内阁排名在第二位或第三位（首相排在第一位），财政部不仅是对预算、公共支出、税收、金融等进行管理的政府行政部门，还担负着国家稳定和经济发展的重要责任。财政部的职责包括以下五个方面：一是在公共支出方面，财政部负责部门支出、公共部门工资和养老金、年度管理支出和福利政策，以及资本性投资的相关事项；二是在金融服务政策方面，财政部负责银行和金融服务管理、金融稳定，以及确保伦敦金融城的竞争力；三是财政部负责督查英国的税收体系，涉及直接税、间接税、商业房产税、财产税、个人所得税和企业所得税等税种；四是财政部负责确保公共部门基础设施项目的交付，以及吸引私人部门的投资进入英国基础设施建设领域；五是财政部负责保证经济的持续增长。

德国联邦财政部的主要任务：一是制定国家的财政政策，通过税收政策为国家任务筹集资金，通过预算将财政资源分配到各个职能部门，并监督国家预算的执行，同时通过财政政策影响国民经济的运行；二是负责对联邦财产的管理；三是协调具有财政意义的国际关系，例如关税和欧盟的财政关系；四是规范各级政府之间的财政关系。德国三级政府之间存在较强的财政独立性和自主性。

俄罗斯财政部是联邦执行机构，负责制定预算、税收领域的国家政策和法律法规，以联邦预算拨款为代价向俄罗斯联邦主体和地方政府提供国家支持等。俄罗斯财政部下设30个部门。

日本财务省在2001年1月6日由大藏省改制后成立，负责国家的预算、税制、货币、国债等事项，是主管日本财政、金融、税收的最高行政机关。其下设大臣官房、主计局、主税局、关税局、理财局、国际局和其他外设机构、地方分局。

2019年巴西大部制改革前，根据1988年《巴西宪法》和《财政责任法案》等有关制度文件，巴西财政部的核心职能是负责宏观财政管理和预算编制。2019年后，第13844号法案第31条明确规定了巴西经济部的职能范围，涵盖了国家战略规划和长期公共政策制定、社会经济状况监测、内外部公共债务管理、联邦政府部门预算管理、货币信贷及保险相关业务、养老保险、就业相关政策制定、薪资、小微企业支持政策制定、海关事务、进口贸易政策制定及规划执行监管、市场价格及多边贸易融资谈判、知识产权和技术转让、国有控股企业领导任命等37项。综合来看，巴西财政部公共财政的传统职能是监控财政基础活动，确保公共支出在预算周期内按计划执行，并在其他财政、货币和经济政策的协助下，强化财政可持续性的能力。经济部组建后，现代公共财政从传统的监管职能向战略管理职能转变，超越了一般预算控制，旨在通过公共财政跨期规划、支出政策（项目）全过程监管等政策工具，强化财政的可持续性。

中国财政部贯彻落实党中央关于财经工作的方针政策和决策部署，主要职责是：拟订财税发展战略、规划、政策和改革方案并组织实施；起草财政、财务、会计管理的法律、行政法规草案，制定部门规章，并监督执行；负责管理中央各项财政收支；负责组织起草税收法律、行政法规草案及实施细则和税收政策调整方案；组织制定国库管理制度、国库集中收付制度，指导和监督中央国库业务，开展国库现金管理工作；牵头编制国有资产管理情况报告；负责审核并汇总编制全国国有资本经营预决算草案，制定国有资本经营预算制度和办法，收取中央本级企业国有资本收益；等等。

（二）主要国家央行的职能定位

从大部分国家的情况来看，央行的主要工作是制定货币政策，监管金融体系的整体风险和金融机构的安全和运行，维护支付安全和保证支付体系的运行。

美联储是美国的央行，主要目标是促进美国经济的有效运行。美联储的职能主要有五项：一是执行货币政策以谋求美国就业最大化、稳定物价和维持适度长期利率；二是促进金融体系的稳定，通过加强国内与跨境金融监管来最大限度地降低和控制系统性风险；三是履行金融监管权，尤其是监督系统重要性金融机构，使其保持稳健经营，并监测它们对整个金融体系的影响；四是向银行业和美国政府提供美元交易和支付服务，提高支付和结算系统的安全性和效率；五是履行对金融消费者的权益保护。

英格兰银行是英国的央行，是一家公共机构，它的任务是保证英国纸币的安全、价格的稳定、银行的安全和良好运行，以及使金融体系具有弹性。英格兰银行的工作主要包括：保证在英国可以很容易和安全地进行支付；负责将价格的上涨维持在低和稳定的水平；管理英国的银行和其他金融机构，维持它们的安全和良好运营；负责维持英国金融体系的稳定。

德意志联邦银行是德国的央行，在1998年欧洲央行正式成立后，根据《马斯特里赫特条约》，它成为欧洲央行体系的组成部分。由于德国是欧元区国家，因此德意志联邦银行将央行的很多重要职责都转交给了欧洲央行，丧失了货币政策的制定权和大型金融机构的监管权等。德意志联邦银行的经营范围包括：根据抵押品发放贷款，并最终根据公开市场上的回购协议买卖应收账款、证券和贵金属；接受活期存款和其他存款；贵重物品，尤其是证券的保管和管理；接受支票、直接借记、汇票、指示、证券和利息票据以供托收,并在承保后付款,除非银行另有决定将支票、直接借记和指示的等值记入贷方;买卖非欧元计价的支付方式,包括汇票和支票、应收账款和证券,以及黄金、白银和铂金;执行与国外的所有银行交易。

俄罗斯银行是俄罗斯的央行,其主要职能包括以下几个方面:与俄罗斯政府共同制定并实行以维护和保证卢布稳定为目标的国家统一的货币信贷政策;垄断现金发行并组织现金流通;对信贷机构行使"最后贷款人"的权利,组织资金再融通;制定在俄境内实行结算的规则,组织银行间的结算;为银行系统制定从事银行业务、会计核算和报表的规则;对信贷机构进行国家注册;成立和撤销信贷机构,以及负责审计信贷机构等组织;从事各类银行业务;实行外汇监督和外汇调节,包括从事外币买卖业务;保管集中性的黄金和外汇储备;确定与外国的结算方式;参加预测国家的国际收支情况并组织编制国际收支平衡表;分析和预测国家的经济状况,尤其是货币信贷和外汇金融方面的状况;代理政府管理国家债务,即发行、偿还和经营政府的有价证券;代理政府财政收支;等等。

日本银行是日本的央行,其使命是"稳定物价"和"稳定金融体系"。2022年5月,日本银行行长黑田东彦指出日本银行的使命仍是"稳定物价"和"稳定金融体系",一方面将消费价格指数稳定在2%(同比)的水平上,另一方面联合操作长期利率和短期利率以稳定金融市场,并综合运用金融政策、结算体系、国际金融、发行银行券、货币流通管理、管理国库金和国债、传递市场信号等业务方式达成上述使命。

巴西央行根据1964年12月31日发表的第4595号法案,正式创建。巴西央行作为国家联邦机构之一,其核心职能是维持金融稳定及通过利率政策调控经济。具体职能如下:垄断纸币发行;担任"银行的银行",监管银行;监管外汇政策的规划和执行;负责调控利率政策;在与货币和汇率政策有关的国际机构中代表巴西政府。

《中华人民共和国中国人民银行法》对中国人民银行职能的正式表述为"制定和执行货币政策,防范和化解金融风险,维护金融稳定"。同时,该法明确界定,中国人民银行为国务院组成部门,是中华人民共和国的中央银行。另外,该法还规定,"中国人民银行行长的人选,根据国务院总理的提名,由全国人民代表大会决定;全国人民代表大会闭会期间,由全国人民代表大会常务委员会决定,由中华人民共和国主席任免。中国人民银行副行长由国务院总理任免"。在具体实践过程中,中国人民银行的具体职能主要有:牵头建立宏观审慎管理框架;制定和执行货币政策、信贷政策,完善货币政策调控体系,负责宏观审慎管理;牵头负责系统性金融风险防范和应急处置;经理国库;管理国家外汇管理局;等等。

中国的央行既是政府部门,又是货币当局。具体来说,从现实来看,中国的央行是政府的一个部门,是国务院的一个组成部门。《中华人民共和国预算法》是目前规范政府收支行为最为重要的法律,其规定"政府的全部收入和支出都应当纳入预算"。由于中国人民银行是国务院组成部门,隶属政府,其行为也受到《中华人民共和国预算法》的约束。同时,中国人民银行又是货币发行当局。作为货币发行当局,虽然在央行资产负债表中货币体现为负债,但实质上是不需要偿还的"债务",且也不符合会计准则对债务认定的标准。站在国家信用的角度来观察,这与其说是央行负债,倒不如说是国家的一种特殊"资产",因为国家增发货币实质上也是在注入资产。同时,央行有自己的资产负债表,似乎央行的资产负债表和央行的预算表没有关联,这其实只是一个表象,实际上两者是紧密契合在一起的。从央行资产负债表来观察,资产方有对政府的债权,如国债;而负债方有财政存款，政府的收入和支出都嵌入在这里面了。因此，从这一点来看，预算的执行过程和基础货币的投放收回过程是紧密联系的。2023年10月的中央金融工作会议明确指出，金融要为经济社会发展提供高质量服务，要切实加强对重大战略、重点领域和薄弱环节的优质金融服务，充实货币政策工具箱，做好科技金融、绿色金融、普惠金融、养老金融、数字金融五篇大文章。可见，为我国经济高质量发展服务，构建现代央行制度，我国央行的职能定位还需要进一步完善，从而不断开创金融高质量发展新局面，更好支持"加快建设金融强国"目标，并通过推动我国金融高质量发展，为以中国式现代化全面推进强国建设、民族复兴伟业提供有力支撑。

（三）主要国家财政与央行的职能关系

从主要国家的情况来看，财政与金融的关系，体现为财政是国家治理的基础，金融是国民经济的血脉，国家治理的基础离不开国民经济的血脉，国民经济的血脉服务于国家治理的基础。财政是国家治理的基础和重要支柱，财政的作用贯穿国家治理的全过程和各环节，包括政治、经济和社会各领域。财政所辖之处即公共权力所涉之处，远远超出了宏观经济的范畴，不仅与每个经济主体紧密相连，也与每个社会细胞息息相关。国家治理的本质是化解国家发展过程中面临的各种风险，实现国家可持续发展，这就需要动员、筹集和使用各种公共资源。动员、筹集和使用各种公共资源的基本制度就是财政制度，反映公共资源动员、筹集和使用的国家账本就是财政账本。更好地发挥财政在国家治理中的基础和重要支柱作用，要求财政账本具有完整性、系统性和唯一性。国家之内所有的公共资源都应该在财政账本中得到体现，并接受现代财政纪律的约束，不容突破。金融是国民经济的血脉，是国家核心竞争力的重要组成部分。在现代经济中，金融发挥着核心作用，经济是肌体，金融是血脉，两者共生共荣。货币是金融血脉中的血液，为经济输送养分，保障经济循环，为经济肌体健康服务。

美联储与美国财政部的共同职能是保障美国经济健康运行和对金融系统进行监督。但是，美国财政部在金融稳定职能上的地位较为突出。美国财政部下设了一系列机构，以更好地担当防范和化解金融风险、维护金融稳定的重任。例如，美国财政部下设联邦保险办公室，负责识别保险行业的系统性风险，保护保险产品消费者，监督管理保险事务。美国财政部下设货币监理署，负责对银行实施一般监管，有权批准或拒绝新银行的成立，也有权做出关闭某家银行的决定。美国财政部下设金融研究办公室，负责金融数据的收集，监控金融市场系统性风险。同时，2008 年全球金融危机后，美国根据《多德－弗兰克法案》建立了由多个监管机构组成的宏观审慎监管体系，如隶属美国财政部的金融稳定监督委员会，执行金融稳定的职能，财政部长担任委员会主席，美联储主席是委员会投票成员之一。此外，与美联储相比，美国财政部还肩负着维护国家安全、与外国政府和国际金融组织合作等职责，因此其职能范围更广泛、更全面。

英国财政部与央行之间的职能存在关联性，特别是在金融监管方面。英国财政部和英格兰银行都有管理金融的职责，特别是通过监督金融机构的运行，监控金融体系安全，以维护金融稳定。但是它们的职责有明显的区别，呈现为分工合作关系，英格兰银行作为央行履行具体的监管职责，而财政部监管金融的立场、角度，以及使用的工具、职责范围等都与英格兰银行存在明显差异，财政部从高维度的视角履行金融监管职能。

俄罗斯财政与央行职能的联系主要体现在货币政策、金融市场发展、国债管理和国库代理方面：一是央行需要与政府共同制定并实行货币信贷政策，因此俄罗斯银行与财政部合作确定货币政策的主要方向；二是俄罗斯财政部与央行合作，制定金融市场发展的主要方向，确保金融的稳定运行；三是央行代理政府管理国家债务，即发行、偿还和经营政府的有价证券；四是央行代理政府财政收支。

日本大藏省时期，财政与央行都有金融监管的职能，财政部门主导金融监管，央行与其说是参与分工合作，不如说是居于辅助甚至依附的地位。财务省与日本银行的联系较行政机构改革之前有所弱化，财务省仅保留金融破产处理制度和金融危机管理制度两项职责，而涉及金融制度制定和监管的业务由金融厅集中管理，因此，在非危机的情况下，财务省不再拥有对日本银行制发金融制度和进行监管的权力。此外，财政投融资也是两个部门职能交叉的重要结合点。

巴西大部制改革后，原属于财政部的职能已悉数归入经济部，财政与央行之间的交叉职能范围更宽泛了，并以法律法规的形式予以明确，具体如下：根据1964年第4595号法案及《联邦宪法》《财政责任法案》等有关规定，巴西财政部与央行在各自职能范围内，协商确定基准利率、汇率水平、公共债券的债务融资业务、非常规的货币政策工具及通胀目标等。经济部负责为国家货币委员会的财政特别秘书处提供政策建议；负责监测分析货币信贷技术委员会和国家货币委员会的有关提案；评估监管巴西在国际经济和国际金融机构等部门的经济、货币和金融方面的政策与立场等。2019年后，在国家货币委员会的权力范围外，负责授权共同基金、彩票发售等工作；国家财政政策委员会是经济部的下设机构，依规与国家货币委员会合作制定州和联邦区的内外公共债务政策，并在国家公共金融机构的指导下，向地方政府提供更有效率的支持等。

中国财政与央行职能的关联点主要在国库。财政部的相应职能是组织制定国库管理制度、国库集中收付制度，指导和监督中央国库业务，开展国库现金管理工作。央行的相应职能是经理国库。此外，央行还是财政的管理和服务对象，表现在：财政部牵头编制国有资产管理情况报告，而央行包括其中；财政部负责审核并汇总编制全国国有资本经营预决算草案，制定国有资本经营预算制度和办法，收取中央本级企业国有资本收益，央行也是其中的重要组成部分。

二、主要国家财政和央行的机构性质与机构间关系

（一）主要国家财政的机构性质

各国财政部都是政府的重要组成部门，财政部门和部长在政府中有重要的地位。美国财政部是美国政府的一个内阁部门，负责促进经济繁荣和保护美国金融安全。英国财政部是英国政府的内阁部门，是负责经济、财政和金融的部门。英国的首相兼任首席财政大臣，财政大臣的内阁排名为第二位或第三位（首相排在第一位）。依据俄罗斯财政部条例规定，俄罗斯财政部是联邦执行机构。日本财务省在2001年1月6日由大藏省改制形成，是主管日本财政、金融、税收的最高行政机关。2019年6月18日，巴西第13844号法案进一步明确成立经济部，整合了财政部、计划发展和管理部、规划外贸和服务部、劳动部的职能。与此同时，经济部新增设了财政预算特别秘书处、收入特别秘书处等7个特别秘书处，以及国库检察署。中国的财政部是国务院组成部门之一。国务院即中央人民政府，是最高国家权力机关的执行机关，是最高国家行政机关，由办公厅、组成部门、直属特设机

构、直属机构、办事机构等组成,其中组成部门共26个。

(二)主要国家央行的机构性质

从主要国家的情况来看,央行的机构性质存在差异:很多国家的央行是法人实体机构,如德国、俄罗斯和日本的央行;英国的央行是公共机构;美联储采用联邦政府机构加非营利性机构的双重组织结构;巴西央行是半自治联邦机构,隶属联邦政府。

美联储采用联邦政府机构加非营利性机构的双重组织结构。1913年,美国通过《联邦储备法》,正式宣告美联储成立。根据《联邦储备法》,美联储独立于政府和国会,负责实施央行职能、制定货币政策、管理美元流通,主要目标是最大化就业、稳定物价和维持适度长期利率。美联储采用联邦政府机构加非营利性机构的双重组织结构,由1个总部和12个分部组成。总部叫作联邦储备局,属于美国联邦政府下面的一个部门。联邦储备局的管理单位是联邦储备委员会,由7名成员组成(其中主席和副主席各1名,委员5名),须由美国总统提名,经参议院批准方可上任。12个分部即12家联邦储备银行(美联储的核心运作实体),分散在全国12个城市,不属于联邦政府机构,而是非营利、非官方的机构,12家联邦储备银行有自己的董事会和股东。同时,12家联邦储备银行具有独立法人资格,雇员并非公务人员。美联储作为一个独立机构,不接受国会拨款,运作资本来自3 000多家成员银行。这些成员银行必须用自有资产购买联储银行的股份,成为联储银行股东,认购数额为该银行股本和盈余的6%,且不得转让和交易这些股份。成员银行持有的这些股份具有优先股的性质:每年可收到6%的固定股息,但没有投票权,不能参与联邦储备委员会的相关决策,并要接受美联储的监管。由此可见,美联储融合政府机构与私营成员银行的双重体系，通过法定授权履行公开职能。

英格兰银行是一家公共机构。1946 年英格兰银行被国有化时，有 1 460 万英镑的资本金，股东有 1.7 万人。财政部通过发行国债购买了其全部资本金，从此英格兰银行成为一家公共机构，通过议会对公众负责，财政部持有央行的全部资本金。英国政府架构包括 1 个首相办公室、24 个部长级部门、20 个非部长级部门、421 个机构和其他公共机构、113 个高知名度团体、19 家公营公司、3 个权力下放的行政管理部门。英格兰银行属于 421 个机构和其他公共机构之一，如预算责任办公室和国家统计办公室都归属此类别。

德意志联邦银行是联邦直属机构。德意志联邦银行是根据 1957 年 8 月生效的《德意志联邦银行法》成立的，该法律规定德意志联邦银行是公法意义上的联邦直属法人机构。法律规定德意志联邦银行的设立资本 2.9 亿德国马克归联邦政府所有，法律赋予德意志联邦银行完全的自主权，其组织上不受总理的领导，也不受政府的监督。联邦政府作为最大的股东，不得对央行的业务进行干涉。该法第 12 条规定：在行使本法授予的权力与职权时，德意志联邦银行不受联邦政府指令的干涉。德意志联邦银行的最高管理机构是央行理事会，它是独立于政府单独行使最高管理权的。联邦政府官员有权出席央行理事会会议，并提出议案，但没有投票权。德意志联邦银行具有最高国家行政级别，直接向议会负责，其行长由总统任命，任期 8 年。这就使德意志联邦银行行长不受总统和政府更迭的影响，从人事组织上保证了德意志联邦银行各项经济政策的独立性和延续性。

根据《俄罗斯联邦民法典》第 48 条规定，俄罗斯法人是指拥有独立财产并承担义务，能够以自己的名义取得和行使民事权利、承担民事义务，并在法庭上作为原告和被告的组织，法人实体必须按照民法典规定的组织形式和法律形式进行登记；并单独指出，俄罗斯央行

（俄罗斯银行）的法律地位由《俄罗斯联邦宪法》和《俄罗斯联邦中央银行法》确定。由此可见，俄罗斯银行具有独特的法律地位，其不是政府机构，也不属于立法、司法或行政部门，在俄罗斯银行的官方网站上，其被指定为"特殊公共法律机构"。根据《俄罗斯联邦中央银行法》的规定，俄罗斯银行是法人实体，具备财产和财务独立性，拥有使用和处置其财产的权利。俄罗斯银行的法定资本金为30亿卢布，属于联邦财产。但俄罗斯银行没有组织上的法律形式，也就是说，它不是股份公司，不是有限责任公司，不是国家单一制企业，不是事业单位，也不是国有公司。俄罗斯银行不能被视为商业组织，因为其活动的目的不是获得盈利。俄罗斯银行法律地位的主要特点是独立于政府，不直接向总统、政府或议会报告，这种独立性被写入《俄罗斯联邦宪法》和联邦法律。

日本银行是授权法人公司，政府股权占比超过50%。根据《日本银行法》，日本银行属于法人，类似于股份公司，其代表者是该行的行长。但是，日本银行与一般的法人不同，它的1亿日元资本金中有5 500.8万日元（截至2015年3月底）是由政府出资的，并且其剩余资本金主要通过在日本JASDAQ市场（日本柜台交易市场）上发行股票，由民间资本认购的形式筹集，因此它既非政府部门，也不是普通法人企业，而是类似于我国的国有控股企业，或者更贴切一点地说，是兼具货币发行、流通和管理、金融政策制定和实施、国际金融管理、国库金以及国债管理等一般性央行职能的特别金融央企。与政府部门相比，日本银行具有法人特点，通过定向发股的形式筹集资本金，股东参与利润分配；与普通法人相比，日本银行由日本政府授权发行股票，股票发行比例不得超过日本银行资本金的50%，因此控制权由政府掌握，并且不设立股东大会，股东不得参与管理，不享有决议权，其每年的分红额度也严格限制在资本金的5%以内，保障了日本银行运营和政策实施的独立性与稳定性。日本银行的最高决策机构为政策委员会，其成员由总裁、两名副总裁和 6 名审议委员组成，其中总裁由内阁任命。因此，政府对日本银行有绝对的领导权，私人投资者没有决议权，也无权参与管理。

巴西央行是半自治联邦机构。巴西央行是 1965 年 4 月 1 日正式成立的国家中央发行银行，是半自治联邦机构，原名为"巴西共和国中央银行"，1976 年 2 月 28 日改用现名，受国家货币委员会的直接领导，隶属联邦政府，直接对政府负责。根据 2019 年 2 月 24 日总统批准的第十二条补充法案规定，巴西央行成为独立于经济部的联邦自治机构之一。

中国人民银行是国务院组成部门之一，属于行政机关，受国务院直接领导，不存在法理上的独立性，《中华人民共和国中国人民银行法》也没有关于其独立性的规定。在预算管理制度上，中国人民银行纳入部门预算体系，是该部门预算的执行主体和责任主体，执行财政部制发的预算会计制度和相关财务制度，并向社会公布每年的部门预算执行情况。中国人民银行由铸币税以及调节货币运行和外币资产形成的净利润，应依法上缴国库。

（三）主要国家财政与央行的机构间关系

在主要国家，财政都是政府部门，而央行有的是政府部门，有的是公共机构，有的是法人机构，因此财政与央行的机构间关系与沟通协调存在差异。有的国家财政与央行的关系十分紧密，例如英国财政部是英格兰银行的股东、捐资人和客户；有的国家财政与央行的关系较为密切，例如美国、日本和巴西，这些国家的财政隶属政府，财政与央行都接受政府的领导，财政与央行之间有很多沟通和协调；还有的国家财政与央行之间有一定联系,例如俄罗斯,央行对议会负责,但是财政全额出资央行,可以参与央行政策的商讨、制定;有的国家财政与央行联系不密切,例如德国,虽然央行全部由政府出资,但是独立性较强,财政与央行的协调难度较大。

美联储由1个总部和12个分部组成。总部叫作联邦储备局,属于美国联邦政府下面的一个部门,因此财政部和美联储总部都是联邦政府的组成部门。此外,美联储的利润需要上缴财政部。美国《联邦储备法》要求,美联储在扣除相关利息支出、支付股息和维持运营所需的费用后,盈余资金不得超过68.25亿美元,超过部分应上缴美国财政部。

英国财政与央行之间有着密切的关系,具体表现为以下几点。一是财政部和英格兰银行有紧密的财务关系。英格兰银行是一家公共机构。财政部是英格兰银行唯一的股东,持有英格兰银行的全部资本金,是英格兰银行唯一的捐资人。财政部是英格兰银行的客户,英格兰银行是财政部的代理人。英格兰银行的印钞收益全部转交财政部,经营收益按照财政部与英格兰银行商定的方案转移给财政部。二是财政部和英格兰银行在金融监管方面分工合作。财政部和英格兰银行都有管理金融领域和体系的职责,特别是通过监督金融机构的运行,监控金融体系安全,维护金融稳定。但是其职责有明显的区别和分工合作关系。英格兰银行是最重要的金融监管机构之一,履行具体的监管职责。财政部金融监管的立场、角度,以及使用的工具、职责范围等都与英格兰银行存在明显差异,财政部从高维度的视角履行金融监管职能。三是财政部和英格兰银行在财政政策与货币政策方面协同发力。从1997年开始,英格兰银行有权独立制定货币政策。财政政策与货币政策的协同表现在英格兰银行和财政部一起建立了多项货币政策工具,推动货币政策目标的实现。

专栏：英国财政部在英格兰银行的借款便利

借款便利是英国政府从英格兰银行透支的账户，通过借款便利，英镑现金作为预付款从英格兰银行转移到政府。

从历史来看，借款账户在英国政府现金管理上发挥着重要作用。然而，从 2000 年债务管理办公室开始接管和负责政府现金管理后，其重要性下降了。但是借款便利仍然存在，在一些情况下也会被使用。在 2020 年 4 月 9 日之前的多年间，利用借款账户最多的是 2008 年的 199 亿英镑。通常情况下，为管理国库现金，借款便利的未偿还借款余额一般保持在 4 亿英镑。截至 2020 年 4 月 8 日，借款便利的提款额为 4 亿英镑。通常来说，在英格兰银行网站上每周都会公布借款便利的未偿还余额，公布时间是每周一上午 10 点之前。

2020 年 4 月 9 日，英国财政部和英格兰银行宣布暂时扩大借款便利。同时强调，扩大借款便利是一项暂时性措施，在受新冠疫情影响期间，该措施将在必要的情况下为政府解决短期资金需求。而且，政府将继续把市场作为融资的首选，为应对疫情采取行动所需的资金将全部由借款支持，借款将通过常规的债务管理活动筹集。借款便利的使用将是暂时的和短期的。从借款账户的提款应在年底前尽早偿还。①

德国政府是其央行的最大股东，但是德意志联邦银行在全球范围内具有较高的独立性。《德意志联邦银行法》规定，联邦银行可以不接受联邦政府的指示。相关的制度安排（如央行理事会和执行理事会

---

① 笔者查询了每周借款便利未偿还余额数据，2009 年 4 月 8 日至 2024 年 1 月 24 日，该数据一直保持在 3.7 亿英镑。2008 年 12 月 31 日至 2009 年 4 月 1 日，该数据曾超出 3.7 亿英镑，最高时达到 198.92 亿英镑。据笔者判断，此借款便利并不属于《马斯特里赫特条约》第 104 条所禁止的政府从央行透支，因为借款便利是为了现金管理的需要，相当于"小额备用金"，而不是为政府融资。

成员的任命程序与年限）以及经费的独立也保证了德意志联邦银行的独立性和权威性，从而避免央行在制定和执行货币政策中受到政府干预。联邦政府官员有权出席央行理事会会议，并提出议案，但没有投票权。

俄罗斯银行与财政部合作确定货币政策的主要方向，并与财政政策相配合，确保国家财政与金融的稳定运行。俄罗斯财政部与央行合作，制定金融市场发展的主要方向。俄罗斯银行董事会与联邦政府合作制定国家统一的货币政策方向，并拟定货币政策方向的草案。在这一过程中，联邦政府由联邦财政部长、经济发展部长作为政府的代表参加央行董事会会议，央行则由行长作为代表参加联邦政府会议，并互相享有投票权。联邦财政部和经济发展部的部长以咨询投票的方式参加央行召开的董事会会议，董事会会议由央行行长主持，至少每月召开一次。关于联邦政府债券的发行与偿还时间等事项，央行会征求财政部的意见，二者基于俄罗斯金融市场状况、银行系统情况与货币政策的优先事项等问题进行商讨。俄罗斯银行下设国家金融委员会，对俄罗斯银行进行审议监督。该委员会主席由俄罗斯财政部长担任，还有一名副部长担任委员。

日本大藏省时期，在金融监管层面，财政部门主导金融监管，行政机构改革之后有所弱化，财务省仅保留金融破产处理制度和金融危机管理制度的制发权，而涉及金融制度制定和监管的业务由金融厅集中管理。但是，财务省的关税局、国际局与日本银行的国际金融业务存在密切合作联系，财务省的理财局负责对接日本银行业务，而财政投融资也是两部门职能交叉和业务合作的重要枢纽，并在货币发行与流通、国库金和国债资金管理等方面存在紧密的合作。在财政与货币政策方面，财务省在宏观调控体系中居于主导地位，日本银行居于辅助地位，两大部门分别实施财政政策与货币政策，其中央行货币政策受到财务省的金融危机监管,并且遵循现代货币主义理论思想,以财政投融资为制度结合点,以国债买卖为主要合作方式,在保证不发生系统性风险的基础上,扩大内需,拉动经济增长。

巴西财政部与央行在各自的职能范围内,协商确定基准利率、汇率水平、公共债券的债务融资业务、非常规的货币政策工具及通胀目标等。经济部(财政是经济部的职责之一)负责为国家货币委员会的财政特别秘书处提供政策建议;负责监测分析货币信贷技术委员会和国家货币委员会的有关提案;评估监管巴西在国际经济和国际金融机构等部门的经济、货币和金融方面的政策和立场等。2019年后,国家财政政策委员会是经济部的下设机构,依规与国家货币委员会合作制定州和联邦区的内外公共债务政策,并在国家公共金融机构的指导下,向地方政府提供更有效率的支持等。

中国的财政部和中国人民银行同为国务院的组成部门。国务院由总理、副总理、国务委员、各部部长、各委员会主任、审计长、秘书长组成,实行总理负责制。总理领导国务院的工作。副总理、国务委员协助总理工作。各部、各委员会实行部长、主任负责制。各部部长、各委员会主任领导本部门的工作。各部、各委员会工作中的方针、政策、计划和重大行政措施,应向国务院请示报告,由国务院决定。根据法律和国务院的决定,主管部、委员会可以在本部门的权限内发布命令、指示和规章。

三、主要国家央行的财务透明度

央行是国家的央行,其制定和实施货币政策、实施金融监管等职能的出发点是维护国家安全稳定和人民的利益。大多数主要国家央行的股东或大股东都是国家，其收益除按规定留足准备金后全部或主要分配给财政。因此，央行的服务对象是国家和人民，以国家和人民的利益为准绳，不存在自身的利益。因此，主要国家央行的透明度都较高。

美联储不接受国会拨款，运作资本来自3 000多家成员银行。美联储定期发布每年的财务报表，例如资产负债表及其明细（包括持有的国债）、利润表及其明细，还发布每年利润上缴财政的情况，等等。

英格兰银行是一家公共机构，其财务公开透明度较高。首先，从预算及其执行来看，英格兰银行的预算资金不来自财政，而是自己解决，但是英格兰银行的预算流程有财政部的参与，而且每个季度，英格兰银行向财政部提供预算执行情况及其支撑性文件。其次，英格兰银行定期向财政部提交资产负债表、利润表和利润上缴财政情况等方面的信息。每6个月，英格兰银行将向财政部提供银行资本金、资本金承担的风险和主要的风险驱动因素的说明，保证财政部可以了解英格兰银行的收入、费用、代替红利的上缴款项和资本状况，以及任何对银行资金有影响的变化。这是为了保证财政部作为英格兰银行的唯一股东从财政和可能发生或有债务的角度向议会负责。此外，英格兰银行每年都会公开发布资产负债表、利润表、持有国债的情况、利润上缴财政的情况；每个月都会发布英国政府国际储备、外汇流动性、币种结构信息；定期发布货币政策及其相关信息等。

德意志联邦银行的资产负债表、利润表、向财政分配利润的情况、外汇储备资产结构也都是公开和透明的。

俄罗斯银行的资产负债表、利润表、向财政分配利润的情况、外币储备的结构及规模和收益情况也都是公开和透明的。

日本银行的资产负债表、利润表、向财政分配利润的情况也都是公开和透明的。

中国人民银行发布的数据信息主要有《中国人民银行年报》、年度统计数据，以及货币政策相关信息，如利率、公开市场业务等。除货币政策相关信息外，中国人民银行披露的本银行的资产负债、利润、利润上缴情况、外汇储备结构和收益等的信息较少。

四、主要国家财政部门与央行出资关系

政府或财政部门通常是央行的主要出资人。在一些国家，央行并非政府部门，而是授权法人公司，但政府或财政部门通常绝对控股央行或是央行资本金的主要来源方（见表11-1）。

表11-1 各国财政与央行的出资人关系

主要国家	央行性质	政府持股比重（%）	政府股份是否由财政代持
美国	非政府公共机构	0	—
英国	公共机构	100	是
德国	公共机构	100	是
俄罗斯	授权法人	100	是
日本	政府授权法人	55	是
中国	国务院组成部门	100	否

资料来源：作者根据各国情况整理。

美联储采用联邦政府机构加非营利性机构的双重组织结构，不接受国会拨款，运作资本来自3 000多家成员银行，成员银行包括所有全国性银行及部分州银行。这些成员银行必须用自有资产购买联储银行的股份，成为联储银行的股东，认购数额为该银行股本和盈余的

6%，且不得转让和交易这些股份。成员银行持有的这些股份具有优先股的性质：每年可收到6%的固定股息，但没有投票权，不能参与美联储委员会的相关决策，并要接受美联储的监管。由此可见，美联储由成员银行入股，但并不受成员银行控制。美联储委员会成员须由美国总统提名，经参议院批准方可上任。

英格兰银行在1946年被国有化。财政部通过发行国债购买了其全部资本金，从此成为一家公共机构，通过议会对公众负责，财政部持有英格兰银行的全部股份。英格兰银行行长和理事会成员的任命权都属于政府，最终责任和选择权属于财政大臣，财政大臣负责挑选非执行理事中的一位担任理事会主席，财政大臣也负责提议行长人选。

德意志联邦银行是根据1957年8月生效的《德意志联邦银行法》成立的，作为公法意义上的联邦法人组织，具有25亿欧元的注册资产，德国政府全额出资。德意志联邦银行行长、副行长以及执行理事会的其他成员由联邦政府提名、联邦共和国总统任命。

俄罗斯银行是法人实体，其30亿卢布的法定资本属于联邦财产，即联邦政府持有央行100%的股权，政府股份全部由财政代持。俄罗斯银行设有董事会，董事会成员由国家杜马提议，经总统批准后任命。

日本银行是授权法人公司，政府股权占比超过50%。截至2015年3月底，日本银行的资本金为1亿日元，其中5 500.8万日元由政府出资，占比55%，资金主要来自财务省的财政资金，由财务大臣负责行使出资人职责，其余由私人部门出资。政策委员会是日本银行的最高决策机构，由正副总裁共两位再加上6名审议委员组成，上述人员均是在参议院和众议院同意的情况下由内阁任命的。

五、比较与启示

主要国家财政与央行职能定位和机构关系及其变化呈现出明显的从界域分工向行为分工转变的特征。之所以出现这种情况，是因为这样可以更好地应对风险社会挑战，实现国家可持续发展。在经济金融化背景下，现代化的央行治理体系符合财政与金融协同要求。从主要国家的做法来看，一些国家的央行并非政府部门，但政府或财政部门是央行的主要出资人。表面看央行是独立的，但实际上政府和财政通过独资或参股的方式控制着央行，财政可以主导财政与金融协同。而在中国，央行与财政部门虽然同属政府组成部门，央行看似不独立，但实际上独立性较强，财政与金融协同反而不是非常便利。

在不确定性的世界中，未来是一种叠加态，风险具有量子化特征。风险分配契约化过程越复杂，出现契约不完全的可能性就越大。基于此，我国财政与央行的关系，要从制度主义转向行为主义，从界域思维转向行为分工。在虚拟理性的指引下，着眼于防范和化解未来可能出现的风险，并在实践中根据对风险的认知变化不断调整两者的分工合作关系。对我国来说，处理财政与央行的关系，要放在全球应对风险社会挑战，以及我国促进国家治理现代化和实现国家发展可持续的背景下来考虑。因此，要按照现代化的央行治理体系要求，强化财政与金融协同，可以考虑构建央行的财政出资人制度。

第十二章

央行的利润来源与上缴财政情况

央行利润上缴财政理所当然。在一些国家，央行在扣除相关利息支出、支付股息和维持运营所需的费用后，大部分利润上缴财政部门。

一、主要国家央行利润来源情况

很多国家央行的主要收入来自利息收入，特别是持有的政府债券的利息收入。对美国、德国和日本的央行来说，其收入主要来自其持有的政府债券的利息收入，这些国家的央行也是持有较多政府债券的央行。而英格兰银行持有政府债券的比重很低，其收入主要来自印钞。

美联储的收入主要来自通过公开市场业务而持有的美国国债收入、持有外汇资产的收入、对存款机构的贷款利息收入、为各家商业银行提供清算的服务收入等。美联储的支出则包括商业银行在央行储备金账户的存款利息支出、回购协议出售证券的利息支出、法定股息、纸币美元的印刷和流通成本以及员工工资等。美联储发布的财报显示，2022年，美联储净收益约为584亿美元。按照美国《联邦储备法》的要求，美联储超额收益需上缴美国财政部，事实也是如此。2012—2022年，美联储每年向美国财政部上缴的净利润规模在2015年达到创纪录的1 170.8亿美元，占联邦支出的比重达到3.17%；之后几年虽然连续回落，但2020年大幅回升至885亿美元，2021年再次达到创纪录的 1 090 亿美元，占联邦支出的比重达到 1.59%。与此同时，全球市值最高的苹果公司 2021 年净利润为 946.80 亿美元，不及美联储当年上缴给美国财政部的利润。

英格兰银行的收益可以分成两大类，一是印钞收益，二是经营收益。其中以印钞收益为主，经营收益主要包括：按照 1998 年《英格兰银行法案》的规定，各银行按照英格兰银行的要求上缴的不计利息的存款[①]的投资收益；向被监管企业收取的管理费；向客户提供银行服务收取的费用，客户包括其他国家的央行；向政府机构提供服务收取的费用；成立以来集聚的资本金的投资收益。近 5 年中，英格兰银行的印钞收益平均每年略高于 4 亿英镑。英格兰银行的经营性收入以监管活动的收入、来自金融工具的其他收入和管理费收入为主，经营性费用以人员成本为主。2020 年，英格兰银行的经营性收入为 7.67 亿英镑，其中监管活动的收入、来自金融工具的其他收入和管理费收入占经营性收入的比重分别为 36%、26% 和 16%。2021 年，这 3 项收入为 7.75 亿英镑，占经营性收入的比重分别为 37%、31% 和 16%。2020 年，英格兰银行的经营性费用为 6.39 亿英镑，其中人员成本占比为 62%，2021 年的经营性费用为 7.03 亿英镑，其中人员成本占比为 60%。

俄罗斯银行的收益主要由两大类活动产生：一是与信贷机构、投资公司、金融公司等机构的借贷活动有关；二是由于垄断货币发行而产生的铸币税收入。铸币税是新发行纸币的面值与其生产成本之间的差额，即铸币税 = 已发行货币的面值 − 生产和维持货币流通的成本。

日本银行的利润分为两个部分：经常性利润和特别利润。两者汇总后为税前盈余，扣除缴纳的税款后为税后盈余。日本银行利润的

---

① 这被称为现金比率存款计划。法案规定，英格兰银行可以要求符合规定的机构（广义上说是吸纳存款的机构）将不计利息的存款存到英格兰银行。

源头主要是国债利息收入。2019年和2020年,日本银行税前盈余分别接近1.4万亿日元和1.5万亿日元。利润主要源自国债利息收入,2019年和2020年,日本银行的国债利息收入分别是1.2万亿日元和1.1万亿日元,分别相当于税前盈余的87%和75%。

中国人民银行每一会计年度收入减该年度支出即为当年利润。而根据《中国人民银行财务制度》,中国人民银行有3个方面的收入,即利息收入、业务收入和其他收入。其中,利息收入指以资产形式形成的各类资金按国家规定的利率计收或形成的利息。业务收入指中国人民银行在行使央行职能、办理业务的过程中所发生的除利息收入以外的相关收入。其他收入指与中国人民银行业务活动没有直接关系的收入,包括对外投资收益、院校经费收入、租赁收入、赔款收入、其他收入等。同时,《中国人民银行财务制度》还提到了中国人民银行6个方面的支出,即利息支出、业务支出、管理费支出、事业费支出、固定资产构建支出、其他支出。

二、主要国家央行利润上缴财政情况

各国都建立起了央行利润上缴财政的机制,例如,美国央行是在扣除费用和留出固定资金后利润全部上缴财政部,其他国家的机制也类似,都是留出一定量的利润后其他部分全额上缴财政。

美国《联邦储备法》要求,美联储在扣除相关利息支出、支付股息和维持运营所需的费用后,盈余资金不得超过68.25亿美元,超过部分应上缴美国财政部。美联储发布的2021年财报显示,2021年,美联储总收入1 231亿美元,总支出155亿美元,净收益总额为1 078

亿美元，全部上缴美国财政部。

英格兰银行的收益可以分成两大类，一是印钞收益，二是经营收益，其中以印钞收益为主。英格兰银行的印钞收益全部转交财政部。英格兰银行经营收益的分配按照英格兰银行资本框架的参数执行，参数由英格兰银行和财政部经正式评估确定，评估至少每5年进行一次。资本框架有3个参数：一是目标值，二是最低线，三是最高线。如果英格兰银行的资本金低于最低线，财政部将向英格兰银行注入资本金，使资本金达到目标值。如果英格兰银行资本金在最低线和目标值之间，英格兰银行将保留全部净利润。如果英格兰银行资本金在目标值和最高线之间，一半的净利润归英格兰银行，另一半作为代替红利的上缴款支付给财政部。如果英格兰银行的资本金高于最高线，全部净利润都作为代替红利的上缴款支付给财政部。2017—2022年，英格兰银行的印钞收益平均每年略高于4亿英镑，上缴财政部的经营收益平均每年略超过7 500万英镑，两项加在一起，英格兰银行每年通过将收益上缴给财政部向公众回馈大约5亿英镑。

德意志联邦银行的净利润根据《德意志联邦银行法》按以下顺序使用：从央行的利润中拿出至少2.5亿欧元，至多20%转为法定储备金，直至法定储备金达到25亿欧元，法定储备金只能用于弥补资产贬值和其他损失，剩余利润上缴联邦财政部。

俄罗斯银行利润的大部分以分红的形式上缴联邦财政。依据《俄罗斯联邦中央银行法》，俄罗斯银行的年度财务报表经董事会批准后，在扣除应缴税款后，将年末实际收到利润的75%上缴联邦预算，剩余的利润用于补充银行总准备金。在俄罗斯银行的收入中，有一部分是入股俄罗斯联邦储蓄银行获得的收益。自2017年起，俄罗斯银行的这部分收益就被转入联邦财政。2017年，这一收益为678亿卢布，2018年为1 355亿卢布，2019年为1 807亿卢布。2020年，俄罗斯银行出售俄罗斯联邦储蓄银行的部分股份，并将所得的 17 665 亿卢布转入联邦预算。

2020年，根据《日本银行法》第53条第1项，提取法定准备金609亿日元，相当于税后盈余的 5%。并且，根据同条第4项，在财务大臣批准的前提下，向私营股东支付红利500万日元，相当于每年实收出资总额（即资本金）的 5%。最后，根据同条第5项，在提取准备金和分配红利之后，剩余的税后盈余部分在本事业年度结束后的第二年的第二个月之前，必须全部上缴国库，因此将余下的 11 581 亿日元收归国库。

《中华人民共和国中国人民银行法》第三十九条规定："中国人民银行每一会计年度的收入减除该年度支出，并按照国务院财政部门核定的比例提取总准备金后的净利润，全部上缴中央财政。"不过，在2020年发生新冠疫情后，为应对可能出现的风险挑战，在财政政策措施上，中国一直预留政策空间。而对中国人民银行暂停上缴利润，以应不时之需，则是预留的政策空间措施之一。2022年，为增强可用财力，中国人民银行开始依法向中央财政上缴结存利润，并主要用于留抵退税和增加对地方转移支付，从而支持助企纾困，稳就业保民生。具体来说，2022年1—5月，中国人民银行已累计向中央财政上缴结存利润 8 000 亿元，全年上缴利润将超 1.1 万亿元。上述结存利润主要来自央行过去几年的利润积累，而过去几年的外汇储备经营收益则是中国人民银行结存利润的主要来源。

三、比较与启示

作为公共部门，央行不应该也没有必要像市场主体一样留存过多收益。主要国家大多通过法律形式明确规定，央行超额收益上缴财政，体现国家财权是货币发行权的基础。例如，美国《联邦储备法》要求，美联储在扣除相关利息支出、支付股息和维持运营所需的费用后，盈余资金不得超过 68.25 亿美元，超过部分应上缴美国财政部。《日本银行法》规定，日本银行盈余在提取准备金和向私人投资者分配红利之后，剩余部分需全部上缴国库。同时，上缴利润可以用于各国政府的开支，这意味着利润的上缴也形成了一种准财政政策。由此可见，央行职能的一大本质还是为国家发展战略服务的机构。这恰恰是货币发行权的基础是国家财权的生动体现。因此，建议参考主要国家的做法，通过立法明确规定央行在扣除相关利息支出和运营费用后，盈余资金不得超过一定限额，超过部分应定期上缴财政部。这既可以为财政提供一项稳定的收入来源，也可以增强财政与央行的联系，继而提高财政与金融的协同性。

第十三章

主要国家外汇储备管理中
财政与央行的关系

考察主要国家情况，包括外汇储备在内的官方储备通常由财政部门管理。

一、主要国家外汇储备及其管理情况

国家外汇储备的管理有三种模式：一是由财政部管理，包括美国和英国，其中英国是财政部委托央行进行日常管理；二是由央行管理，包括德国和巴西；三是财政部和央行分别管理，包括俄罗斯和日本。

美国的外汇储备管理由财政部全面负责，美国财政部负责制定和执行包括外汇市场干预政策在内的国际货币和金融政策，外汇稳定基金则是财政部履行上述职责的重要工具。财政部在外汇稳定基金的使用上拥有自主权。同时，美联储使用自有资金独立地进行外汇市场操作。在外汇市场操作问题上，美联储总是与财政部进行密切的磋商和协作，通常各自提供一半资金共同进行外汇操作，从而保证美国国际货币金融政策与国内货币金融政策保持一致性。

英国政府的官方储备在政府账户之下，账户名称为"兑换均衡账户"，由财政部管理。英格兰银行的角色是充当财政部的代理人，通过兑换均衡账户进行日常管理。英格兰银行代理费用的收取总原则是"全额和合理的"成本回收。

德国的外汇储备由德意志联邦银行管理。2021年，德国外汇储备为 2 614 亿欧元，主要包括外国货币、国际货币基金组织应收资产和黄金。其中黄金占比最多，大约为 66.49%。

俄罗斯外汇储备的管理模式是财政部与央行共同参与的二元平行管理模式。央行负责管理汇率干预所需的外汇储备，追求流动性管理，这部分外汇收益属于央行；财政部负责国家主权基金（国家福利基金）资产的保值增值，追求主权基金收益性管理，从性质上说这部分收入是基于税收的财政收入，所有权属于财政部，其投资取得的收益也归属财政部。对于国家福利基金的储备，它的实质是国家征收的税收收入，只不过以外汇的形式存在，由财政部委托央行进行管理和运作。

日本官方的外汇储备由日本银行和财务省分别管理。根据财务省发布的《2020 年国际收支统计公报》，2019 年末日本政府的外汇储备余额为 1 445 000 亿日元，2020 年末则减至 1 442 000 亿日元，缩减了 3 000 亿日元。上述外汇储备由日本银行和财务省分别管理。

根据第 4595 号法令，自 1964 年 12 月 31 日起，巴西央行成为本国黄金、外币和特别提款权储备的唯一责任人。截至 2020 年底，巴西外汇储备结构如下：美元 86.03%，欧元 7.85%，英镑 2.02%，日元 1.72%，黄金 1.19%，其他币种 1.21%。

中国人民银行负责实施外汇管理，持有、管理和经营国家外汇储备和黄金储备，并负责国际国内金融市场跟踪监测和风险预警，监测和管理跨境资本流动。就具体机构来说，由中国人民银行下属的国家外汇管理局承担国家外汇储备、黄金储备和其他外汇资产经营管理的责任。到 2022 年 8 月末，中国人民银行外汇储备 3.05 万美元，黄金储备 6 264 万盎司，折合约 1 200 亿美元，国际货币基金组织储备头寸 101.7 亿美元，特别提款权储备 512.9 亿美元，总计 3.2 万亿美元左右，中国是世界上最大的外汇储备国。

二、主要国家外汇储备收益中的财政与央行关系

由于国家外汇储备的管理模式不同，其收益归属也存在差异：一是美国和英国的国家外汇储备由财政部管理，收益也归属财政部；二是德国国家外汇储备由央行管理，其收益也归属央行，而包括该收益的央行全部收益按照一定的原则上缴财政部；三是俄罗斯国家外汇储备由财政部和央行二元管理，收益是谁管理谁保留，同时央行收益根据一定的原则上缴财政部。

美国依靠美元全球货币的地位，无须储备过多外汇，其外汇储备主要是日元、欧元、英镑、加元等全球主要国家货币和官方黄金储备。整体来看，美国持有的外汇储备规模相对较低。这主要是因为，美元是当今世界上最为通用的货币。美国当前持有的外汇储备，主要起到满足企业和居民"偶发的换兑需求"的作用。同时，美国外汇储备收益归财政部所有。

英国官方的国际储备由以下内容构成：黄金，外币资产，国际货币基金组织特别提款权，英国在国际货币基金组织的储备部分头寸。除储备部分头寸外，上述三项在政府账户之下，账户名称为"兑换均衡账户"。兑换均衡账户在财政部的控制之下，财政部代表政府管理兑换均衡账户。财政部指定英格兰银行作为其代理人，对兑换均衡账户进行日常管理，在财政部每年设定的服务协议框架内从事外汇交易和对储备进行投资。

2021年，德国外汇储备为2 614亿欧元，主要包括外国货币、国际货币基金组织应收资产和黄金。其中黄金占比最多，大约为66.49%。由于黄金储备收益率基本为零，因此外汇储备收益主要来自外币再融资利息。2021年，德国外币利息收入为3.03亿欧元，其中

国际货币基金组织占款利息收入1 800万欧元，反向回购交易利息收入100万欧元，债券利息收入2.82亿欧元。外汇储备收益算入央行净利润，并按照固定比例向财政部上缴。

俄罗斯外汇储备的管理模式是财政部与央行共同参与的二元平行管理模式，即央行和财政部各负责部分储备管理。俄罗斯银行负责管理汇率干预所需的外汇储备，追求流动性管理，这部分外汇收入属于央行；财政部负责国家福利基金的保值增值，追求主权基金收益性管理，从性质上来说这部分收入是基于税收的财政收入，所有权属于财政部。

中国的外汇储备由中国人民银行下属的国家外汇管理局管理，其收益归央行所有。不过，根据《中华人民共和国中国人民银行法》第三十九条，中国人民银行每一会计年度的收入减除该年度支出，并按核定比例提取总准备金后的净利润，全部上缴中央财政。其中就包括将外汇储备投资收益按年度归大账后，上缴中央财政。

专栏：中国海外债权及收益情况

如果将国家外汇管理局公布的《中国国际投资头寸表》中的资产视为中国海外债权总额，截至2023年3月末，我国对外金融资产总额为94 457亿美元。其中，国际储备资产（持有外国国债等）为33 790亿美元，占比36%，居全球首位；直接投资资产为28 348亿美元，占比30%；证券投资资产为11 016亿美元，占比12%；金融衍生工具资产为160亿美元，占比0.2%；存贷款、贸易信贷等其他投资资产为21 143亿美元，占比22%。近年来，我国对外直接投资和对外证券投资稳步增加，在对外资产中的占比持续上升。除证券投资、直接贷款、短期贸易信贷、与外国直接投资相关的贷款外，中国人民银行与外国央行之间的大规模互换额度也是债权的一种。中国建立了全球性的央行互换额度网络，截至2021年末，中国人民银行累计与40个国家和地区的央行或货币当局签署双边本币互换协议，总金额超过4.02万亿元，有效金额为3.54万亿元。

根据国家外汇管理局公布的数据，截至2023年6月末，中国全口径（含本外币）外债余额为24 338亿美元，较2023年3月末下降571亿美元，降幅2%。从币种结构看，本币外债余额为78 096亿元人民币（等值10 808亿美元），占比44%，较2023年3月末下降1个百分点；外币外债余额（含特别提款权分配）为97 766亿元人民币（等值13 530亿美元），占比56%。在外币登记外债余额中，美元债务占比85%，欧元债务占比7%，港币债务占比4%，日元债务占比2%，特别提款权和其他外币外债合计占比为2%。

中国对发达经济体的债权主要由主权债券构成。对新兴国家和低收入国家的债权主要是直接贷款，通常按市场利率发放，并以石油等作为担保。中国贷款为100多个发展中国家和新兴市场国家在基础设施、能源和采矿业等领域的大规模投资提供了资金，对全球经济增长和繁荣产生了巨大的积极影响，中国的直接贷款占对新兴市场发放的银行贷款总额的约1/4。中国进出口银行和国家开发银行在中国海外放贷活动中占据主导地位，约占所有直接跨境放贷活动的逾75%。约85%的中国海外放贷以美元计价，约50%的中国海外放贷有各种不同大宗商品作为抵押。目前美国仍是全球最大整体债权人，但中美之间的差距正在迅速缩小。

中国海外债权大于海外债务，但总规模并不大。2023年，据世界银行估算，缓债倡议（DSSI）中68个中低收入国家欠中国债务本息合计总额为108亿美元，同期中国持有美债8 689亿美元，前者仅为后者的 1.2%。正是这部分小规模债权被部分西方国家视为"眼中钉"，常常遭到西方媒体和专家的非议。批评主要集中在三个方面：一是数据缺乏透明度；二是利率高，不够优惠；三是所谓的"中国债务陷阱"。

中国海外债权大于海外债务，但净收益长期为负。截至 2022 年末，我国本外币外债余额 2.4528 万亿美元，远低于我国持有的对外金融资产总额 9.258 万亿美元。但海外资产的收益率不高，2021 年全年各类来华投资收益合计 4 174 亿美元，总体收益率约为 6.0%。从对外投资收益看，2021 年全年各类对外投资收益合计 2 536 亿美元，总体收益率约为 2.8%。虽然中国是海外净债权国，有 2 万多亿美元的净债权，但中国的投资收益为负，2022 年中国投资收益逆差达 2 031 亿美元，而美国、日本的海外资产投资收益都是正的，弥补了贸易逆差。中国和日本、美国的国际收支和海外投资头寸表形成了鲜明的对照。

三、比较与启示

包括外汇储备在内的官方储备是公共资源，理应由财政部门管理，其储备运营收益由财政支配，并纳入预算管理，这也是各主要国家的基本做法。从外汇储备收益来看，在国外，由于国家外汇储备的管理模式不同，其收益归属也存在差异：一是美国和英国的国家外汇储备由财政部管理，收益也归属财政部；二是德国国家外汇储备由央行管理，其收益也归属央行，而包括该收益的央行全部收益按照一定的原则上缴财政部；三是俄罗斯国家外汇储备由财政部和央行二元管理，收益是谁管理谁保留，同时央行收益根据一定的原则上缴财政部。无论外汇储备如何管理，其收益和上缴都应该根据预算公开的原则，体现透明。只有这样才能体现财权的统一性和预算的完整性，才能真正维护好国家财经纪律。

第十四章

央行的资产与央行持有国债情况

在发达国家，国债是财政与金融密不可分的载体。从政策实践来看，一些国家央行购买和持有本国国债，是典型的货币融资方式。从财政的角度来说，中央财政提供无风险资产，国债就是无风险的金融工具，也可以成为弥补赤字的工具。同时国债收益率曲线成为投资者关注的参照物，它的变化会影响资本的流动。从这一点来看，资本市场定价的基准是中央财政提供的，无论中央财政有无赤字，它都需要为金融市场提供这种无风险的流动性工具。从这个意义上讲，财政是金融的基础，也是资本市场的基础。

一、主要国家央行的资产

各国央行资产负债表存在较大的差异。例如美国和日本，央行资产负债表的规模较大，资产中持有的政府债券的规模都较大；而英国央行的资产负债表规模相对较小，资产以贷款和预付款为主，持有的政府证券规模较小；俄罗斯央行的资产规模与英国央行的类似，资产以存放在非居民机构的资金和购买的国外证券为主，持有的政府证券规模也较小。

近年来，量化宽松政策使美联储大量购买政府债券，资产负债表规模急剧膨胀。截至 2022 年底，美联储总资产超过 8.55 万亿美元（见表 14-1）。从资产结构来看，持有证券、未摊销证券溢价和折扣、回购协议和贷款在美联储总资产中比重最高，2022 年达到惊人的

98.79%，其中美国国债占比为64.33%。

表14-1 2008年以来部分年份美联储资产总量与结构

单位：亿美元

	2008年	2009年	2019年	2020年	2021年	2022年
1.黄金账户	110.37	110.37	110.37	110.37	110.37	110.37
2.特别提款权账户	22.00	52.00	52.00	52.00	52.00	52.00
3.硬币	16.88	20.47	16.61	15.62	12.12	11.95
4.持有证券、未摊销证券溢价和折扣、回购协议和贷款	12 262.82	20 577.86	40 979.36	71 259.25	86 399.83	84 476.01
4.1 美国国债	4 759.21	7 765.87	23 288.62	46 889.16	56 522.72	55 008.34
4.2 联邦机构债券	197.08	1 598.79	23.47	23.47	23.47	23.47
4.3 抵押贷款支持债券	0	9 082.57	14 199.80	20 394.68	26 154.92	26 414.02
5.特殊目的载体的净组合持仓	739.25	653.22	0	1 431.04	398.97	301.70
6.托收中项目	9.79	2.77	1.03	0.82	0.59	1.00
7.银行不动产	21.94	22.49	22.07	22.22	14.02	4.73
8.央行流动性互换	5 537.28	102.72	37.29	178.83	33.41	4.12
9.外币计价资产	258.74	253.02	205.71	224.29	203.53	184.02
10.其他资产	74.48	155.03	231.46	339.06	349.76	365.79
总资产	22 394.57	22 340.67	41 655.91	73 633.51	87 574.60	85 511.69

资料来源：美联储。

专栏：美国国家资产负债表和美联储资产负债表的关系

由于长期的经济金融化进程，金融部门在美国经济中的地位异常重要，堪比国民经济的"大动脉"和"发动机"，美国一旦遇到金融风险，宽松的货币政策是美联储的首选，央行通过降息和购债向金融市场注入大量货币成为美国纾解金融危机的重要手段。美联储实施量化宽松政策的一个直观后果是，资产负债表规模出现膨胀。金融危机爆发前，美联储的资产负债表规模不到1万亿美元，到第三轮量化宽松政策结束时的2014年，资产负债表规模已达到4.5万亿美元，足见美联储量化宽松政策的力度。在宽松的货币政策的作用下，美国金融机构获得流动性后，就能够将流动性注入实体经济，进而促进投资和生产率提高，产生推动经济增长、改善收入分配和增加就业的良效。具体来说，危机期间，居民和企业的资产负债表受损，导致其很难在短期内承担修复经济的主动力角色。在此情况下，可以让资产负债表更为健康的政府部门加杠杆来推动经济修复。2008年全球金融危机期间，美国的居民和企业资产负债表大幅受损，美国通过加大财政救助、持续的低利率和量化宽松政策，先稳定股市、房地产等各类资产估值。例如，2009年，美联储持有的抵押贷款支持债券达到9083亿美元，占美联储总资产的比重达到创纪录的41%。之后，随着美国股市迎来复苏以及房地产价格进一步稳定，美国家庭和企业的资产大幅增值，资产负债表得到修复，资产价格上升带来的财富效应，反过来增加了居民的消费和企业的投资，带动经济进一步恢复。2020年新冠疫情发生后，美国再次利用史无前例的量化宽松政策，实施超大规模购买美国国债、抵押贷款支持证券等行动，进而压低长期利率、稳定资产估值并向市场注入流动性，从而缓解新冠疫情对美国经济金融社会平稳运行造成的冲击。例如，受美国稳定资产估值政策影响，美国资本市场在疫情发生后虽然经历了大幅震荡，但之后快速回升且三大股指均创历史新高。

英格兰银行每年发布一份该银行的年度报告和财务报告。根据该报告，2023年2月底，英格兰银行总资产约为1.08万亿英镑，资产以贷款和预付款为主，金额约为1.04万亿英镑，约占总资产的96%，资产和预付款中最突出的是为英格兰银行资产购买工具基金有限公司（BEAPFF）提供的贷款，金额约为 0.84 万亿英镑；负债（包括资本金和储备金）约为 1.08 万亿英镑，负债以存款为主，金额约为 0.97 万亿英镑，存款以银行和其他金融机构在央行银行部的准备金账户存款为主，金额约为 0.91 万亿英镑，资本金和储备金约为 54.24 亿英镑。英格兰银行由两个部门组成，分别是银行部和发行部，每个部门分别编制各自的资产负债表和利润表。英格兰银行的资产负债表情况如表 14-2 所示。

表 14-2 英格兰银行合并的资产负债表（2022 年末和 2023 年末）

单位：百万英镑

	2023 年 2 月底	2022 年 2 月底
资产		
贷款和预付款	1 043 097	1 102 416
持有的以公允价值计量变动记入利润表的证券	5 193	9 969
持有的金融工具	19 280	18 707
其他资产	8 012	3 317
总资产	1 075 582	1 134 409
负债		
存款	966 794	1 035 083
流通中的纸币	85 907	86 440
发行的外币商业票据	5 598	2 713
发行的外币债券	6 447	2 936
其他负债	5 412	1 460
资本金和储备金	5 424	5 777
负债和所有者权益汇总	1 075 582	1 134 409

注：英格兰银行的年度指从上一年的 3 月 1 日到本年的 2 月底。
资料来源：英格兰银行。

《马斯特里赫特条约》第104条规定，禁止欧洲央行或者成员国央行向共同体机构或团体、成员国各级政府和其他公共机构提供透支或者其他形式的信贷便利，也不允许欧洲央行或国家央行直接购买它们的债券。因此，除特殊情况下发行的特殊国债之外，欧洲央行和德意志联邦银行只能在二级市场购买国债，具体从两个央行的资产负债表结构来看，"欧元区主体欧元债权"占德意志联邦银行和欧洲央行总资产的34.12%和65.52%。

俄罗斯银行的资产以贵金属、银行存放在非居民机构的资金和购买的国外证券为主。整体来看，俄罗斯银行的资产包括贵金属、银行存放在非居民机构的资金和购买的国外证券、贷款和保证金、证券、对国际货币基金组织的要求权[①]、固定资产、预缴所得税等。2020年，俄罗斯银行资产总额为502 726亿卢布。其中，规模最大的是银行存放在非居民机构的资金和购买的国外证券，规模为304 529亿卢布，占资产总额的比重为60.6%；其次是贵金属，规模为104 104亿卢布，比重为20.7%；最后是贷款和保证金，规模为37 619亿卢布，比重为7.5%。

日本银行资产规模相对较大。2019年末，日本银行资产略超过604万亿日元。截至2023年12月10日，资产接近755万亿日元（见表14-3）。国债是日本银行资产的主要内容。2019年末，日本银行资产中，国债接近486万亿日元，占比超过80%。2020年末，国债超过532万亿日元，占比超过74%。日本银行负债规模也相对较大。2019年末日本银行负债接近600万亿日元，到2020年末负债略超过710万亿日元。日本银行的负债以存款为主，2019年末存款略超过

---

① 对国际货币基金组织的要求权包括：俄罗斯联邦在国际货币基金组织的配额（以特别提款权表示）、俄罗斯在特别提款权账户中的资金，以及俄罗斯银行根据新的借款协议向国际货币基金组织提供的贷款。

447万亿日元，2020年末存款略超过549万亿日元，占负债的比重分别约为75%和77%。日本银行的权益资本规模不大，资本金的一半以上由政府持有。2019年末和2020年末，日本银行的权益资本（净资产）都是略超过4.5万亿日元。其中日本银行权益资本中的资本金只有1亿日元，政府持有的股份略超过一半。

表14-3 日本银行的资产（截至2023年12月10日）

单位：千日元

资产项目	金额
黄金	441 253 409
现金	448 284 959
日本政府证券	599 618 700 412
商业票据	2 424 016 076
企业债券	6 267 414 139
金融信托（作为信托财产持有的股票）	203 774 987
金融信托（作为信托财产持有的与指数挂钩的交易所买卖基金）	37 186 178 276
金融信托（日本房地产投资信托作为信托财产持有）	656 348 513
贷款（不包括存款保险公司贷款）	96 404 300 000
外币资产	9 801 498 642
代理存款	26 787 915
其他	859 130 543
总计	754 337 687 877

截至2022年8月，中国人民银行总资产达到38.46万亿元。其中，国外资产22.56万亿元，占比为59%；对中央政府债权1.52万亿元，占比为4%；对其他存款性公司债权11.77万亿元，占比为31%；其他资产2.44万亿元，占比为6%。

二、主要国家央行持有国债情况

首先,在一些国家的央行资产负债表中,国债占比较高,反映财政政策与货币政策协同程度较高,最为典型的是美国和日本,占比分别为62.1%和79.5%(见表14-4)。

表14-4 主要国家央行持有政府证券情况

国家	单位	时间	资产	其中:本国政府证券	占比
美国	亿美元	2023年12月13日	77 395.66	48 097.34	62.1%
英国	百万英镑	2023年2月底	1 075 582	1 166	0.1%
德国	百万欧元	2022年	2 903 591	1 072 976	37.0%
日本	千日元	2023年12月10日	754 337 687 877	599 618 700 412	79.5%
巴西	百万雷亚尔	2023年9月30日	4 098 642	2 272 643	55.4%
俄罗斯	亿卢布	2022年4月8日	524 123	2 514	0.5%

资料来源:根据各国央行网站的资产负债表整理。

其次,有的国家的央行持有的国债占其本币资产的比重很高,如巴西。巴西央行持有的联邦政府债券占其总资产的55.4%。由于巴西央行持有相当规模的外币资产,因此央行持有的联邦政府债券占其本币资产(23 304.3亿雷亚尔)的比重高达97.5%。

再次,2020年新冠疫情发生后,一些国家的央行大幅提高资产中国债的比重,比如德国。截至2021年底,德意志联邦银行资产负债表总额达到该银行成立以来的最高水平,略高于3万亿欧元。这比2020年2.5万亿欧元的创纪录水平还高出约20%。德意志联邦银行持有本国国债占其资产的比重相对低一些,这与德国作为欧元区国家没有独立制定货币政策的权力有关,因此德意志联邦银行与其他国家的央行有明显的差异。

最后，有的国家的央行通过其他形式持有较大规模的本国国债，例如英国。截至 2023 年 2 月底，不包括应计利息，英格兰银行为其全资子公司英格兰银行资产购买工具基金有限公司提供的贷款为 8 437.36 亿英镑。英格兰银行资产购买工具基金有限公司按照英格兰银行货币政策委员会的指示，实施资产购买工具操作，执行货币政策。贷款资金的绝大部分购买了英国政府债券（国债）。截至 2023 年 3 月底，英格兰银行资产购买工具基金有限公司持有债券的买入价值共计 8 242.18 亿英镑，其中政府债券 8 171.51 亿英镑（赎回价值为 7 069.05 亿英镑）。英格兰银行资产购买工具基金有限公司持有的政府债券相当于央行资产的约 76.0%。

截至 2022 年 8 月，中国人民银行总资产达到 38.46 万亿元，其中，对中央政府债权为 1.52 万亿元，占比为 4%。不难发现，中国人民银行资产负债表中国债占比较低，这使国债收益率曲线无法得到更有效的应用，而国债收益率在资本市场定价中有着定海神针般的作用。

三、比较与启示

美国、日本和德国等主要国家的央行资产中，国债占有较大份额，这是财政与金融协同的重要制度性安排，不仅是财政政策权衡的制度基础，更是国家财政与金融稳定的"压舱石"。具体来说，政府发行国债而央行大规模购入国债，导致央行资产负债表扩张（即总资产增加）和政府资产负债表净值萎缩（即负债增加）。以美国为例，近年来美联储实施量化宽松政策，大量购买联邦政府债券，美联储资产负债表规模急剧膨胀。截至 2023 年 12 月 13 日，美联储总资产已经超过 7.7 万亿美元。历史上美联储主要经历了两轮量化宽松。第一轮是次贷危机冲击下的量化宽松，美联储总资产由 2008 年初的约 9 000 亿美元提升至 2014 年底的约 4.5 万亿美元。第二轮是新冠疫情冲击下的量化宽松，美联储总资产由 2019 年底的约 4.2 万亿美元提升至 2021 年底的约 8.7 万亿美元。美联储资产中美国国债占比较高，一般会超过 60%。2023 年 12 月 13 日，美国国债占美联储资产的 62.1%。因此，美国联邦政府发行国债，而其中很大一部分由美联储购买，导致美联储资产的扩张与美国联邦政府负债的增长同向变动。

反观我国，根据 2022 年 8 月的数据，中国人民银行持有的中央政府债权仅占其资产的 4%，占比非常低。因此，进一步优化央行资产结构，大幅增加央行资产的国债占比，非常必要，也非常迫切。同时，尤其需要关注央行的双重身份，即央行既是货币发行当局，又是政府部门，纳入政府预算，因此，需要关注央行资产负债表和政府资产负债表之间的关系。同时，中国国债收益率曲线的基础设施还不够完善，要进一步打造好。现在的赤字越来越体现金融属性，是提供无风险金融资产或金融工具的渠道和途径，可以说赤字本身就是为了生产金融工具。从这个意义上讲，为金融市场提供金融资产也可以说是为私人部门提供金融资产，会越来越成为一种需求，因此赤字成为一种常态，或者说是赤字产生的更主要的原因，而与财政收支是不是平衡的这种因果关系越来越淡了。当然，我们在观念上仍是传统的，一看到赤字就会解释为是收支不平衡导致的。其实，在美国克林顿执政时期曾经出现财政盈余，导致市场流动性不足，发行了无赤字的国库券，即使没有赤字，为了金融市场也必须发行国债。因此，发行国债、编列赤字与现在经济金融化程度的提高是直接相关的，因为经济金融化的提升改变了传统宏观经济运行的逻辑。

第十五章

金融监管中财政与央行的关系

有效的金融监管致力于维护金融稳定和繁荣发展，而金融稳定和繁荣发展是促进经济发展的主要动力之一，也是现代经济条件下化解公共风险的重要基础。从共同根源和诱发机制来看，所有金融危机的根源都是不可持续的经济失衡和资产价格或汇率失调的累积。资产价格剧烈变动是金融风险的直接表现形式，资产价格波动通过资产负债表渠道引发金融风险和经济波动，金融风险通过资产负债表交叉传染加剧系统性风险。从历史发展的视角来看，财政与央行通过携手稳定资产价格来控制和化解金融风险。主要国家在金融监管体系的完善和迭代中，均在不断加强财政的监管，具体表现为财政在宏观上主导金融监管架构，从公共风险和国家治理层面关注金融风险与金融监管问题。

一、主要国家金融监管演变趋势是强化财政的作用

经济金融化、虚拟化是现代经济运行的重要特征，建立与之相适应的现代金融监管体系，是国家治理现代化的基本要求。现代金融监管从机构监管演变为更加综合的行为监管，财政在金融监管中深度介入、提前介入、协同发力，是化解金融风险的重要制度安排，也是统筹发展和安全、增强国家竞争力的重要制度保障。

（一）财政深度介入金融监管体系，从而在多维治理框架中构建金融监管的立体"防火墙"

现代经济的内生风险交叠衍化，经济金融化和虚拟化加速了风险的扩散和共振，金融风险不局限于金融领域，而是会在不同领域生成、集聚和演变，最后才可能从金融领域或财政领域显现出来。发挥财政在经济、社会和政府等多维架构中的治理功能，深度介入金融监管体系，可以有效抑制金融风险的生成和集聚，及时切断风险传导链条，构建立体"防火墙"。

2008年全球金融危机之后，美国政府对金融监管体系进行了60多年来规模最大的改革，通过了《金融监管改革法案》。改革的最大特点就是成立了由美国财政部占据主导地位的金融稳定监督委员会。除此之外，财政部还通过多种机制深度介入金融监管。例如，美国财政部设立金融研究办公室，并作为美国金融稳定监督委员会的常设支持机构承担一系列协调职能；在财政部下设联邦保险办公室，负责与各州保险监管机构协商国家层面的保险问题，并协调国际保险事务。

英国财政部对金融监管的深度介入体现在金融监管架构当中。英国财政部下设15个机构，其中承担金融监管职能的金融稳定司和金融服务司共有258位雇员，占财政部雇员总数的13%。财政部还下设金融稳定小组，由四个专业团队承担事前风险揭示、事中风险处置、事后系统修复的监管职能，提升金融监管的抗风险能力（见图15-1）。

2017年7月，中国成立了国务院金融稳定发展委员会，此举旨在强化中国人民银行宏观审慎管理和系统性风险防范职责，强化金融监管部门的监管职责，确保金融安全与稳定发展，加强金融监管协调，补齐监管短板。委员会成员包含财政部副部长、公安部副部长等在内的许多重要成员。为切实履行国有金融资本出资人职责，防范金融企业经营风险，确保国有资产保值增值，财政部各地方监管局主动探索创新监管机制、监管方法和监管形式，多措并举，深入推进财政金融监管。

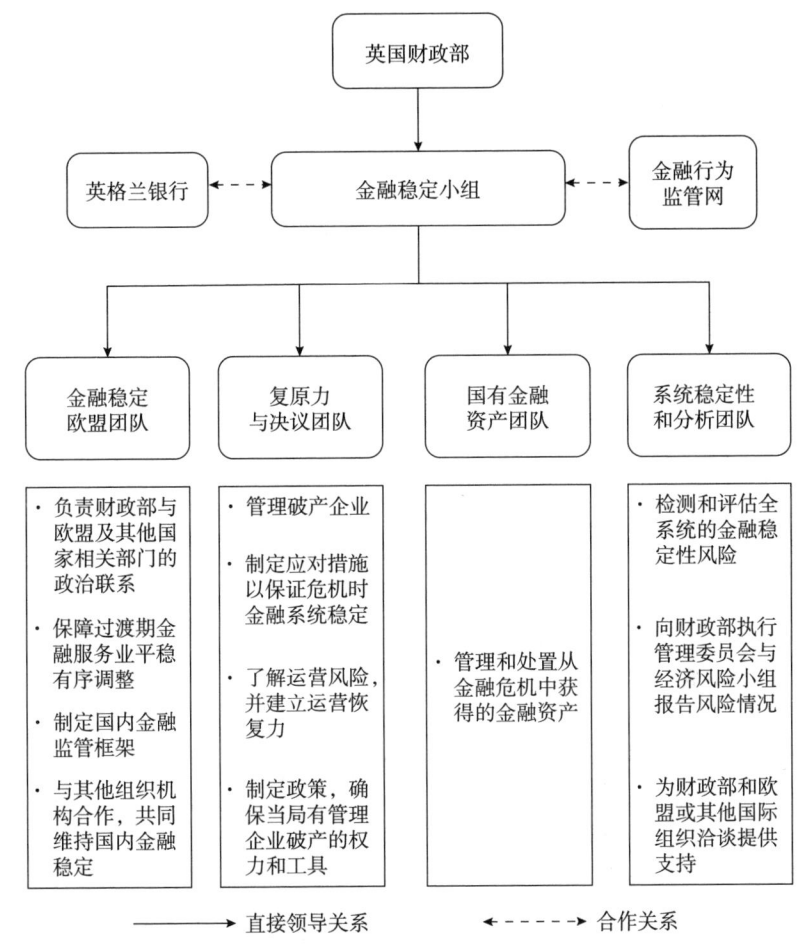

```
                    ┌──────────┐
                    │ 英国财政部 │
                    └─────┬────┘
                          │
┌─────────┐         ┌──────────┐         ┌──────────┐
│英格兰银行│◂ ─ ─ ─▸│金融稳定小组│◂ ─ ─ ─▸│金融行为  │
└─────────┘         └─────┬────┘         │监管网    │
                          │              └──────────┘
        ┌───────────┬─────┴─────┬───────────┐
   ┌────┴─────┐ ┌───┴────┐ ┌────┴────┐ ┌────┴─────┐
   │金融稳定  │ │复原力  │ │国有金融 │ │系统稳定性│
   │欧盟团队  │ │与决议  │ │资产团队 │ │和分析团队│
   │          │ │团队    │ │         │ │          │
   └──────────┘ └────────┘ └─────────┘ └──────────┘
```

金融稳定欧盟团队：
- 负责财政部与欧盟及其他国家相关部门的政治联系
- 保障过渡期金融服务业平稳有序调整
- 制定国内金融监管框架
- 与其他组织机构合作，共同维持国内金融稳定

复原力与决议团队：
- 管理破产企业
- 制定应对措施以保证危机时金融系统稳定
- 了解运营风险，并建立运营恢复力
- 制定政策，确保当局有管理企业破产的权力和工具

国有金融资产团队：
- 管理和处置从金融危机中获得的金融资产

系统稳定性和分析团队：
- 检测和评估全系统的金融稳定性风险
- 向财政部执行管理委员会与经济风险小组报告风险情况
- 为财政部和欧盟或其他国际组织洽谈提供支持

⎯⎯▸ 直接领导关系   ◂ ─ ─ ─▸ 合作关系

图 15-1 英国财政部下设金融稳定小组深度参与金融监管

资料来源：根据英国金融监管架构和金融稳定小组的法定职能整理。

（二）财政寓监管于政策提前介入，大大降低金融风险治理的难度和成本

现代社会金融风险事件的破坏程度加深，财政如果仅作为"最后兜底人"，待风险事件发生之后再介入，难度会非常大，成本也会非常高。财政提前介入，在做好风险预警的同时将监管目标体现在政策中，能够有效降低风险处置过程中经济社会所付出的代价。2020年新冠疫情暴发后，主要国家的财政部门作为金融风险防范的实质性第一主体，通过实施多轮经济援助，避免了企业大规模破产和金融体系流动性紧缩，间接保护了国家金融体系。此外，财政部门通过出资建立稳定基金、参与风险监测和预警系统建设、定期函询或听取监管机构报告等方式，从宏观上对可能发生的金融风险进行预防。

美国财政部在系统重要性金融机构的破产处置中并不只是"最后兜底人"，而是在初期就拥有关键决策权，如决定是否启动处置程序、向联邦法院申请裁定和指定接管方等（见图15-2）。

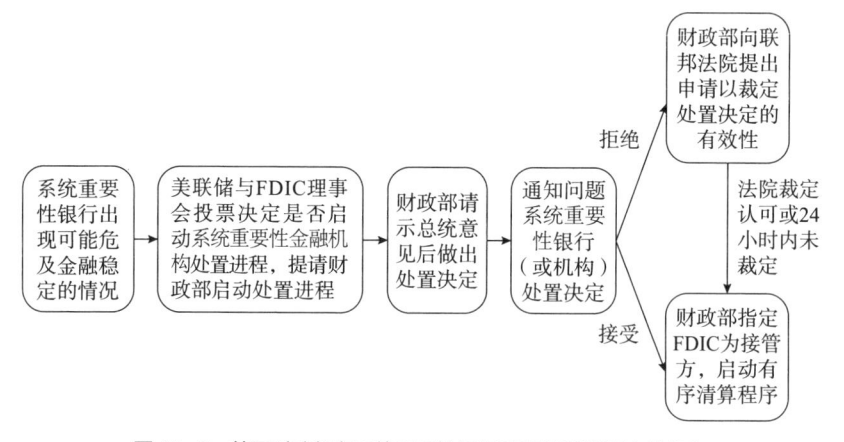

```
系统重要      美联储与FDIC理事     财政部请      通知问题          拒绝    财政部向联
性银行出  →  会投票决定是否启  →  示总统意  →  系统重要  →            邦法院提出
现可能危      动系统重要性金融     见后做出      性银行                    申请以裁定
及金融稳      机构处置进程，提请   处置决定      （或机构）                处置决定的
定的情况      财政部启动处置进程                 处置决定                  有效性
                                                                            ↓
                                                                          法院裁定
                                                                          认可或24
                                                                          小时内未
                                                                          裁定
                                                                            ↓
                                                          接受            财政部指定
                                                                          FDIC为接管
                                                                          方，启动有
                                                                          序清算程序
```

图15-2 美国财政部在系统重要性银行破产处置流程中的角色

资料来源：根据美国《多德-弗兰克法案》及联邦存款保险公司处置手册相关内容整理。

德国于 2008 年建立金融市场稳定基金，设计总额为 4 800 亿欧元，其中 65% 由联邦财政出资，35% 由各联邦州承担。联邦政府成立了专门的金融市场稳定局负责基金的运行，联邦财政部拥有最终决定权。2018 年之后，该基金由联邦财政部全额出资的德国金融署接管。

（三）以财政为主导强化监管协同，织密金融风险治理网络

现代金融混业经营的趋势对传统"各管一摊"的分业监管模式形成挑战。金融活动的复杂性、跨域性和不确定性使维护金融稳定成为全局性、综合性问题，迫切需要财政与其他监管机构密切协同，织密监管网络，堵塞监管漏洞，通过"多头""叠加"监管来覆盖监管风险"真空"地带。

德国联邦财政部不仅主导着金融稳定委员会，还通过投票权控制着联邦金融监管局和金融市场稳定局，几个部门形成高度协同的监管体系（见图15-3）。

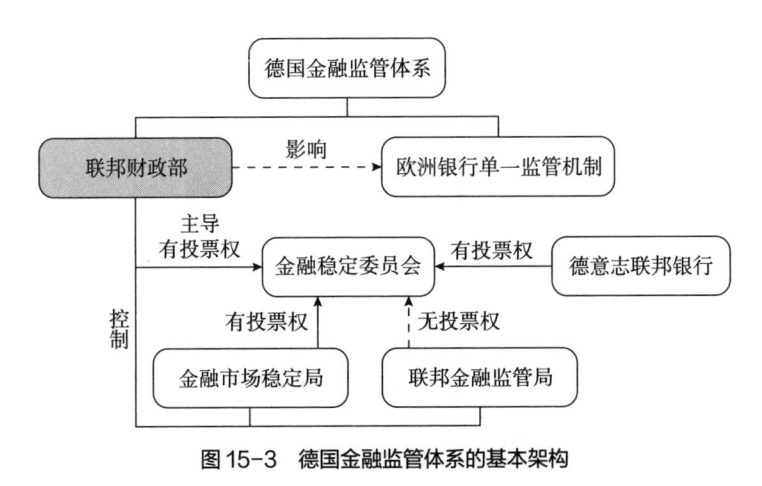

图 15-3　德国金融监管体系的基本架构

资料来源：根据德国金融监管机构和工作关系整理。

英国财政部负责对金融稳定性实施整体监管，各金融监管机构之间形成了直接业务监管、间接监管、监督合作三种协同的模式。财政部对英格兰银行和金融行为监管局有法定监管权（见图15-4）。

→ 直接业务监管　--→ 对独立运作的机构间接监管　⋯⋯ 监督合作

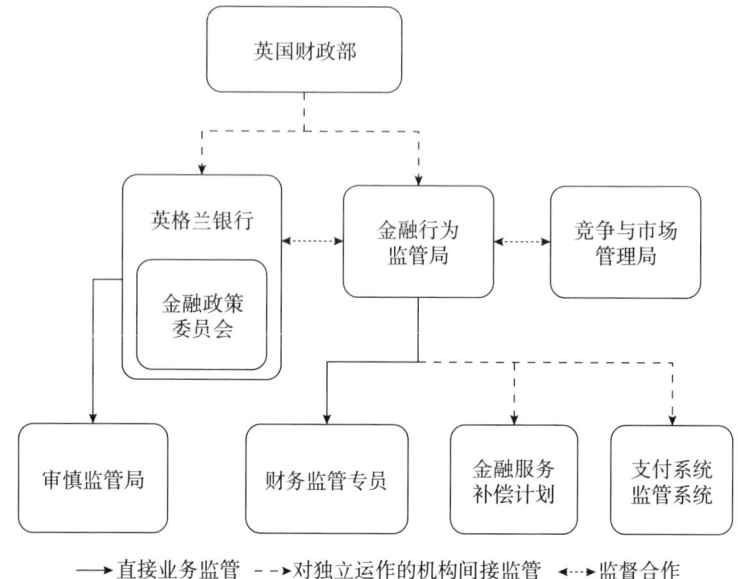

图15-4　英国财政部与其他金融监管机构的关系

资料来源：根据英国国家审计署的相关报告整理。

二、财政在高维度主导国家金融监管架构

金融是国民经济的血脉，是国家核心竞争力的重要组成部分。维护金融体系的正常运行，避免资产价格的剧烈波动给金融体系和经济带来巨大冲击，对经济长期增长至关重要。防范化解重大金融风险表面上是金融问题，本质上却是依靠财政来统筹、调动国家公共资源

构建宏观确定性，推动经济社会发展行稳致远。从这个意义上来说，金融监管体系应服从于财政主导的公共风险应对机制。从一些国家的实践来看，财政通常不会陷入具体的监管事务，而是从国家治理的维度主导金融监管架构，财政的金融监管功能体现在立法、人事、委托代理和督导等高维度监管活动当中。

（一）财政主导关键的金融监管立法

主要国家的财政部通过立法引导构建金融监管的基本框架，确定监管目标及监管规则。英国财政部掌握着金融监管法案和规章制度的起草权、评估权与征询权，通过引入或制定新的监管法案（草案）、在二级立法中设立监管边界、制定银行和金融服务的规章制度来主导和推进金融监管领域的关键改革。德国联邦财政部于2020年起草《加强金融市场完整性法案》并经议会通过，于2021年起草关于联邦金融监管局重组和转型的法律提案，主导监管机构改革。新西兰财政部负责2021年《储备银行法》的起草和修订，该法案是管理新西兰储备银行的首要立法，财政部长还负责管理审慎监管的各种部门立法。

（二）财政部长主导相关监管机构人事安排

美国财政部长出任金融稳定监督委员会主席，拥有召集会议、出席国会并代表委员会提供证词以及制定某些委员会规则的重要权力。德国金融稳定委员会承担宏观审慎职能，由来自联邦财政部、央行、联邦金融监管局的各3名代表担任委员，财政部代表担任主席。英国英格兰银行行长是由财政大臣推荐进而被任命的，财政部在咨询行长后，可以通过命令更改副行长的头衔，也可以新增或解除副行长的职务，金融行为监管局的首席执行官由财政大臣选拔。

（三）财政与其他监管机构构成委托和代理关系

部分国家通过立法确立了财政部和其他金融监管机构之间的委托代理关系。美国《联邦储备法》第15条规定，"当财政部长要求时，联邦储备银行应作为美国的财政代理人"。此外，"当本法案赋予的联邦储备委员会或联邦储备代理机构的权力与财政部长的权力相冲突时，美联储须听从于财政部的指导"。这意味着美国财政部长在其管辖权或权力重叠的情况下可以推翻美联储的决定。德国《银行法》规定，财政部可以授权金融监管局执行监管职能，必要时也可以收回监管职能。英国财政部则是英格兰银行唯一的股东、捐款人和客户。

（四）财政督导其他监管机构开展业务活动

美国财政部下设金融研究办公室，对系统重要性实体和系统性风险进行观测和分析，继而向金融稳定监督委员会提供研究成果，之后再交由美联储或其他监管责任主体进行具体风险处置。英国财政部对英格兰银行有法定的指导权，并对金融行为监管局形成间接监管。英格兰银行的监督权是议会和财政部赋予的法定权力，但这些权力明显与财政部拥有的权力不在一个层次。英国财政部定期给金融政策委员会、金融行为监管局和审慎监管局致信提出具体监管建议。

三、主要国家财政与央行的一体化协同机制

现代化金融监管体系以宏观审慎、微观审慎和行为监管为三大支柱。监管实践证明，财政与央行若无分工，就难以在三大支柱上各展所长；若无合作，就无法实现监管"无死角"。两者的各司其职不是"背对背"，而是目标一致下自发地、充分地、高频地进行协同。此外，多国通过新设立的制度化实体机构来推进更加稳固的一体化监管协调机制。

（一）两部门通过分工合作实现高度协同

在金融监管现代化目标的统领下，财政以稳定宏观经济大局为重，肩负起宏观审慎的基础性、全局性和战略性职责；央行则以维护金融系统正常高效运转为己任，服务实体经济和消费者，承担微观审慎和行为监管的主要职责。两者间的资源交互频繁，监管思路统一，监管步调一致，政策功能互补。

英国财政部通过法律制定、官员任命、人员派驻、函询建议等正式机制与英格兰银行保持高度协同。英格兰银行每半年向财政部汇报审慎监管和金融稳定方面的进展。在危机救援涉及公共资金使用时，英格兰银行必须事先向财政部提供决策所需信息并接受财政部的指导。

德国联邦财政部下设联邦金融监管局，与德意志联邦银行一道对金融体系和金融市场进行监管，两部门间的数据交互充分且及时。德意志联邦银行享有金融统计信息专属权，每天向联邦金融监管局传送各银行的集中数据，为联邦金融监管局行使监管职能提供数据支撑和决策参考。

日本财政部门和日本银行均直接参与金融市场的监管，但侧重点不同。其中，财政部门主要负责金融危机管理，对储户、保险机构投保人以及投资者的资金进行保护，以实现金融体系的稳定。日本银行主要对其他银行、证券公司等业务伙伴进行调查，了解其业务经营的实际状况、风险管理状况、资本充足率和盈利能力水平。

自2013年后，俄罗斯银行接管了俄罗斯联邦财政部关于金融市场监管的部分权力，财政部退出了对证券业与保险业的监管。然而，尽管财政部不再参与金融市场的监管，却仍通过国家金融委员会实施对央行的监督，其中也包括对央行金融监管职能的监督，如每季度都需审查央行监管金融市场的情况。由此可见，虽然财政部退出了对金融市场微观领域的直接监管，但仍在宏观层面对国家的金融监管起到一定的支撑与主导作用。

（二）通过设立制度化实体机构推进监管一体化

2008年全球金融危机后，主要国家都试图在金融监管体系改革中搭建一个制度化实体监管"大伞"，加强财政、央行及其他监管机构之间的监管协调。一体化监管协调机构旨在保障决策与执行的政令统一，提高监管效率和质量，减少分散监管的资源浪费，降低财政与央行间的协调成本。

美国成立了历史上首个跨部门的系统性风险监测和政策协调机构——金融稳定监督委员会，由财政部主导，负责统一监管标准、协调监管冲突、处理监管争端、鉴别系统性风险以及对其他监管机构进行风险提示，限制美联储权力膨胀。金融稳定监督委员会的"矩阵式"管理模式具有很强的协作性、操作性和灵活性（见图15-5）。英国、德国也有类似的实体监管协调机构。

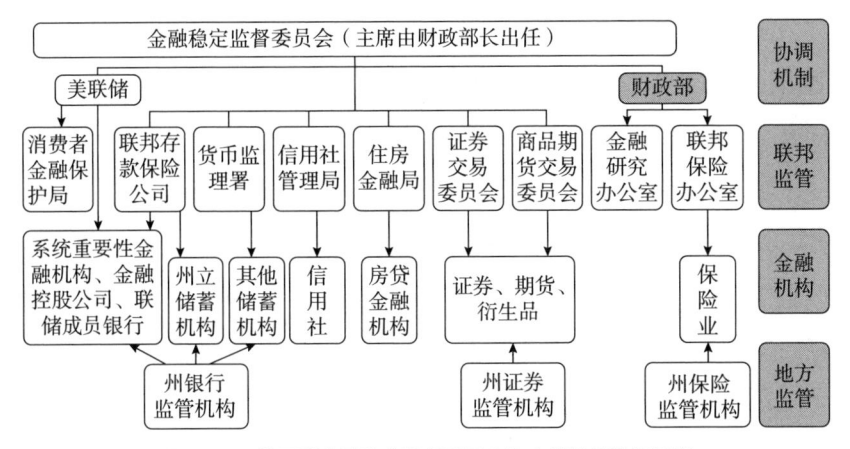

图 15-5 美国以金融稳定监督委员会为主的监管协调机制

资料来源：根据 2010 年后的美国金融监管架构整理。

四、比较与启示

主要国家财政在金融监管中的角色以及与央行的关系对我国金融监管体系建设的启示有以下四点。

第一，发挥财政在金融监管体系中的基础性作用。在权责一致的原则下，财政不能放弃实际监管权力只承担"最后兜底人"的责任。在宏观调控上，财政将持续深化市场化改革，与结构性宏观经济政策相配合，引导资金流向产业转型和技术创新的关键领域，通过"跨周期"调节实现长期资源配置和风险防范。在机制构建上，财政应以更积极的姿态参与金融监管，尤其是在风险的预防和识别方面，逐步建立相应的机制，变被动监管为主动干预。同时，通过立法逐步强化财政部门参与维护金融稳定的危机处置权，不断巩固和完善财政作为国有金融资本出资人对相关金融机构的监督、管理、考核权，并通过建议、函询、定期磋商等多种形式与其他金融监管机构协同，履行好宏观审慎监管权。这既是提高国家金融稳定功能的内在要求，也是提高国家金融风险处置能力的关键举措。

第二，财政着眼于高维度打造监管架构，避免陷入具体监管事务。一是财政从国家治理和风险管理的更高维度行使宏观审慎职能，通过不断深化改革和鼓励创新，促进经济结构优化调整和可持续增长，从根本上降低金融市场的系统性风险水平，降低资产价格大幅波动的可能性，对长期结构性问题进行提前谋划布局，并通过明确的法律授权、清晰的议事规程和科学的决策流程予以保障。二是寓监管于政策，将金融监管要素纳入财政政策范畴内，统筹考虑。三是财政需要不断提高自身的监管能力，增设专业机构，加大人员配置，搭建数据平台，建立联络机制。

第三，健全财政与央行的金融监管分工与协同机制。对冲资产价格波动的影响是财政与央行协同发力的核心目标。资产价格波动引发金融和经济风险存在多种传导渠道，这就要求宏观经济政策制定者及时识别经济中金融风险的类型，分析对实体经济的传导方式，当系统性风险发生时，制定与之适配的财政与货币政策，通过"逆周期"调节减缓资产价格大幅波动对经济的影响。在顶层设计上，明确财政与央行在维护金融稳定中的职责定位和分工，从根源上杜绝部门职能划分不清引发的风险敞口。优化部门间的监管协调和信息共享机制，提高监管的透明度和可预见性。建议以常态化的定期磋商机制为桥梁，加强财政与央行之间的政策协同和信息共享。

第四，完善跨部门金融稳定机构的功能，打造"一体化"金融监管平台。优化现行运行机制，明确跨部门宏观审慎监管的主体责任，完善顶层设计；更好地发挥财政在金融监管中的基础性作用，在信息集成、磋商沟通、风险识别、会议召开、政策发布等方面嵌入财政的职责。

第十六章

财政与央行的政策协同机制

财政与金融是"连裆裤"。从整体论和系统论的角度来看，财政与金融及央行本质上是一体的关系，只不过从现代管理的角度来看，可以将其分为两个相对专业的领域。一方面，财政是整个社会的"血液"，金融是整个经济的"血液"，两者是相互交融的"血液"。另一方面，现代财政制度是金融和资本市场的基础。随着现代经济金融化趋势的日益加深，主要发达国家财政与货币政策的协同配合越发重要，从相对独立的状态逐渐向融合一体发展，呈现出"你中有我，我中有你"的特点。多数典型国家的宏观政策寓财政于货币，部分货币政策实施的背后实际上肩负着财政政策的战略意图，而财政政策也依托部分货币工具去提升政策的整体效能。当经济系统的"血液"出现风险和问题时，央行承担"最后贷款人"的责任，而如果这些风险和问题进一步放大，超出了央行"最后贷款人"的能力，甚至溢出到其他领域，就需要财政来买单，财政充当整个社会风险的"最后兜底人"。

回顾历史，现代社会经济运行的基础发生了变化，通胀的机理发生了根本性变化，财政与央行的关系也随之发生了变化。财政与货币政策的协同配合存在正反两方面的经验和教训：一些国家高度重视两者之间的协同配合，将财政货币一体化作为国际竞争的重要手段，源源不断地为经济注入确定性；也有一些国家在财政与货币政策的制定上存在失误，产生了"左右手互搏"或"拔河"的情况，酿成了危机与动荡，严重扰乱了市场和国民预期，引发了政府公信力的损失。

一、典型国家的财政与货币政策常态化协同机制

（一）财政部门深度介入货币政策决策机构施加影响

通过委任机制或定期汇报机制，财政部门与核心货币政策的制定和执行机构建立起常态配合与协同，并参与货币政策目标的确立，保证货币政策贯彻宏观财政政策目标。

以英国为例，财政大臣对货币政策委员会的绝大多数成员有决定权。货币政策的决策机构是货币政策委员会，由 9 名成员组成，其中 5 名在英格兰银行内部担任行政职务，另外 4 名是由财政大臣任命的外部成员。同时，英国财政大臣有向英格兰银行行长说明货币政策并定期听取汇报和解释的职责。根据 1998 年《英格兰银行法》，英格兰银行向财政部提交年度工作报告，汇报经审计的资产负债表和损益表。财政大臣每年至少要向英格兰银行行长进行一次汇报，详细说明价格稳定的定义和政府的经济政策目标。财政大臣通常以信件的方式传递相关信息，一旦通胀过于偏离目标值，英格兰银行行长就需要向财政大臣做出解释和说明。英国政府给英格兰银行设定的通胀目标是 2%。如果英格兰银行没有成功将通胀维持在目标值上下 1 个百分点之内，就必须向政府阐述原因。

俄罗斯财政政策对于货币政策的实施条件具有重要影响，央行会考虑用财政政策来预测宏观经济、确定关键利率。货币政策的实施需要考虑经济结构、经济增长率、商品和服务价格变动等情况，而国家的预算政策是影响价格动态的重要因素。财政预算失衡和预算支出的增加可能会带来严重的通胀，财政政策的实施能够在一定程度上缓解通胀压力。俄罗斯银行在制定货币政策时会将这些因素考虑在内。俄

罗斯财政部和经济发展部在拟定联邦预算草案以及预测社会经济发展形势时，也会考虑通胀的目标以及货币政策对经济和价格动态的影响。同时，在货币政策与财政政策的实施过程中，俄罗斯的央行、财政部与经济发展部会持续沟通，特别是定期举行联合会议讨论宏观经济预测、评估影响主要宏观经济指标的因素，沟通方面的一致性对于提高货币政策与财政政策的有效性具有重要作用。此外，俄罗斯实施3年中期预算，有助于在全年更均匀地支出预算资金，这也使俄罗斯银行的货币供给对预算资金流动的季节性波动的依赖度有所降低。

（二）货币政策的调控操作往往是围绕财政政策目标的实施展开的

对典型国家的财政政策与货币政策的组合拳进行分解，不难发现财政政策往往是主要宏观调控手段，而货币政策始终服务于财政政策的经济目标和社会目标，尤其是针对后者，货币政策无法直接实施。

以日本为例，在经济危机时期，日本政府以"双松"政策为主。通过"双松"政策搭配，财政政策可以引导货币供应量的流向，防止经济脱实向虚，导致经济泡沫更加严重。在设定"财政重建"目标时期，以"紧松"政策为主。通过实施紧缩性财政政策抑制债务激增趋势，同时防止经济衰退，采取扩张性甚至量化宽松货币政策。一方面降低财务省国债利息成本，防范财政风险；另一方面提高货币供应量，促进消费和投资，以拉动经济增长。在"滞胀"的特殊时期，日本政府先采取双紧政策抑制通胀，再转而实施扩张性财政政策以打破经济停滞僵局，有序解决了"胀"和"滞"的问题。

日本实施上述财政货币组合政策有其深刻的历史因素、政治因素和本土文化因素。一是日本财政部门长期以来在日本行政机构体系中占据主导地位，拥有财政和金融大权。在大藏省时期，由于受到大藏省的金融监管和预算制约，日本银行实施的货币政策在很大程度上受大藏省的干预，服务于财政政策。二是日本财务省受现代货币主义理论的深远影响，主张财政赤字化以及赤字货币化，这也是缓解二战以来日本持续累增的巨额债务压力的无奈之举。三是二战后，日本借助财政投融资，短时间积聚大量闲散资金，投资基础设施建设，促进经济快速恢复和高速发展。这种以财政为主体的债务融资方式，虽然一度促进了经济快速发展，但是也滋生了财务省举债融资发展经济的政策依赖性。四是日本依靠日本银行实施宽松乃至量化宽松的货币政策，持续不断地购买财政部门发行的国债，配合扩张性财政政策刺激和发展经济（这一点也最具日本特色），这种做法之所以能够延续至今，暗含深层的历史逻辑和社会逻辑：战后日本主要依靠财政投融资，才能够快速聚集以邮政储蓄和养老金为主要来源的闲散资金，重点投资基础设施建设和重要产业，快速实现经济复苏，进而走上高速增长轨道。2001 年，财政投融资市场化改革以后，主要依靠发行财投债和财投机构债来筹资，但日本居民的主要资产仍沉淀在财务省手中。因此，即便日本财政债务率高企，日本居民不仅不会因为量化宽松而引发银行挤兑风险，反而会积极购买国债以支持扩张性财政政策，一方面是对曾经创造经济奇迹的日本政府依然保持信赖，另一方面是防范自有资产的坏账风险。

中国财政与央行在财政政策与货币政策协同上的关联有以下几点。一是银行间市场是财政政策与货币政策操作的重要交汇点。银行间市场是国债、地方债发行的主要场所，承担了弥补财政赤字、发现国债价格等重要职能，是财政政策操作的重要平台之一。银行间市场是财政政策与货币政策协同联动的主要场所之一，如国债、地方债和特别国债在银行间市场发行规模较大时，中国人民银行常于银行间市场加大货币投放，对冲债券发行的流动性冲击，协同保障金融市场平稳运行和财政融资目标顺利实现。二是国库现金管理是财政政策与货币政策的天然联系点。财政政策与货币政策协调联动的底层机理之一是，二者基于且作用于货币流通，尤其在国库现金管理方面体现得最为明显。财政资金的入库和拨付需要通过银行体系进行。当财政征税缴费时，基础货币将相应减少，在乘数效应下，社会部门货币供应量将成倍收缩；反之，在财政资金拨付时，财政性资金转化为储蓄存款进入商业银行体系，基于乘数效应，货币供应量成倍增加。为平滑财政资金收拨对社会流动性的影响，货币政策往往相应调整货币供应量，体现明显的协同效应。三是财政金融协同成为支持重点领域和薄弱环节的重要政策工具。新冠疫情暴发后，针对中小微企业的财政贴息贷款体现出明显的财政金融协同机能，是财政政策与货币政策的一个结合点。除财政贴息贷款外，税收减免、延长税收优惠期限、税制优化、转移支付等多种财政政策工具，与普惠小微企业贷款延期还本付息支持工具、支农支小再贷款、碳减排支持工具、绿色贷款等货币政策工具协同发力，有效引导金融资源和财政资源支持中小微企业、科技创新和绿色发展，共同推动中国经济"锻长板、补短板"，向高质量发展的更高形态迈进。

（三）设立专门的跨部门协调机构是强化财政与货币政策协同的途径之一

2008年全球金融危机以后，不少国家将提高财政与货币政策的协调性视为关键改革方向，认为货币政策委员会内的财政与货币政策协调还不足以承载全部战略职能，纷纷建立了实体性质的跨部门监管机构，美国的金融稳定监督委员会就是一个典型代表。金融稳定监督委员会的管理架构设计体现了对危机教训的深刻反思，注重监管机构的跨部门顶层协调、金融监管资源的统筹利用和业务的专业研究，通过设置代理人委员会、金融研究办公室和专业委员会，形成了"矩阵式"组织管理模式（见表16-1）。其中，代理人委员会更强调全面顶层监管协调与政策设计；金融研究办公室致力于开展宏观层面的金融研究，以支持金融稳定监督委员会有效履职；专业委员会主要负责提供微观业务层面的研究或服务。

表16-1 金融稳定监督委员会成员组成

成员类型	序号	组成单位
有投票权成员	1	美国财政部长，担任金融稳定监督委员会主席
	2	美国联邦储备系统主席
	3	美国货币监理署署长
	4	美国消费者金融保护局局长
	5	美国证券交易委员会主席
	6	美国联邦存款保险公司董事长
	7	美国商品期货交易委员会主席
	8	美国联邦住房金融局局长
	9	美国国家信用合作社管理局局长
	10	独立成员（拥有保险专业知识，由总统任命，参议院批准）
无投票权成员	1	美国金融研究办公室主任
	2	美国联邦保险办公室主任
	3	州保险业委员会指定代表
	4	州银行业监管委员会指定代表
	5	州证券业委员会指定代表

资料来源：美国财政部。

中国依托体制优势搭建了诸多政策协同机制。中国拥有政策协调联动的体制优势。与部分西方国家央行独立于政府甚至私营不同，中国人民银行与财政部同为国务院组成部门。在党中央、国务院的统一领导下，两大政策在协调联动方面拥有天然的体制优势，搭建了诸多协同机制。比如，国务院金融稳定发展委员会、中国人民银行货币政策委员会均包括财政部门，政策沟通及时高效。又如，中国人民银行和金融监管部门行使金融业监管职责，财政部和地方财政部门则承担中央金融企业与地方金融国企出资人职能，并通过与中国人民银行、金融监管部门加强沟通协调和信息共享，形成工作合力，共同保障金融企业健康经营。

二、典型国家的财政与货币政策一体化

在现代社会，财政制度是金融和资本市场的基础。实施财政与货币政策一体化的典型代表国家是美国。早在20世纪70年代末，为扭转"滞胀"困局，美国国会通过了《充分就业和盈余增长法案》，以协调货币供给政策和政府其他相关政策，并实现充分就业和控制"滞胀"的目的。这在很大程度上为美国财政政策与货币政策的融合提供了条件。1980年的《货币控制法案》赋予了美联储购买资产的无限权力，美联储大规模、系统性公开市场操作的对象仅有美国政府债券。但正是通过对美国政府债券的公开市场操作，美国不断地将货币政策和财政政策相融合，使两者逐渐被认为是一体的。因此，只要是涉及货币和金融的问题，在美国似乎都可以被认为是财政问题。同时，在当前流行的"赤字财政"思潮中，以政府债券发行为起点的财政政策已不再是与货币政策相互支持、相互配合的关系，而是成为本质上与准备金和利率调整目的相同的货币政策。从实践来看，美国财政部和美联储各自被授予的职责和任务表面上看没有改变，但近10年来美联储的量化宽松政策已经模糊了货币政策与财政政策之间的界限。

从理论上看，货币是一种资产，既有"数量"多寡，也有"状

态"变化。较为典型的是对通胀产生条件的认知、对央行独立性的认知以及对赤字和债务边界的认知。传统理论认为,通胀是宏观经济安全运行的重大风险,而货币超发是通胀发生的充分必要条件。正是基于防范通胀的目标,特别强调央行的独立性和货币政策的独立性,强调财政与央行之间要建立隔离带,财政不能透支。然而,现代社会经济运行的基础发生了变化,通胀的机理发生了根本性变化,财政与央行的关系也随之发生了变化。货币不只是一个流通手段,它既具有货币性质,也具有资产性质。从数量的角度来说,货币超发了就会涨价,但如果从货币状态的角度来理解,货币超发也不一定会出现所谓的通胀。尤其是在经济过冷的情况下,货币就变成"半水半冰",甚至变成"冰"的状态,流动性就会凭空消失,需要增发货币才能维持经济运行。从实践来看,过去央行货币发行很容易影响物价,但现在基础货币发行和物价的关系变得没有那么直接,基础货币发行多不一定导致物价高。2008年全球金融危机以来,典型发达国家的基础货币超发已经完全突破了传统理论所认为的最大边界,但恶性通胀并没有发生和泛滥。这充分证明基础货币超发不是恶性通胀的充分必要条件,而只是一个必要条件。通胀不仅仅是货币现象,还可能是其他现象。现代货币政策的目标主要是盯住通胀,当通胀的底层逻辑发生变化后,央行制度有必要随之调整目标。当实践逻辑和理论逻辑发生变化,就不能再强调央行的独立性问题,而是应该强调财政与央行如何密切协同的问题。

近年来,以美国为代表的发达国家财政货币一体化加速,财政通过央行融资的趋势越发明显。2020年以来,美国出台了规模高达7.76万亿美元的财政救援政策,美联储在利率降至接近零的情况下,实行"无上限"量化宽松政策,通过购买国债的方式直接为美国财政提供资金支持。美国利用史无前例的量化宽松政策,实施超大规模购买美国国债、抵押贷款支持证券等的行动，进而压低长期利率，向市场注入流动性，并缓解新冠疫情对美国经济的冲击。这一政策组合本身是一种"间接增印美元"的行为，最终结果就是，美联储利用量化宽松资金购买美国国债与市政债，进而为美国数万亿美元救援计划与巨额财政赤字买单。考虑到美元作为国际货币的地位，美国财政与货币政策一体化的本质是全球范围内的财政赤字货币化。在当前接近零利率的条件下，美国政府的债务与货币等价，债务扩张与发行货币没有区别，实质是通过财政增发货币，使政府债务利息接近于零。

美国财政与货币政策一体化的落脚点在于，通过推动国家发展做大"分母"（经济蛋糕），而不是局限于通过降低债务与赤字来减小"分子"。与未来的收入（GDP）相比较，美国超大规模政策带来的债务就不再是一个问题。随着低利率条件的形成，美国财政与货币政策一体化不仅不会增加美国债务负担，还有助于帮助美国经济实现强劲复苏，这将为美国在未来的竞争中赢得先机。实际上，低利率为美国实施财政与货币政策一体化提供了战略机遇，美国很好地抓住了这一机遇。从表面上看，美国财政与货币政策一体化会进一步提高美国政府债务占 GDP 的比重，增加美国债务负担，实则不然。低利率使债务本金可以随着时间的推移被稀释，甚至无须偿还，成为货币存量的一部分。美国目前的名义利率接近零，考虑到物价因素，美国的实际利率为负。在此情况下，美国未来的实际债务成本反而比现在更低。相反，美国利用财政与货币政策一体化对冲疫情风险及经济衰退风险，能够为本国经济注入确定性，提振经济。随着美国经济恢复正增长，美国政府债务占 GDP 的比重自然会下降，美国债务负担也会减轻。

从另一个角度来看，政府的债务和杠杆与企业和家庭的债务和杠杆在本质上是不同的。债务对企业和居民来说是硬约束，政府的债务和杠杆背后是国家信用，政府债务与货币发行是相通的，两者都是国家信用的衍生物。在低利率和低通胀的情况下，政府的债务可以通过货币发行的方式来化解。每年正常增发的货币本质上是铸币税，可以通过国债的方式转移给财政使用，在央行形成对应的资产。以货币发行为基础的央行资产和财政负债是不需要偿还的。从这个角度来看，美国正是意识到了现实变化，没有受传统理论的拘束，抓住了机遇，趁机转换政策策略。扩大政府债务和提高杠杆，表面上看与传统做法无异，实则底层逻辑已经不同。

三、财政与货币政策协同配合出现问题时往往引发严重危机

（一）欧元区的风险

统一的货币政策与分散的财政政策是欧元区固有的政策矛盾，财政政策与货币政策的主权割裂是欧元区一直以来的风险隐患。尽管1991年12月通过的《马斯特里赫特条约》及其所附的《关于过量赤字程序议定书》对成员国做出了财政赤字占GDP的比重不得超过3%、政府债务占GDP的比重不得超过60%的限制，但在统一货币政策的约束下，一直以来欧元区国家都有扩大财政赤字的倾向。在2008年全球金融危机的冲击之下，欧元区国家普遍遭受了沉重的打击。在应对危机的过程中，美国可以开动"印钞机"，英国可以推行量化宽松的货币政策，而欧元区国家由于货币一体化则失去了货币政策的独立性，导致经济实力较差的希腊、葡萄牙、西班牙等国经济问题进一步恶化。为了刺激经济、增加就业，不少欧元区国家根据本国的情况实

施了刺激经济的赤字财政政策，欧元区国家的共同财政纪律受到了国家利益的严峻挑战。自欧债危机以来，欧元区国家经济分化严重，导致欧元区货币政策相机抉择能力欠缺。欧元区内各成员国之间的通胀率并不一致，但由于欧洲央行实行统一的货币政策，各成员国只能接受统一的利率。当单一的货币政策与个别成员国的经济利益不一致时，很难达到"熨平"经济周期的目的，反而会进一步拉大成员国之间的竞争力差距。

欧洲央行成立之初的财政政策与货币政策框架设计较为理想，也建立了相应的财政与货币政策规则，所强调的独立性应保护欧洲央行免受财政政策的不当影响。2003年，提出"接近但低于2%"的通胀目标。2021年7月，欧洲央行将价格稳定目标定义为"中期通胀率"（欧元区消费价格调和指数），同比增长2%。在实践中，央行独立性的发挥受到了很大的扭曲。

欧债危机期间，为了改善货币政策传导效率，缓解实体融资压力，欧洲央行进一步探索推出了一系列非常规货币政策工具。一是证券市场计划和直接货币交易计划，直接在债券市场买卖成员国政府债券以缓解市场担忧，稳定金融市场。二是进一步延长长期再融资操作期限，推出两轮3年期的超长期再融资操作，满足金融机构长期融资需求，缓解实体部门融资压力。三是通过第二轮担保债券购买计划恢复担保债券市场的流动性。四是启动了新的资产购买计划，开启欧洲版量化宽松政策，包括第三轮担保债券购买计划和资产支持证券购买计划，以及进一步推出扩张资产购买计划，不断扩大债券购买范围。

2019年11月至2022年7月，欧元区启动短暂的量化宽松政策，以应对经济下行。但随着俄乌冲突的爆发以及通胀率的飙升，欧洲央行决定停止资产购买并且宣布11年来首次加息。加息对欧元区的通胀水平起到一定的抑制作用，2023年12月欧元区通胀率为2.9%，比

2022年10月的最高点10.7%降低了7.8个百分点。但加息以及可能随之而来的欧元进一步升值意味着更高的债务和融资成本，使它们的经济复苏雪上加霜，截至2024年12月，欧盟和欧元区的经济增长预计仅为0.5%，德国更是会有0.3%的衰退。

（二）英国的教训

2022年以来，在新冠疫情、地缘政治冲突、逆全球化等因素的冲击下，以及俄乌冲突带来的能源、粮食价格的上涨，主要发达国家和部分发展中国家都出现了不同程度的通胀。在此背景下，不少国家处于财政政策宽松和货币政策紧缩的"左右手互搏"的矛盾之中。一方面，政府财政迫于保障国民的基本生计和争取民主选票的目的，更加倾向于增加财政支出或进行减税。新冠疫情发生后积累的债务要实现表面的可持续，也需要将利率长期维持在低位。另一方面，治理通胀不得不采取激进的加息策略。2022年9月起，英国陷入了上述财政与货币政策背道而驰的"沼泽"之中，财政政策引发利率和外汇的大幅波动，影响金融稳定，最终酿成首相下台的政治风波。

2022年10月，欧元区通胀率飙升至10.7%，创有记录以来的最高点，英国消费价格指数同比上涨10.6%，再创40年来新高。2022年9月底，英国新上任的首相特拉斯宣布了英国50年来最大规模的"迷你预算"减税措施，包括取消将公司税上调至25%的计划，取消45%的最高税率，大幅削减印花税等，旨在刺激饱受通胀困扰的英国经济实现增长。然而，这套方案被认为会加剧财政恶化和通胀，且固化富人福利、拉大国内贫富差距。批评的观点认为，英国政府通过增加财政赤字以实现增长的方式不切实际，不仅在提升中期GDP增长方面几乎没有作用，还会导致债务不可持续，进而严重威胁到宏观经济稳定。英国2022年第二季度经常项目赤字占GDP的8.3%，永久性减税额占GDP的2%，紧急能源支出将在短短半年内花费600亿英镑。在利率上升的时期，大规模减税会引起市场对政府债务可持续性的疑虑，产生切实的财政与经济风险。

英国政府大规模支出促增长的计划与央行降低通胀的目标之间存在根本冲突，造成市场和公众对国家货币政策目标的困惑、对国家经济政策公信力的怀疑，使市场情绪更为敏感脆弱，加剧了通胀失控和债务不可持续的风险。果不其然，该政策引发英国金融市场动荡不安，股、债、汇遭遇三杀局面，高杠杆的英国养老基金被推到崩溃边缘，以至于英格兰银行不得不直接下场推出"暂时性量化宽松"进行干预。英格兰银行公布紧急计划，在近20天内以每天50亿英镑的上限买入英国长期国债，但随着阶段性政策退出日期的临近，市场恐慌情绪再次出现，英格兰银行不得不宣布购债规模上限翻番。从短期来看，英格兰银行的"暂时性量化宽松"计划可以修复债券市场的流动性，暂时稳定资产价格，避免债券市场流动性危机演变为债务危机甚至全面金融危机。但从中长期来看，在激进加息控制高通胀的周期中实施大规模的债券救市计划与货币政策之间存在明显的矛盾，不仅会继续刺激通胀，而且会打击英镑汇率。在这一场财政与货币政策"对撞"的事件中，新上任的首相和财政大臣双双下台，给本就雪上加霜的英国经济制造了更大的不确定性。

四、比较与启示

现代货币政策的目标主要是盯住通胀，当通胀的底层逻辑发生变化时，央行制度有必要随之调整目标。当实践逻辑和理论逻辑发生变化时，就不能再强调央行的独立性问题，而是应该强调财政与央行如何密切协同的问题。财政与货币政策通过寓财政于货币实现协同配合，不仅是一国宏观经济战略目标一致性、协调性和机制性的体现，也是一国财经体系现代化、经济金融化的必然要求。面对日趋复杂的经济局面，为了精准地调控宏观经济，实现对经济社会发展的预期，需要财政政策与货币政策精诚协调配合，以期形成合力，清晰、准确地揭示宏观政策的真正指向。在风险社会，处理财政与央行关系的重心是维护资产估值稳定。

第一，将关键重要资产价格纳入财政与货币政策目标管理，实现财政可持续与金融稳定的内在协同。资产价格是经济的晴雨表。对资产价格的估值反映了市场预期，市场预期决定了市场行为，而调整预期也就成为政策调控的关键着力点。是否将资产价格纳入货币政策、财政政策调控目标，一直以来都是有争议的问题。但近几次全球经济或金融危机的处置过程表明，仅仅维持物价稳定的货币政策不足以维持金融稳定，也无法确保实现经济稳定和财政可持续。忽视对资产价格的有效监测和调控是导致资产价格泡沫、金融与财政危机爆发的重要原因。资产价格的大幅波动是导致家庭和企业的资产负债表衰退最关键的原因。将房地产价格、股票价格等关键重要资产价格纳入财政与货币政策的目标中具有现实的基础。深度理解研判资产价格与金融稳定、财政可持续的内在关系，监测资产价格波动风险，设定资产价格波动预警机制和调控触发机制，创立资产价格调控工具（如市场平准基金等），有利于财政与央行同时实现财政可持续与金融稳定内在协同。

第二，典型国家的财政与货币政策需要在不同层次上实现协同。首先，财政与货币政策协同配合的目标框架要在政策期望值层面取得基本共识。经济政策是国家为了达到一定的经济目的而对经济活动进行有意识的干预，在典型国家通常表现为充分就业、价格稳定、经济持续增长和国际收支平衡，四者之间既有互补，也有冲突。财政与货币政策协调配合的目标是，在经济政策目标的总体约束下对各自政策目标进行有机整合。其次，财政政策与货币政策协调配合的目标框架要在执行变量层面进行区间约束。财政政策的执行工具（如税收、国债、政府投资和财政补贴等）要与货币政策的执行工具（如利率、汇率、信贷规模和存款准备金等）相协调。应当为这些工具设置一个控制区间，以稳定预期，降低短期相机抉择所带来的随意性和片面性。强化财政在宏观审慎管理中的地位和作用，有利于全方位提升宏观审慎管理的效能，系统防范财政金融风险相互转化和蔓延扩散，也有利于财政与央行的政策协调配合。

第三，财政与货币政策的协同要基于现实条件。如果仅强调单一政策自身的发展演变逻辑和资源扩张需求，而不做协商与调整，就谈不上协同；如果仅强调固定的分工和角色，而不因时、因势而变，就会忽略力度、时机等政策实施的基本土壤，容易造成重大失误。政策基本环境、政治价值取向和市场主体心理预期等因素，往往决定了财政与货币政策协同的效果。政策时滞和政策预调等因素也需要考虑在内，使用工具的先后顺序和间隔时间都要提前进行沟通协商。主要国家在金融监管方面的实践说明，提升我国财政部门在维护金融稳定方面的地位和作用具有切实必要性。在宏观审慎管理方面，凡是涉及国债、地方政府债务、城投债、国库现金管理、政策性金融（如政策性金融债、信贷、融资担保、保险、基金等）等业务的商业银行和非银行金融机构，财政部均应拥有对其实施宏观审慎管理的权力和能力，包括完善评估框架体系、风险监测与识别、政策工具的启用校准和调整等。

第四，财政与货币政策的协同需要制度化、规范化、法治化的机制来保障。从典型国家财政与货币政策的决策过程来看，并不是在各自政策制定后以"告知"的形式通知另一部门，或是两个部门间需要对方配合时才提出相应的工作协同要求，而是建立了实体化或常态化的平台来连接和协调两个部门。在决策层面，当两个部门出现意见分歧时，往往由财政部门负责人最终裁决并形成一致方案。在操作层面，央行的公开市场操作机构和人员与财政部相关职能部门建立了业务上的日常性沟通，以保证财政与货币政策在执行的层面也能达成高度协同。可以考虑构建独立的国债管理机构，设立国债平准基金，大幅提升国债在央行货币政策管理中的基础性作用。国债平准基金可以充当国债市场的兜底交易商和做市商角色，全方位提升国债的安全性和便利度，做大做强国债市场，为完善货币政策体系和推动利率市场化改革提供坚实的基础。

第五，财政货币一体化已上升为一种国家战略工具。财政与货币政策一体化的核心不是债务与赤字的多寡，也不是刻意强调财政平衡，而是将本国发展放在首位，防范风险服从于可持续发展的目标。从某种程度上来说，以对冲风险为基本功能的财政与货币政策一体化已经成为美国参与国际竞争的工具，并成为美国国家竞争力的重要组成部分。美国通过财政与货币政策一体化的方式将铸币税交给财政去使用，让财政政策既可以对冲疫情冲击、降低短期风险，也可以大力支持本国基础设施、居民消费、社会就业、科技研发、人力资本与国防建设，从而解决美国经济发展中面临的长期问题，为美国可持续发展构建更大的确定性，提升美国的国家竞争力，并为其在未来的竞争中赢得先机。在发达国家纷纷实现工业化之后，随着经济金融化、金融全球化，金融竞争已经成为全球竞争的新分野。金融竞争作为一种高维度竞争，以货币为手段，加速全球财富的金融化、虚拟化，创造高维度的全球财富存量再分配机制，实现对其他国家的"降维打击"。

第十七章

主要国家国库管理制度与比较

目前，美国、英国、德国、日本等国家多实行国库代理制度，财政资金账户全部纳入国库单一账户体系管理，财政资金头寸归集到国库单一账户集中管理。

一、多数国家均实行委托国库制

目前，美国、英国、德国、法国、日本等国家多实行国库代理制度。美国委托国库制的具体形式是，以财政管理为主、央行代理为辅。英国的国库管理机构是国库部。德国央行负责联邦国库资金收支运转和州、地方国库的资金收纳及流动性管理。法国由央行代理国库。日本是由日本银行负责国库的代理业务，地方则实行银行制。中国国库管理虽然从代理走向经理，但管理实践并未因此有太多实质性变化。

（一）美国实行委托国库制：具体形式是以财政管理为主、央行代理为辅

委托国库制是美国国库的基本制度形式。1914年，美联储的建立是美国央行代理国库的开端。1913年，《联邦储备法》授权美联储代理财政筹集、保存、转移、支付国库资金，为政府保管资金并代理财政收支，代理发行政府债券，代理黄金、外汇交易。此后，美联储为联邦政府开立存款账户，财政支出则通过美联储委员会、12家联储银

行及其25家分行组成的电信拨款系统进行。20世纪70年代后，电信拨款系统被电子计算机系统所取代，形成了全国范围的电子支付系统。通过这个系统，美联储可以快速地转移政府资金，以及完成政府债券的交割。为避免全部政府收入和支出都由美联储存入与提取而带来对金融市场的扰动，财政部通常将其存款余额的一部分存放在美联储，其余资金则存入13 000多家商业银行的"税收和公债账户"中。直到今天，美国联邦政府资金的存放依然保持着这一格局。

美国委托国库制的具体形式是，以财政管理为主、央行代理为辅。委托国库制并非一成不变，而是随着政治、经济、科技、管理等因素的变化而变化，先后经历了纯粹代理制、银行存款制和现金管理制三种实现形式的变迁。目前，美国实行的是现金管理制。所谓现金管理制是指，财政部通过库存现金和现金等价物（如银行存款、有价证券等）之间的转换，使国库现金保持一个相对稳定的数额，"熨平"现金流量波动和提高现金的使用效率。国库现金管理的出现意味着国库功能的极大扩展，它并不否定委托国库制度及银行存款制，而是在以前的框架下调整了委托代理的职能范围，形成了以财政管理为主、央行代理为辅的具体实现形式。从此，银行存款制逐步过渡到更为高级、覆盖面更广、财政更具主动性的现金管理制。

（二）英国实行委托国库制：国库管理机构是国库部

英国的国库管理机构是国库部。国库部的主要职责包括：管理政府借贷和国库单一账户，向财政部长提供关于公共支出总量规模的信息和建议，监督国库资金，保证公共资金能恰当运作，确保国库资金合理、高效地使用。国库部编制部门预算，议会按部门审批支出预算。英国国库实行国库单一账户体系制度，国库部通过国库单一账户体系制度对公共资金进行严格管理，但是不限制预算支出部门管理支出的权力。国库单一账户开设在央行——英格兰银行。英格兰银行随时根据国库部的指令从统一基金账户向支付办公室各部门的账户划转，确保资金用于各部门的支付。

（三）德国实行委托国库制：央行负责联邦国库资金收支运转和州、地方国库的资金收纳及流动性管理

德国实行委托国库制，将财政收入的收纳、划分、报解和财政支出的拨付等业务委托央行（或商业银行）代理。[①] 德意志联邦银行的国库管理职能并非由《德意志联邦银行法》规定，而是由各级政府的预算法来明确，因此，德意志联邦银行在各级国库所起到的管理作用不尽相同。在联邦层面，德意志联邦银行在国库资金收支中居中心地位，无论是预算内收支，还是预算外收支，均需通过国库单一账户体系进行。在州、地方层面，州、地方国库均需在德意志联邦银行开立国库账户（例如黑森州在德意志联邦银行法兰克福分行开立了账户），用于收纳所有公共收入（包括税收和发债等收入）。

（四）法国实行委托国库制：由央行代理国库

法国实行委托国库制。法国的国库管理机构是由预算司、国库司、税收总局、公共会计司、法兰西银行和审计法院等部门组成的。法国国库司设立在财政部，主要职责是在进行政府现金管理的基础上，对政府预算包括预算外资金进行广泛而严格的控制，制定政府融

---

① 在德国，州、地方的国库资金支出一般通过在商业银行开立的账户进行。

资政策，负责国债的发行和管理。公共会计司负责办理具体的收支业务，其中包括监交中央税、地方税的税款，汇总、分析和支拨财政资金。公共会计司在各省设出纳署，下设100多个附属机构，也称地方国库。税务总署负责制定各类税法、税收政策和税种设置，也负责税款的征管工作。

（五）日本银行负责国库的代理业务，地方则实行银行制

日本的国库管理制度遵循存款制度和统一原则。日本设置了国库的单一账户，并由日本银行承担最终出纳的职责。除允许范围内各官厅出纳官的小额度现金外，所有的国库金必须通过日本银行实现收支。另外，日本对于中央和地方实行的是不同的国库管理制度。由日本银行负责国库的代理业务，地方则实行银行制，地方政府的预算资金直接通过所属财务省存入相关商业银行并进行管理。按照日本国库管理制度的规定，首先由部门的负责人提出申请，在国会批准预算以后，相关部门根据预算内容对"支付计划表"进行拟订，并将拟订好的计划表提交给财务大臣。该财务大臣进行斟酌审批，审批一经通过，便同时通知部门负责人和日本银行，并传达给支出官完成支付行为。日本国库金业务实现电子化后，可以在任何时间、任何地点进行国库金的缴纳和支付。

同时，日本国库管理还具有以下特点。需要指出的是，日本的国库管理特点是由其特殊的财政体制所决定的，主要表现为以下几个方面。一是日本没有独立设置国库管理的专门机构，而是由理财局的下设机构——国库科来承担国库管理的职责。二是日本没有独立制定国库管理的预算法案，而是依据宪法中关于"财政"的规定，以及由其他有关法律法规做出规定。三是日本实行的是中央和地方差别化管

理。从提高业务效率的角度出发,日本针对中央政府及地方政府的不同特点,实施了不同的管理规则。中央政府的财政事务由日本银行代为办理,而地方政府的财政事务则由地方政府的开户银行直接办理。四是专门设置会计检察院作为监管机构,对日本银行的国库代理业务进行有效监督。五是日本国库管理的信息化水平也比较高,目前已经实现了电子支付制度。

(六)中国国库管理从代理走向经理

1950年,中央人民政府政务院发布了《中央金库条例》,确定代理国库制。1985年,国务院颁布了《中华人民共和国国家金库条例》,将中国人民银行代理国库改为经理国库。《中华人民共和国国家金库条例》第三条规定:"中国人民银行具体经理国库。组织管理国库工作是人民银行的一项重要职责。"《中华人民共和国中国人民银行法》《中华人民共和国预算法》等法律法规均延续了由人民银行经理国库的规定。对于央行而言,从"代理"转为"经理",虽一字之差,但这代表中国人民银行相关国库管理职能的变化。不过,从实际情况来看,央行一直履行的职能都是"代理国库",并未因法律条文的更改而有实质性的提升。同时,《中华人民共和国预算法》在明确中国人民银行经理国库的同时,也规定各级财政部门享有对国库存款的支配权。

二、多数国家国库实行单一账户做法

现阶段,多数国家国库实行单一账户做法。其中,美国运用国库现金管理项目打通货币政策和国库现金管理之间的联系；英国实行国库单一账户体系制度；德国实行国库单一账户制度下的库存目标余额管理；法国国库在实行单一账户做法的同时，配套使用国库分类账户；日本实行严格的国库单一账户管理；中国则初步建立起国库单一账户体系。

（一）美国运用国库现金管理项目打通货币政策和国库现金管理之间的联系

在实践中，美国财政部在美联储开设国库一般账户作为国库单一账户，在法律框架下，通过国库一般账户进行所有财政收支操作和各类国债管理操作。同时，美联储与财政部联合推出了美国的国库现金管理项目——国库税收与贷款项目（见图17-1）。该项目旨在打通货币政策和国库现金管理之间的联系，让国库现金管理与货币政策的安排相协调，维持国库一般账户余额的稳定。操作方法为，当国库一般账户余额高于设定值时，将高出的部分转移到国库税收与贷款项目账户中；反之，则从国库税收与贷款项目账户中补足，以此来保持国库一般账户余额的稳定。国库税收与贷款项目账户有以下几个特点：一是该账户内的国库资金作为存款或稳健投资进行计息，要求投资和持有机构提供足额抵押物；二是该账户作为国库资金的投资账户，相比作为经收账户的国库一般账户，对银行准备金体系的影响大幅减弱；三是该账户资金来源单一，全部由国库一般账户流入，因此监控该账户的资金流向非常容易。在这些机制下，美联储可以全面掌握国库资金的明细信息，有利于采取灵活且富有针对性的管理方式。具体来说，美国目前的国库税收与贷款项目票据账户具有如下特点。

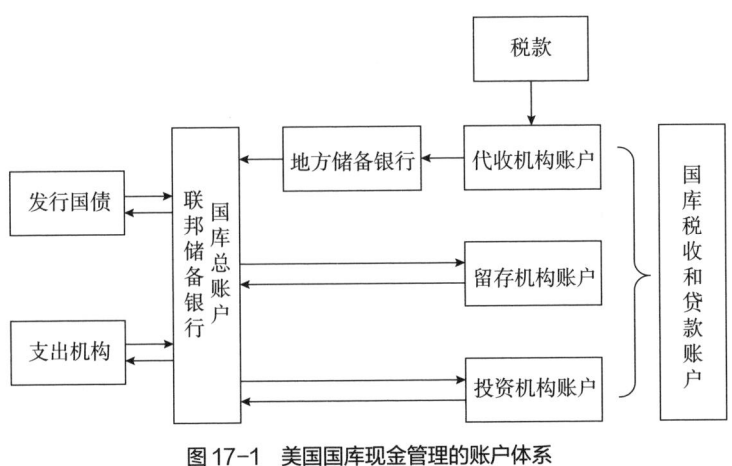

图 17-1　美国国库现金管理的账户体系

一是美国国库实行单一账户制。美国财政部在国库一般账户进行主要的财政业务操作，剩余的部分税收和贷款账户操作，同样通过美联储体系下的商业银行与信用社进行处理，最后统一划转到国库一般账户内。这些商业银行和信用社，在国库现金管理中扮演了收纳机构、持有机构以及投资机构的角色。收纳机构作为支付中转机构，将收付的税款统一划转到国库一般账户内。持有机构可以将税款存放在专设的国库存款账户中，并和普通来源的存款一样，照常支付利息，但需要向国库管理部门交付足额的质押品。投资机构保留税款作为国库对该机构的投资，提供的收益率比存款利息高，投资机构也要向国库管理部门交付足额的质押品。持有机构和投资机构交付的质押品有国库券、商业贷款和学生贷款等资信良好、现金流稳定的资产。国库管理部门定时对质押品进行估价。

二是库存现金余额的管理机制。国库目标余额一般设定如下：高峰时期，如1月、4月、6月、9月下旬，将目标余额定为70亿美元，其余普通时期则保持50亿美元的目标余额。当账户余额低于指定水平时，会从国库税收与贷款项目票据账户转出现金，或者发行债券筹集现金；当账户余额高于指定水平时，会将多余现金转入国库税收与贷款项目票据账户内，或者通过公开市场操作回购债券。在制度框架内，进行以上调整的手段和时机都非常灵活。除了根据目标现金余额主动转出资金，国库资金的转出还有两种被动情况：一种是持有机构和投资机构出于经营需要，向国库转出现金，减少吸收的国库存款；另一种是质押品品质不足，并未提交新抵押品，则由国库管理部门按规定转出现金。

三是设立信息管理系统。国库账户存在一套国库管理信息系统。该系统如实记录了每一笔财政资金的收入、支出与去向。在该系统中，财政部下属的财政事务管理处与美联储、地方国库、国内税务局以及国债管理局等机构合作，定时向公众发布国库每日现金流量报告、政府每月收支流量报告以及国债每月情况报告等。该系统有利于为当局提供详细的决策信息，有利于考核管理水平和绩效审计，有利于提高施政透明度，满足公众知情权，最大限度地维护公众利益。

（二）英国实行国库单一账户体系制度

英国实行国库单一账户体系制度，国库通过单一账户体系对公共资金进行严格管理。国库单一账户开设在央行——英格兰银行。同时，英格兰银行随时根据国库部的指令从统一基金账户向支付办公室各部门的账户划转。英国政府的收入主要来自税收和发债。税收收入和发债收入都直接纳入开立在英格兰银行的财政部账户上，财政部账户由国库部管理。英国国内收入局分别在苏格兰和英格兰设立了两个核算办公室，其职责是处理各地区的税收收入。核算办公室通过自动化设备将纳税人缴纳的税款存入指定的商业银行，商业银行通过银行清算系统上划资金到国库单一账户。同时，英国政府各部门及相关公共机构均在国库的公共会计出纳署开立账户，进而实现所有的公共支出支付。

（三）德国实行国库单一账户制度下的库存目标余额管理

德国实行国库单一账户制度，即联邦国库管理会计中心代表联邦国库管理部门，在德意志联邦银行开立国库主账户，并以各联邦预算单位的名义，在其下开立子账户，州、地方也相应在德意志联邦银行分支机构开立国库账户。联邦税收和发债等收入以及所有支出都必须通过该账户进行统一管理，州、地方通过开设在央行的账户收纳所有公共收入。德意志联邦银行国库存款根据"适量余额"原则，将多余资金划入地方政府开立的银行账户中，所有国库资金支出均通过该银行账户进行。德国实现库存目标余额管理，开展国库现金管理需要满足德国《联邦预算法》第43条（2）款的规定条件，即应确保一旦需要资金，国库能及时进行拨付。在满足这个条件的前提下，多余的国库资金才可以进行国库现金管理。

同时，德国国库现金管理的基本方式是由央行将国库资金划转至专门机构开展国库现金管理。2004年以前，德国的国库沉淀资金运作由德意志联邦银行负责。从2004年1月开始，德意志联邦银行不再接受国库部门的委托对国库沉淀资金进行流动性管理，而是通过国库资金集中系统，根据规定将国库沉淀资金划拨至专门运营机构——德国金融公司。具体程序是：德意志联邦银行在每个工作日结束前（下午五点半前），将国库单一账户体系子账户中的资金全部划转至主账户，随后，根据流动性管理的需要，主账户资金被划转至德国金融公司。在州、地方层面，由于州、地方缺乏专设的投资机构和专业人才，德意志联邦银行往往会接受州、地方的委托，帮助其开展国库资金流动性管理，具体操作与联邦国库类似。同时，德国国库现金管理由专门的运营机构——德国金融公司进行运作。德国金融公司，也称联邦金融署，是联邦政府全资控股的有限责任公司，主要为德国政府国库现金管理、预算基金以及德国政府在金融市场中的特别资产管理提供服务；同时，它还负责德国联邦政府的债务管理，最小化政府债券管理成本。德国金融公司有两个特点。一是该公司具有行政性质，代表国家意志。该公司隶属德国财政部，接受德国联邦财政部的监督。该公司由德意志联邦共和国全资拥有，在国际金融市场上以德意志联邦共和国的名义进行资本运作。二是该公司兼具国库现金管理和政府债务管理两项职能，对财政资金在金融市场的运作具有专业的操作水平。

另外，德国还以充分的投融资手段实现国库现金管理与债务管理的协调。国库现金管理和政府债务管理集中于同一机构，有利于两者的协调。德国国库现金管理和政府债务管理两项职能由同一机构兼任，可以通过发行债券和运作国库现金等方式，实现"熨平"国库现金流量波动和提高国库现金使用效率的目标。德国金融公司根据预算收支状况在年度内的季节性变化规律，并结合分析经济运行态势对当前及未来一段时间的预算收支状况进行科学预测后，决定短期债券的发行时机和发行规模，相机决定如何有效地管理国库现金。当国库现金余额高于合理的库存资金时，多余部分便可通过投资工具的选择投放于金融市场以获取较高的收益；当国库现金余额低于合理的库存水平时，不足部分便需要通过融资工具的选择力求以较低的成本从金融市场融入资金。同时，德国法律为国库现金管理和债务管理的优先权定下基调。根据德国《联邦预算法》第43条（2）款规定，德国财政盈余应特别用于减少信贷需求或偿还债务，或划拨给经济发展平衡储备金。也就是说，财政盈余优先考虑的是偿还债务，而非国库现金管理。

（四）法国国库在实行单一账户做法的同时，配套使用国库分类账户

法国国库实行单一账户的做法，即将所有政府现金资源（包括税收和其他预算内收入，也包括各项预算外资金）集中在央行账户，不允许在其他银行开户（见图17-2）。所有政府资金的收支都通过单一账户办理。与单一账户配套使用的是国库分类账户，即国库为所有政府支出部门分别开立账户，记录政府资金的变动和各政府支出部门与机构的资金运用，并向政府提供相关信息。当涉及实际付款时，通过国库单一账户处理。法国的国库收入包括中央税、地方税和各种公用事业收费，以及财政向银行借款。法国国库收纳、报解和支付的管理程序是：纳税人向税政管理部门申报，若无异议，纳税人向征税机关或任何一家银行以支票的形式缴纳税款，支票再通过银行清算系统直接上划至国库单一账户中。

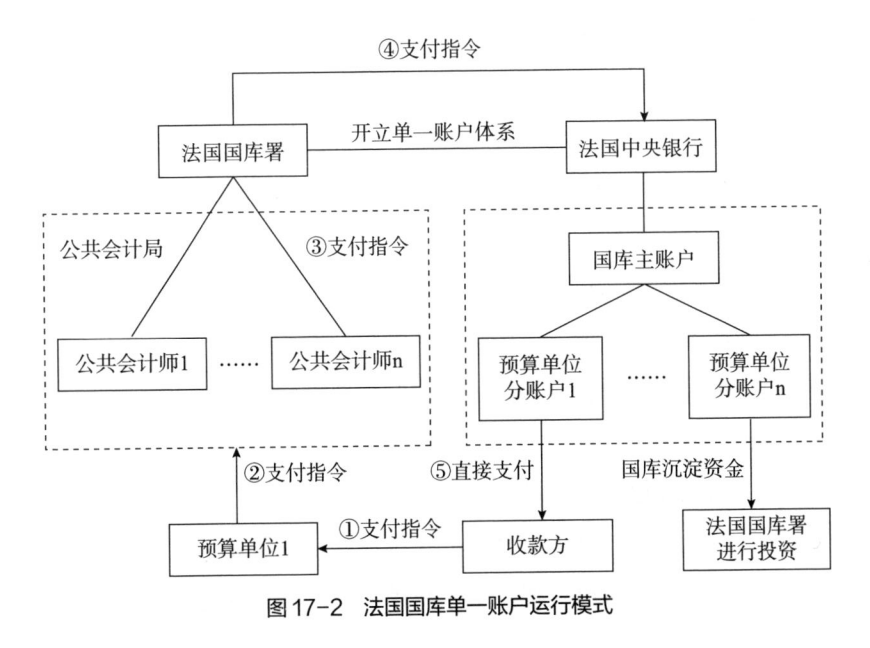

图17-2 法国国库单一账户运行模式

同时，法国国库支付模式是集权化支付模式，由支出部门审核供应商的发票，计算出国库实际应支付的数额，并附上相关的凭证向国库提交支付申请，由国库审核并签发支付命令，或由出纳署通过银行清算系统将资金从国库单一账户实际支付给供应商。

（五）日本实行严格的国库单一账户管理

日本没有设置专门的国库管理机构，而是由财务省理财局下设的国库科具体负责国库收支的相关事宜。日本实行严格的国库单一账户管理，所有国库款项收支都必须通过国库单一账户，只有各部门的出纳官吏可以在限额范围内保留小额现金。国库资金全部存入日本银行，其出纳事务原则上由日本银行经办，以日本银行为支付人，通过开具支票办理国库资金支付。

（六）中国初步建立起国库单一账户体系

中国从 2000 年开始试点改革国库的管理模式，2001 年经国务院批准，正式启动国库集中收付制度。按照国务院批准的相关方案，中国初步建立起以国库单一账户为基础，涵盖五类账户的国库单一账户体系。目前中国国库单一账户体系的主要特征有以下几点：一是国库现金管理逐渐完善，形成了较为成熟的短期操作模式，例如常态化的商业银行定期存款操作；二是由于国库现金投放和回收在时间上存在差异性，国库现金库存呈现波动性；三是账户体系的设置较为复杂，除了在中国人民银行设置的"国库单一账户主账户"外，各级财政部门与预算单位均存在其他类型的财政专户；四是财政资金管理的多元化，央行设置的国库单一账户主账户用于财政经常性的收支，部分预算单位和财政部门在商业银行设置财政专用账户,用于非税收入的汇总与划转。

三、主要国家国库的监督机制

西方国家在有关国库资金的使用、支付和监督过程中对各有关部门的权利和责任都有明确的规定,并以立法的形式制定了严格的责任机制、规范的监管体系以及一系列严惩措施,通过围绕预算支出的事前、事中、事后的监督形成了完整的监管体系。在这些监督中,不同机构的职责和作用一般都有相关的法律来予以明确划分,由此建立起分工明确的国库资金责任体系。此外,西方国家还设计了专门的审计监督机构对国库资金的运作进行全程严格的监督。与之相对的是,中国对国库资金进行监管的机构很多,人大、财政部门、人民银行国库部门、审计部门、政府支出部门都有对国库资金监管的职责,存在的主要问题是权责不够明确和对称、独立执法能力弱、权力之间缺乏相互制衡、监管流于形式、约束软化等。

(一)美国围绕预算形成了完整的监控体系

基于严格的预算控制、完善的银行体系、发达的信息技术支撑,经过多年的发展,美国形成了独具特色、各部门机构相互配合、基本适应财政管理要求的国库集中支付体系。同时,美国围绕预算形成了完整的监控体系。具体来说,美国对预算实行多方面的监督制约机制,并有明确的法律依据。美国政府部门的预算执行工作在机构内部受到首席财务官的监督,在机构外部受到审计署、机构总监察长等多方面的监督。

(二) 英国的国库监督是典型的立法监督

英国的国库监督是典型的立法监督,即通过制定财政、国有资产、财务管理、会计的相关法律,依法管理国家总预算、决算。审计机关和监督机关向国会负责。英国的国库监督是从预算开始的。政府内阁对预算进行审核后提交议会审议,由议会批准政府当年预算。议会批准预算之后,国库部将预算资金拨付到各部门开设的账户。英国国家审计署负责对设立在英格兰银行的财政账户支取款项进行审计,对政府各部门和其他公共机构的账户进行稽核,并对预算资金使用效果进行财务分析,每年将审计情况向下议院公共账户委员会报告。

(三) 德国设立专门机构加强对国库管理的监督

德国联邦国库管理部门主要由联邦国库管理会计中心及4个国库办公室组成。前者负责联邦预算资金的管理、记账以及对国库办公室的监督等。由于联邦预算单位分布在全国各地,德国联邦政府分别成立了4个国库办公室(即基尔、哈雷、魏登、特里尔办公室),专门负责所辖区域内联邦预算单位资金支出的审批。目前,联邦国库管理会计中心及国库办公室均接受财政部的管理。同时,在实际操作中,德意志联邦银行建立了现代化的账户管理及资金汇划系统,建立专门的信息监测系统并安排专业的部门和人员,加强对国库现金流信息的搜集、监控以及开展国库现金流预测工作,并对账户余额加以实时动态监测,为国库资金运营及管理提供了有力的保障。

（四）法国以财政部日常业务监督和审计法院事后监督组成立体监管体系

法国的国库监督是以财政部日常业务监督和审计法院事后监督组成立体监管体系。法国议会主要承担宏观预算制定为主的监督，财政部日常监督确保财政支出在事前得到有效的审查和核实。财政部日常业务监督包括：财政监察专员对中央各部门和大区的财政监督，公共会计在公共支出时的监督，直属财政部长的财政监察总署对部长领导下的税务总局、海关总署及国库局、预算司等业务部门的账目、执法质量与工作效率的检查。法国的审计法院是国家最高的经济监督机关，独立于议会和政府，除审计国家决算外，审计法院主要是依法对公共会计师和公共支出决策人进行监督。

（五）日本国库管理的监督机制

日本虽然没有单独的预算法，但是日本宪法中关于财政的规定以及其他相关法律法规的规定，使日本在预算方面的法律法规制度还是比较健全的。为使国家决算保证正确性，日本国库的相关业务，包括对国库金进行会计处理、各省厅所进行的预算执行和决算以及会计处理等业务都是独立且分别进行的，而后再核对账务。根据日本的相关法律规定，由会计检察院执行国库业务的监审任务。一旦造成国家的资金损失，日本银行必须按照相关商法和民法的规定承担赔偿责任。同时，日本专门设置会计检察院作为监管机构，对日本银行的国库代理业务进行有效监督。

（六）中国国库管理的监督机制仍待完善

近年来，尽管中国国库管理的监督机制有所完善，但是现阶段，中国国库管理的监督机制仍存在以下问题。一是立法层级不高，约束力较弱。中国宪法未涉及国库业务或财政事务，宪法之下，由《中华人民共和国预算法》提供最高法律效力，但未对国库管理的基本事项予以明确；法律之下，主要以规范性法律文件（《中华人民共和国国家金库条例》及其实施细则）的形式体现国库在预算执行中的地位、职能。相比之下，美国、德国、日本三国均在宪法、相关法律、具体规章制度等不同层级，对国库职能等内容进行了规范。二是权责划分不清，各部门间相互协调和制约的作用不强。财政与央行未就国库"经理"定义达成一致，其中财政偏向于经办、办理，国库业务受其指导和监督，而央行偏向经营、办理，在办理国库业务的基础上还有监督职能。同时，双方与构成监督体系的人大、审计等机构的分工也未明确，难以发挥各部门间相互协调、相互制约的作用，致使国库监督的实施范围和效果都受到限制。三是国库单一账户体系缺少法律支撑，难以约束财政收支。国库单一账户体系的建立源于2001年发布的《财政国库管理制度改革试点方案》，在此基础上修订的《中华人民共和国预算法》及其实施条例等法律法规，未明确国库单一账户制度的具体环节、程序与方法，以及国库、财政、预算单位、代理银行在其中的权责范围，使财政支出范围的规范性、预算执行的约束力、国库监管的重视程度受限，得不到足够的法律保障。

四、比较与启示

主要国家国库制度的做法表明：第一，财政部是国库的管理主体，但离不开央行和商业银行的协调与配合，正如同央行制定和执行货币政策离不开财政部的协调与配合一样；第二，充分利用后发优势，逐步实现国库管理的现代化、高级化；第三，调整与优化财政、国库、央行、商业银行在国库管理上的关系，明确分工，高效合作，建立适合中国国情及发展需要的国库管理体制；第四，借鉴西方国家的经验，加快完善国库监管制度。为了加快完善国库监管制度，中国应借鉴西方国家的做法，以预算为主线，对预算编制、执行过程、执行结果进行全过程监督，以明确的法律形式明确各部门的权利和责任，建立严密高效的国库资金监管体系。

参考文献

1. 伯南克, 盖特纳, 保尔森. 灭火：美国金融危机及其教训 [M]. 北京：中信出版社, 2019.
2. 伯南克. 行动的勇气 [M]. 北京：中信出版社, 2016.
3. 布伦南, 布坎南. 宪政经济学 [M]. 北京：中国社会科学出版社, 2012.
4. 布罗代尔. 15 至 18 世纪的物质文明、经济和资本主义 (第一卷)[M]. 北京：生活·读书·新知三联书店, 2002.
5. 陈伟光, 钟华明. 经济政策不确定性、国家治理能力与国家金融化 [J]. 南开经济研究, 2023(10): 60–81.
6. 陈志武. 金融的逻辑 [M]. 北京：国际文化出版公司, 2009.
7. 池光胜. 债务可持续的数学语言 [R]. 安信证券股份有限公司, 2019.
8. 邓晓兰, 黄显林, 张旭涛. 公共债务、财政可持续性与经济增长 [J]. 财贸研究, 2013(4): 83–90.
9. 樊苗江, 柳欣. 货币理论的发展与重建 [M]. 北京：人民出版社, 2006.
10. 何德旭, 冯明. 新中国货币政策框架 70 年：变迁与转型 [J]. 财贸经济, 2019, 40(09): 5–20.
11. 何增平, 贾根良. 财政赤字货币化：对现代货币理论误读的概念 [J]. 学习与探索, 2022(04): 101–110.
12. 胡永刚, 张运峰. 财政支出与广义货币关系的协整分析及其政策含义 [J]. 财经研究, 2005(11): 81–89.
13. 黄达. 货币银行学 [M]. 北京：中国人民大学出版社, 2017.
14. 黄绍湘. 二战后凯恩斯主义在美国的应用与演变 [J]. 中国社会科学院研究生院学报, 1995(03): 1–9.
15. 霍默, 西勒. 利率史 [M]. 北京：中信出版社, 2010.

16. 贾根良. 现代货币理论的澄清及其对中国宏观经济政策的重要意义[J]. 学术研究, 2022(08): 77–82.
17. 焦福龙. 当前财政支出对货币供给的影响[J]. 广西财经学院学报, 2013, 26(01): 30–33+75.
18. 靳卫萍. 从内生性货币供给的角度看国债[J]. 当代经济科学, 2003(01): 39–43.
19. 凯恩斯. 货币论(上卷)[M]. 北京: 商务印书馆, 1986.
20. 凯恩斯. 就业、利息和货币通论[M]. 北京: 商务印书馆, 1999.
21. 克里普纳. 美国经济的金融化[J]. 国外经济理论动态, 2008, 03(06).
22. 雷. 现代货币理论[M]. 北京: 中信出版社, 2017.
23. 李成威, 景婉博. 财政政策与货币政策的有效协同模式: 赤字货币化[J]. 经济与管理评论, 2021, 37 (02): 107–113.
24. 李俊生, 姚东旻, 李浩阳. 财政的货币效应——新市场财政学框架下的财政－央行"双主体"货币调控机制[J]. 管理世界, 2020, 36(06): 1–25+241.
25. 李黎力, 贾根良. 货币国定论: 后凯恩斯主义货币理论的新发展[J]. 社会科学战线, 2012(08): 35–42.
26. 李黎力. 现代货币理论的"历史"与"现代"[J]. 金融博览, 2019(12): 33–35.
27. 李扬. 财政赤字: 衡量、原因及对策[J]. 上海经济研究, 1987(03): 8–14.
28. 李扬. 货币政策和财政政策协调配合: 一个研究提纲[J]. 金融评论, 2021, 13(02): 1–11+123.
29. 李义奇. 货币信用属性演化的历史与逻辑[J]. 广东金融学院学报, 2010, 25(01): 120–129.
30. 厉以宁. 评美国凯恩斯学派与货币学派之间的论战[J]. 经济问题探索, 1980(02): 40–49.
31. 梁银妍. 黄奇帆: 下大力气搞好金融是深化改革的主攻方向[N]. 上海证券报, 2022–05–16.
32. 刘朝阳, 柳小慧. 土地财政的货币效应: 理论机制、经验证据与政策含义——基于地级市面板数据的PVAR模型分析[J]. 财政研究, 2021(11): 45–58.
33. 刘国艳, 王元, 王蕴, 等. 积极财政政策转型与财政可持续性研究[J]. 经济研究参考, 2012(02): 3–33.

34. 刘立峰. 国债政策可持续性及财政风险度量 [J]. 宏观经济研究, 2001(08): 42–45.

35. 刘尚希, 武靖州. 财政改革四十年的基本动力与多维观察——基于公共风险的逻辑 [J]. 经济纵横, 2018(11): 60–72.

36. 刘尚希. 财政金融协同的目标应转向公共风险管理 [J]. 开发性金融研究, 2019(04): 3–9.

37. 刘尚希. 财政政策需要新范式 [J]. 经济研究, 2024, 59(01): 4–35.

38. 刘尚希. 公共风险变化: 财政改革四十年的逻辑 [J]. 审计观察, 2018(06): 4–9.

39. 刘尚希. 以公共风险的结构和强度重塑财政政策体系 [J]. 财政科学, 2021(03): 5–9.

40. 刘尚希. 关于现代货币理论的四个观点 [J]. 学术研究, 2022(08): 71–73.

41. 刘诗白. 美国经济过度金融化与金融危机 [J]. 求是, 2010(14): 58–60.

42. 楼继伟. 宏观经济改革: 1992~1994 背景设想方案操作 [M]. 北京: 企业管理出版社, 1995.

43. 陆磊, 刘学. 货币论: 货币与货币循环 [M]. 北京: 中译出版社, 2021.

44. 陆晓明. 对本轮美国通胀特征及原因的再认识——兼谈财政政策货币化的影响 [J]. 债券, 2022(05): 90–96.

45. 罗成, 顾永昆. 货币股权: 人民币国际化新思维 [J]. 贵州财经大学学报, 2020(06): 1–10.

46. 马克思, 恩格斯. 马克思恩格斯全集 (第 19 卷) [M]. 北京: 人民出版社, 1963.

47. 马拴友. 中国公共部门债务和赤字的可持续性分析——兼评积极财政政策的不可持续性及其冲击 [J]. 经济研究, 2001(08): 15–24.

48. 孟德斯鸠. 论法的精神 [M]. 北京: 商务印书馆, 2020.

49. 潘功胜. 国务院关于金融工作情况的报告——2023 年 10 月 21 日在第十四届全国人民代表大会常务委员会第六次会议上 [EB/OL]. http://www.safe.gov.cn/safe/2023/1021/23364.html.

50. 潘国俊. 政府资金运动与货币供应量的关系研究 [J]. 金融研究, 2004(06): 81–89.

51. 彭兴韵, 张运才. 发达经济体的结构性货币政策 [J]. 中国金融, 2022(14): 30–32.

52. 沙文兵, 刘红忠. 人民币国际化、汇率变动与汇率预期 [J]. 国际金融研究, 2014(08): 10–18.

53. 宋潇. 同为宽松政策，赤字货币化有何不同 [R]. 海通证券股份有限公司，2020.

54. 汪洋，许乐，邱愉. 历史演进视角下的铸币税与央行利润 [J]. 江西师范大学学报 (哲学社会科学版), 2023, 56(05): 66–73.

55. 汪洋. 铸币税：基于不同视角的理解 [J]. 经济学 (季刊), 2005(02): 639–662.

56. 王金强，黄梅波. 世界经济金融化与债务国主权债务责任的履行机制 [J]. 外交评论 (外交学院学报), 2022, 39(02): 87–109+6–7.

57. 王利民，左大培. 关于预算赤字、铸币税和货币扩张通货膨胀税的关系 [J]. 经济研究，1999(08): 32–34.

58. 王庆琦. 资本主义经济脱实向虚困境的比较研究和现实反思 [J]. 社会科学家，2022(11): 75–84.

59. 王生升，刘慧慧，方敏. 美国经济治理失灵的根源、机制及启示 [J]. 政治经济学评论，2023, 14(06): 177–192.

60. 吴晓灵. 预算的质量：货币理论分歧下财政与货币政策协调的重点 [J]. 探索与争鸣，2021(01): 5–8.

61. 谢永康. 财政收支对货币供应量的影响不容忽视 [J]. 四川金融，1990(07): 11–12.

62. 谢志刚. 货币的商品论与信用论之争及其演进 [J]. 学术研究，2021(12): 105–113.

63. 熊彼特. 经济分析史 (第一卷)[M]. 北京：商务印书馆，1991.

64. 许雄奇. 财政赤字的宏观经济效应：一个文献综述 [J]. 重庆理工大学学报 (社会科学), 2010, 24(10): 26–35.

65. 杨瑞龙. 现代货币理论对我国宏观经济政策制定的适用性考察 [J]. 学术研究，2022(08): 74–76.

66. 易纲. 建设现代中央银行制度 [EB/OL]. http://www.pbc.gov.cn/goutongjiaoliu/113456/113469/4137408/.

67. 易纲. 中国的利率体系与利率市场化改革 [J]. 金融研究，2021(09): 1–11.

68. 殷剑峰. 财政政策地方化、货币政策财政化——我国财政与货币政策体制缺陷和改革 [R]. 国家金融与发展实验室工作论文，2020.

69. 余永定. 财政稳定问题研究的一个理论框架 [J]. 世界经济，2000(06): 3–12.

70. 余永定. 再论人民币国际化 [J]. 国际经济评论，2011(05): 7–13+3.

71. 余永定. 朱理治的金融思想及其现实意义 [J]. 中国经济史研究，2021(04): 5–12.

72. 张聪明. 外汇储备：中俄两国的共性与差异 [J]. 欧亚经济, 2014(06): 26–65+124.

73. 张怀清. 中央银行铸币税的测算 [J]. 世界经济文汇, 2010(03): 1–17.

74. 张健华, 张怀清. 人民银行铸币税的测算和运用：1986—2008 [J]. 经济研究, 2009, 44 (07): 79–90.

75. 张靖佳, 刘澜飚, 王博. 金融危机、非传统货币政策与中央银行资产负债表——探究美欧两大中央银行非传统货币政策之谜 [J]. 经济学（季刊）, 2016, 15 (02): 527–548.

76. 张明. 稳慎扎实推进人民币国际化 [J]. 经济学家, 2023(12): 10–11.

77. 张晓晶, 刘磊. 现代货币理论及其批评——兼论主流与非主流经济学的融合与发展 [J]. 经济学动态, 2019(07): 94–108.

78. 张晓军. 结构性货币政策工具与农发行履职发展 [J]. 农业发展与金融, 2022(01): 42–46.

79. 周革平. 财政赤字货币化过程中铸币税收益问题 [J]. 经济学动态, 2003(05): 42–44.

80. 朱理治金融论稿编纂委员会. 朱理治金融论稿 [M]. 北京：中国财政经济出版社, 1993.

81. 祝元荣, 李文峰. 国际化人民币的货币属性与发展特征研究——基于国际化货币发展的经验视角 [J]. 投资研究, 2019, 38 (12): 15–24.

82. Bank of England. Foreign currency reserves. https://www.bankofengland.co.uk/markets/foreign-currency-reserves. 2022–02–21.

83. Bank of England. Who pays for the Bank of England? https://www.bankofengland.co.uk/knowledgebank/who-pays-for-the-bank-of-england. 2022–02–18.

84. Barro, R. J. Measuring the Fed's revenue from money creation. Economics Letters, 1982, 10(3–4), 327–332.

85. Bolton, P., Hnang, H. "The Capital Structure of Nations", Review of Finance, 2018, 22(1):45–82.

86. BIS. 2001. The Financial Crisis in Japan During the 1990s: How the Bank of Japan Responded and the Lessons Learnt, BIS Papers No. 6. 2001.

87. Blanchard, O. Public debt and low interest rates. American Economic Review, 2019, 109(4), 1197–1229.

88. Buiter, W. H., Minford, P. A guide to public sector debt and deficits. Economic Policy, 1985(4): 3–6.

89. Central Bank of Brazil Functions. https://www.bcb.gov.br/conteudo/home-en/FAQs/FAQ%2011-Central%20Bank%20of%20Brazil%20Functions.pdf. 2022-05-20.
90. Feldstein, M. "Rethinking the Role of Fiscal Policy", American Economic Review, 2009, 99(2): 556–559.
91. Friedman, M. Capitalism and freedom. Chicago: University of Chicago Press. 2009.
92. Friedman, M. Inflation: Causes and consequences. Hongkong: Asia Publishing House. 1963.
93. Friedman, M., Schwartz, A. J. A Monetary History of the United States: 1867~1960. Princeton: Princeton U. Press. 1963.
94. Furman, J., Summers, L. A reconsideration of fiscal policy in the era of low interest rates. 2020.
95. Gros, D. Seigniorage in the EC: the implications of the EMS and financial market integration. 1989.
96. Jahangir, A., Steven, V. D., Eswar, P. China and India: Learning from Each Other—Reforms and Policies for Sustained Growth. Washington DC: International Monetary Fund. 2006.
97. Jefferson, P. N. Seigniorage payments for use of the dollar: 1977–1995. Economics Letters, 1998, 58(2), 225–230.
98. Klein, M., Neumann, M. J. Seigniorage: What is it and who gets it?. Weltwirtschaftliches Archiv, 1990, 126(2): 205–221.
99. Mcleay, M., Radia, A., Thomas, R. "Money Creation in the Modern Economy", Bank of England Quarterly Bulletin, Q1, 2014:1–13.
100. Miller, M., Modigliani, F. Dividend Policy, Growth, and the Valuation of Shares. 1961: 411–433.
101. Miller, M. The Modigliani—Miller Propositions after Thirty Years. Journal of Economic Perspectives, 1988, 2(4): 99–120.
102. Mishkin, F. S. The Economics of Money, Banking and Financial Markets. New York: Pearson Education. 2007.
103. Myers, S. C., Majluf, N. S. Corporate Financing and Investment Decisions when Firms have Information that Investors do not Have. Journal of Financial Economics, 1984, 13(2):187–221.

104. Necessity as the mother of invention: monetary policy after the crisis, Alan Blinder, Michael Ehrmann, Jakob de Haan, David-Jan Jansen Author Notes, Economic Policy, 2017, 32(92): 707–755.
105. Neumann, Manfred, J. M. "Seigniorage in the United states: How Much Does the U. S. Government Make from Money Production", Federal Reserve Bank of St. Louis working paper, 1992: 29–40.
106. Obstfeld, M., Kenneth, R. Foundations of International Macroeconomics Cambridge. MA: MIT Press. 1996.
107. Okun, A. M., Teeters, N. H., Smith, W., et al. The full employment surplus revisited. Brookings Papers on Economic Activity, 1970(1): 77–116.
108. Werner, R. A. "Can Banks Individually Create Money out of Nothing?——The theories and the Empirical Evidence", International Review of Financial Analysis, 2014(36): 1–19.
109. What is the Central Bank of Brazil and what are its functions? https://www.ewally.com.br/en/blog/falando-de-negocios/banco-central/. 2022–08–30.
110. Wray, L. R. Credit and State theories of Money: The Contributions of A. Mitchell Innes. Northampton: Edward Elgar Publishing. 2004.
111. Wray, L. R. Introduction to an alternative history of money. Levy Economics Institute, working paper (717).
112. Wray, L. R. Modern Money theory: A Primer on Macroeconomics for Sovereign Monetary Systems. Berlin: Springer Publishing Company. 2015.
113. Wray, L. R. Modern Money Theory: A Primer on Macroeconomics for Sovereign Monetary Systems. New York: Palgrave Macmillan. 2012.
114. А. Н. Сухарев. Механизм образования прибыли центральных банков. Финансы и кредит. 2011, 23 (455).
115. О. В. Смирнова. Сеньораж и формирование прибыли центрального банка: теоретико-экономический аспект. Финансы и кредит. 2013, 1(529).
116. Постановление Правительства РФ от 30.06.2004 N 329 (ред. от 28.07.2022) "О Министерстве финансов Российской Федерации". http://www.consultant.ru/document/cons_doc_LAW_48609/76618cb4a75d41b8f83bd465b2e3ef14070cc7d7/.